조선,
종기와
사투를
벌이다

이 책에 실린 사진은 모두 출처를 밝히고 저작권자의 허락을 얻고자 애썼으나,
저작권자를 알 수 없거나 연락이 닿지 않은 경우가 있습니다.
연락이 닿는 대로 합당한 절차를 밟겠습니다.

조선, 종기와 사투를 벌이다
―조선의 역사를 만든 병, 균, 약

지은이 | 방성혜
펴낸이 | 김성실
기획편집 | 최인수 · 여미숙 · 이정남 · 김성은 · 김선미
마케팅 | 곽홍규 · 김남숙
일러스트 | 김민주
인쇄 · 제작 | 한영문화사

초판 1쇄 | 2012년 7월 25일 펴냄
초판 2쇄 | 2012년 12월 20일 펴냄

펴낸곳 | 시대의창
출판등록 | 제10-1756호(1999. 5. 11.)
주소 | 121-816 서울시 마포구 동교동 연희로 19-1 (4층)
전화 | 편집부 (02) 335-6125, 영업부 (02) 335-6121
팩스 | (02) 325-5607
이메일 | sidaebooks@daum.net

ISBN 978-89-5940-239-7 (03910)

책값은 뒤표지에 있습니다.
잘못된 책은 바꾸어드립니다.

조선, 종기와 사투를 벌이다

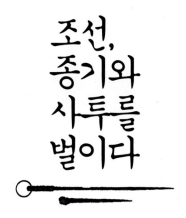

조선의 역사를 만든 병, 균, 약

방성혜 지음

시대의창

역사의 숨은 폭군, 종기를 만나다

나는 한의사다. 피부질환에 매우 관심이 많은 한의사다. 관심은 호기심을 낳았고, 호기심은 의서를 펼치게 만들었다.

'과거 한의학에서는 피부질환을 어떻게 치료했을까?'

이 호기심을 풀고자 나는 많은 의서를 탐독했고, 의서를 탐독하던 내 눈길은 얼마 후 역사서로 옮아가게 되었다. 대학원에서 의학사를 전공하다 보니, 조선의 어느 왕이 어떤 병을 앓았고 어느 의관이 어떤 약을 써서 치료했다는 역사 기록을 많이 보게 되었기 때문이다. 왕실에서 특히 많이 앓았던 질병이 바로 종기였다. 종기에 관한 치료 기록을 따라가면서, 나는 그만 종기의 늪에 빠지고 말았다.

내가 어렸을 적에는 꼭 구비해야 할 가정상비약 중에 고약이 있었다. 딱딱한 까만색 고약을 약간 떼어내서 종이에 펴 바르고 라이터 불로 살살 녹여 부드럽게 만든 다음, 뜨거운 기운이 식기 전에 종기가 난 부위에 잘 붙여준다. 며칠 지나서 고약을 뜯어내면 까만 고약 덩어리 속으로 종기의 독이 뽑혀 나왔고 그렇게 종기는 잘 치료되곤 했다.

이 종기라는 놈은 우리나라 역사에서 참 얄미운 녀석이었다. 의서마다 종기를 어떻게 치료할지 끊임없이 논의되고, 왕실 기록을 열어보아도 이 종기란 녀석 때문에 왕도 고생하고 왕비도 고생하고, 그리고 신하들도 고생했다는 내용이 끊임없이 등장한다.

종기라는 병에 대한 우리 선조들의 체감 온도는 어느 정도였을까? 《세종실록·지리지》 전라도 나주목 장성현 편에서는 고려 고종 때 생겼던 기이한 일을 전한다. 당시 서능(徐稜)이란 사람이 벼슬을 내려놓고 어머니를 봉양했는데, 어머니 서씨(徐氏)는 뒷목에 깊이 뿌리내린 종기를 앓고 있었다. 서능이 의원에게 치료를 청하니, 의원이 와서 보고 말했다.

"만약 살아 있는 개구리를 얻지 못하면 당신의 어머니를 살릴 방도가 없겠습니다."

"지금 한겨울 섣달인데 살아 있는 개구리를 어디 가서 얻을 수 있겠는가? 어머니께서 필연코 돌아가시겠구나!"

서능은 이렇게 말하면서 오랫동안 슬피 통곡하니, 이를 보다 못한 의원이 말했다.

"비록 살아 있는 개구리가 없더라도 한번 약을 만들어 시험해봅시다."

의원은 바로 솥을 나무 아래 걸고 불을 지피면서 약을 달이기 시작했다. 그런데 별안간 뭔가 나무에서 솥 안으로 뚝 떨어지기에 살펴보니 바로 살아 있는 개구리가 아닌가?

"아들의 효성에 하늘이 감동했구려! 이 개구리는 하늘이 주시는 것이니 모친께서는 반드시 나으실 것입니다!"

의원이 말하고 약을 완성하여 종기에 붙이니 과연 바로 나았다.

설화인지 실화인지 구분하기 어려운 이 이야기에서 우리는 한 가지 사실을 유추해 볼 수 있다. 과거에 종기라는 병은 때로 사람의 목숨을 앗아 갈 수도 있는 심각한 질병이었다는 것이다. 서능이 어머니가 돌아가실까 봐 애태우며 통곡했다는 것은, 종기 때문에 사람이 죽을 수도 있었음을 말해준다.

종기 때문에 노심초사한 것은 민간에서만이 아니었다. 왕실이나 관료들에게도 종기는 일단 생겼다 하면 오랫동안 고생하고 자칫 죽을 수도 있는 무서운 질병이었다.

세종 31년, 당시 세자였던 문종에게 등창이 생겼다. 등창이란 등에 생기는 종기로서 정확한 의학 용어로는 '발배(發背)'라고 하며, 환부의 지름이 넓고 뿌리가 깊이 내리는 것이 특징이다. 세자의 몸에 등창이 생기니 왕실과 조정이 놀라지 않을 수 없었다. 만약 세자가 등창으로 인해 죽기라도 한다면 큰일이 아닌가? 이에 조정에서는 여러 신하들을 명산대천과 신당과 불교 사찰에 나누어 보내 기도를 올리게 했고, 자비행을 쌓기 위해 죄수들을 사면해주기도 했다. 이렇게까지 정성을 들이면서 세자의 등창이 낫기를 빌고 또 빌었다.

이런 이야기를 보면 과거에 '종기에 걸렸다'는 것은 마치 현대에 '암(癌)에 걸렸다'는 것과 같은 정도로 인식되었다는 것을 알 수 있다. 이렇게 죽음을 부를 수도 있었던 과거의 종기는 과연 지금 우리가 생각하는 종기와 같은 병인가? 지금 우리가 아는 종기는 죽을 만큼 심각한 병이 절대 아니지 않은가? 그냥 고약 정도 붙이거나 병원에 가서 항생제나 소염제 처방 받아서 먹으면 금방 낫는 병이 아닌가? 그런데 왜 우리 선조들은 그 하찮은 종기 따위로 그렇게 죽어나갔단 말인가? 과거의 종기는 지금의 종기와 다른 병인가?

이 점에 대해서는 설명이 더 필요하다. 먼저 종기라는 용어부터 살펴보자. 종기라는 말은 토박이말이 아니라 한자어다. 부을 종(腫) 자와 기운 기(氣) 자를 써서 종기(腫氣)라고 한다. 따라서 종기란 어딘가 '부어 있는 기'가 보인다는 것이다. 부어 있다는 것은, 요새 의사들이 쓰는 말로 하면 염증이 생겼다는 말이다. 붓고 열나고 아프고 붉어지는 염증 상태가 되었다는 것인데 특히 시간이 지나면서 부었던 곳에 고름이 생겨날 때, 곧 화농(化膿)이 될 때 이를 종기라고 한다.

사람의 몸에는 눈에 보이는 표면의 피부가 있고 그 아래에 근육과 혈관이 있고 더 아래에는 뼈가 있다. 그리고 몸통 속에는 오장육부가 들어 있다. 종기는 이 모든 곳에 생길 수 있다. 종기가 피부에 생기면 이를 창양(瘡瘍)이라고 불렀다. 피부 아래 근육, 혈관과 그 언저리에 생기면 이를 옹(癰)이라고 불렀다. 종기가 더 깊은 곳인 뼈와 그 언저리에 생기면 이를 저(疽)라고 불렀다.

종기가 간(肝)에 생기면 간옹(肝癰)이라고 불렀고 폐(肺)에 생기면 폐옹(肺癰)이라고 불렀다. 간에 생긴 종기가 고름이 되지 않고 썩지도 낫지도 않고 덩어리 상태로 계속되면 이를 간저(肝疽)라고 불렀다. 폐에 생긴 종기가 썩지도 낫지도 않고 덩어리 상태로 계속되면 이를 폐저(肺疽)라고 불렀다. 종기가 창자에 생기면 이를 장옹(腸癰)이라 하고,

겨드랑이에 생기면 액옹(腋癰)이라 하고 무릎관절에 생기면 슬옹(膝癰)이라고 했다. 종기가 서혜부에 생기면 변옹(便癰)이라 하고 뒷목에 생기면 발제옹(髮際癰)이라고 했다.

이 모든 것을 참으로 허무하게도 우리 선조들은 뭉뚱그려 '종기'라고 불렀다. 종기란 바로 이렇게, 어느 부위가 되었건 간에 부으면서 염증이 생기고 고름이 나는 일체 질병을 말하는 것이었다. 그래서 과거의 종기란 지금의 연부 조직이 곪는 봉와직염도 되고, 림프선이 곪는 림프절염도 되고, 관절에 고름이 가득 차는 관절염도 되고, 뼈가 썩는 골수염도 되고, 또 때로는 장부(臟腑 | 오장육부)가 썩는 암도 되는 것이다. 이렇게 다양하고도 대단한 병들을 단지 종기라고 불렀다.

따라서 과거 문헌 속의 종기는 절대 지금의 사소한 그 종기가 아니다. 종기를 치료하려면 때로는 살갗을 가르고 때로는 뼈를 깎아내면서 환부 깊숙이 차 있는 고름을 빼내야 했다. 그래서 종기 치료는 절대 쉽지 않았고, 종기가 생기면 때로는 죽을 수도 있었기에 명산대천에 가서 낫게 해달라고 기도를 올렸던 것이다.

조선의 의료 역사는 바로 이러한 종기와 맞선 처절한 싸움이었다. 종기가 때로는 난치병이었기 때문에 나라에서도 종기를 잘 치료하는 의사를 육성하고자 노력했다. 서울의 의사든 지방의 의사든 종기 치료에 뛰어난 의술을 가지고 있다면 적극 의료 현장에 투입하여 백성들의 종기를 치료하고자 했다. 또한 그의 의술이 사장되지 않도록 후학을 양성하고 문헌을 저술하는 데 힘을 쏟았다. 때로는 종기를 전문으로 치료하는 관청을 세우기도 했다. 국가에서 보여준 종기 치료에 대한 관심은 실로 지극했다.

종기 치료를 위해, 먹는 약뿐 아니라 바르는 약과 여러 가지 외치법이 사용되었다. 때로는 메스와 같은 침으로 환부를 과감히 절개하기도 했다. 산과 들, 강과 바다에 있는 자연 속의 여러 약재를 이용했고, 때로는 살아 있는 동물을 치료에 응용하기도 했다. 앞에서 본 서능 이야기에 나오는 개구리도 실제로 사용되었다. 이들 치료법은 때로는 실패했다. 때로는 성공했다. 이름 없는 시골 의원이 궁궐로 불려와 군왕의 병을 치료하기도 했다. 아무도 돌봐주지 않는 가난한 백성들 사이에서 치열하게 의료 활동을 이어간 이도 있었다. 갑자기 찾아온 임금의 종기를 고치지 못해 조선 역사의 물결이 크게 뒤바뀐 경우도 있었다.

이제 역사의 페이지를 잠시 뒤로 넘겨보고자 한다. 잠시 시곗바늘을 되돌려 과거 속에서 엿볼 수 있는 우리 선조들의 지혜를 알아보고자 한다.

조선의 역사 기록 중에서 가장 잘 보존되어 있는 것이 바로 왕실 기록이다. 《조선왕조실록》에 따르면 조선의 역대 군왕 27명 중에서 종기를 앓았던 것으로 기록된 임금이 절반에 가까운 12명이다. 정사에는 기록이 없으나 야사를 통해 심한 종기를 앓았다고 전해지는 경우도 있다. 바로 세조가 그러한데, 단종의 생모인 현덕왕후가 세조의 꿈에 나타나 침을 뱉었는데 이 침이 튄 자리마다 종기가 났다는 얘기가 전해 온다. 하지만 이는 왕위에 오르기 위해 어린 조카와 충신들을 잔인하게 죽인 세조에 대한 당시의 차가운 민심이 반영되어 전해진 설화로 보인다. 실록에는 세조의 종기에 대한 기록이 보이지 않는다.

이 책에서는 《조선왕조실록》과, 인조 이후의 기록만 남아 있기는 하지만 실록보다 더욱 자세하고 방대한 《승정원일기》를 중심으로, 우리 역사 속의 종기를 살펴보면서 현대인들에게 종기의 역사가 던져주는 의미를 새겨보려고 한다.

이 책은 크게 4부로 이루어진다.

1부는 종기를 앓은 사람들 이야기다. 누가 왜 어떻게 종기를 앓았는지, 《조선왕조실록》과 《승정원일기》에 담긴 구중궁궐 왕실의 이야기를 풀어보았다.

2부는 종기를 치료한 이야기다. 실제로 종기 치료에 성공한 사례들이다. 왕실의 인물들이 종기를 앓았을 때 어떤 약으로 어떻게 치료했는지, 그리고 치료 도구로 쓰인 약들에 어떤 효과가 있었는지 살펴보았다. 민간에서도 종기를 치료한 기록들이 짧게나마 일부 의서에 기록되어 전해지는데, 비록 왕실 기록만큼 자세하지는 않지만 이들 기록에 기대어 민간의 치료 사례도 살펴보았다.

3부는 살이 썩고 뼈가 썩으며 오장육부가 썩는 종기를 치료하고자 치열하게 살다 간 이 땅의 의사들 이야기다. 의사 중에서 종기 치료를 전문으로 하는 의사를 치종의(治腫醫)라고 불렀다. 어떤 이는 궁궐 안에서, 또 어떤 이는 궁궐 밖의 백성들 사이에서 종기와 싸움을 벌였다. 그 치열했던 삶을 살다 갔던 이가 누구였는지 그 발자취를 찾아보았다.

4부에서는 종기 치료에 쓰인 도구와 방법에 대해 알아본다. 전쟁에서 싸워 이기려면 칼과 창이 필요하듯 치종의들도 종기와 싸우려면 약도 필요하고 메스도 필요하다. 치종의들이 구체적으로 어떤 도구와 방법을 써서 종기를 치료할 수 있었는지 짚어보았다. 한의학 전공자가 아닌 독자들도 이해할 수 있는 수준에서, 그러나 전공자도 종기에 관한 기본 지식을 정리하는 데 도움이 되도록 체계를 세우고자 애썼다.

마지막으로 이 책을 완성하기까지 도움을 주신 여러 분들에게 감사의 말씀을 전하고 싶다. 먼저 학부 시절부터 한의학의 길을 인도해주시고 지금까지도 지도 편달을 아끼지 않으시는 경희대학교 김남일 교수님께 감사드린다. 그리고 한국 의학사를 가르쳐주신 한국전통의학사연구소 소장 김홍균 교수님, 한국의 의학 문헌에 대한 안목을 길러주신 한국한의학연구원의 안상우 교수님, 왕실의 진료 기록에 관한 자료를 지원해주신 경희대학교 차웅석 교수님, 고전을 해독하는 능력을 길러주신 지창영 원장님, 학문의 길을 함께 걸어가고 있는 경희대학교 의사학교실의 여러 졸업생과 재학생, 그리고 부족한 원고지만 출판의 인연을 맺어주신 김성실 대표님과 최인수 부장님을 비롯해 시대의창 모든 관계자 여러분께 감사하다는 말씀을 전한다. 또한 항상 믿어주고 뒤에서 묵묵히 응원해주는 가족들과 사랑하는 남편, 사랑스런 두 아들 유석이, 은수에게도 감사한다.

잠실(蠶室)에서

방성혜

차례

2부 조선 의학이 종기와 싸워 승리한 순간

4부 조선의학이 종기와 싸운 방법

1 부

구중궁궐 왕실의 종기 스캔들

종기가 조선의 역사를 바꾸었다

구중궁궐 왕실이라는 곳

조선은 임금이 다스리는 나라였고 이 임금이라는 자리는 오로지 혈통으로 세습되었다. 왕권이 강하건 약하건 간에 임금은 대의명분상 아무나 오를 수 없는 절대적인 지위였다. 따라서 임금의 자리를 위협하는 역모는 곧 나라의 기틀을 뒤흔드는 가장 큰 죄로 치부되었다.

만약 임금이 병에 걸렸다면 어의가 이를 잘 치료하는 것은 당연한 일이다. 하지만 어의가 잘 치료하지 못한다면 이는 큰 죄가 된다. 만약 어의가 병을 치료하지 못하여 임금이 사망한다면 이는 실로 엄청난 죄다. 임금이 사망하면 어의는 그 책임을 지고 귀양을 가거나 심지어 사형을 당하기도 했다. 그만큼 임금의 병을 치료한다는 것은 큰 책임과 부담을 지는 일이었다.

따라서 민간의 여염집에서 환자를 치료하는 일과 구중궁궐 왕실에서 임금을 치료하는 일은 하늘과 땅 차이였다. 그렇기에 어의들은 아무리 치료에 필요하다고 할지라도 유독한 약재를 쓸 때는 만약 실패했을 경우에 뒤따를 엄청난 문책을 각오해야만 했다. 치료를 위해 과감한 절개술이 필요하다고 할지라도 이는 자신의 목숨을 걸어야 감행할 수 있는 일이었다. 정말 치료에 필요해서 유독한 약재를 쓰거나 절개를 했다고 할지라도 임금이 낫지 못하고 사망해버리면 대역 죄인으로 몰릴 수 있었다.

한 예로 경종 때에 활동한 이공윤이란 사람이 있었다. 이공윤은 유의(儒醫)였다. 유의란 유학을 공부하면서 동시에 의학의 이치를 연구한 사람을 말한다. 그는 민간에서 뛰어난 의술로 명성을 얻어, 당시 도제조로 있던 이광좌의 천거를 받아 내의원에 특채되었다. 그런데 그는 대부분의 내의(내의원에 소속된 의관)들과는 사뭇 다른 처방을 구사했다. 준공제(峻攻劑)라고 하여, 병의 독소를 공격하여 대변이나 소변으로 세게 쏟아내게 하는 종류의 처방들을 임금에게 올렸던 것이다.

그가 경종에게 처방한 도인승기탕(桃仁承氣湯)이나 감수산(甘遂散) 같은 것은 내의원 의관들이 평소에 잘 처방하지 않는 종류였다. 다른 의관들이 보기에 이공윤의 처방은 지나치게 공격적이었다. 경종이 사망한 후 이공윤은 여러 신하들에게 공격의 대상이 되기 딱 좋았다.

"선왕의 환후가 대개 일시적인 증세가 아니었으니 마땅히 부드러운
약제로 점차 고르게 보해야지 공격하는 약제로 망령되이 빠른 효과

를 바라서는 안 되었습니다. 저 이공윤이란 자는 자세하고 신중히 하는 방도를 생각하지 않고 경솔하게 준열한 약제를 투여했습니다. 승기탕, 용회환 등의 약은 약성이 매우 독해서 모든 질병에 감히 경솔하게 시험할 수가 없는 것입니다. 그런데도 이공윤은 이에 감히 지존의 병환에 시험하여 위기(胃氣)가 먼저 파괴되어 원기가 점차 사그라지게 했는데도, 그때 조정 신하들은 오직 약원의 여러 신하들에게 〔화가〕 미칠까 두려워하여 법에 의거 쟁집(爭執)[1]하지 못하고 아직도 형장(刑章)[2]을 피하고 있으니, 청컨대 절도(絶島)에 정배한 죄인 이공윤은 잡아다 엄히 국문하고 법률로써 처단하소서."

영조실록 1년 1월 27일

여기서 이공윤의 치료 방법이 의학적으로 옳았는지 옳지 못했는지는 논외로 하자. 중요한 것은 이러한 과감하고 실험적인 치료 방법이 만약 실패로 돌아갔을 경우에는 엄청난 추국이 뒤따랐다는 것이다. 이 얼마나 살벌한 일인가? 구중궁궐 왕실이라는 곳에서 일어난 의료 행위는 이러한 특수성을 감안하고 봐야 한다.

---

1 서로 자기 의견을 고집하여 옥신각신 다툼.
2 범죄와 형벌에 관한 법.

종기가 일으킨 정치 스캔들

조선 왕조의 군왕 27명 중에서 절반에 가까운 12명이 종기를 앓았다. 종기로 말미암아 상당 기간 고통으로 신음한 임금도 있고 종기로 말미암아 사망에 이른 임금도 있었다. 종기로 고통 받는 동안은 임금이 제대로 국정을 보살필 수 없었다. 임금이 종기로 갑작스레 사망하는 바람에 미처 준비되지 못한 왕세자에게 다음 왕좌가 넘어가, 통치의 혼란으로 이어지기도 했다. 어떤 경우에도 종기라는 놈은 조선의 왕실에 위협적인 질병이었음이 틀림없다.

임금의 사망은 단순히 한 사람의 사망에서 끝나지 않는다. 임금의 사망 과정이 조금이라도 석연치 못하면 으레 독살설이 나돌았다. 나이 어린 임금이 즉위하여 왕권이 약해지면 신하들의 권력 투쟁은 극심해졌다. 때로는 피바람이 일기도 했다. 때로는 국력의 급격한 쇠락이 뒤따르기도 했다. 임금에게 생긴 종기라는 병 때문에 역사가 바뀌었던 셈이다. 만약 조선의 군왕에게 종기가 나지 않았다면, 만약 종기로 인해 죽지 않았더라면 조선의 역사는 상당 부분 달라졌을 것이다.

의학적 사실에 가장 가까운 상상의 나래를 펴다

왕권이 강력하고 권력 기반이 탄탄한 왕이라면, 그리고 그 왕이 충분한 수명을 누렸다면 사망 후에도 별다른 잡음이 없다. 하지만 왕권이 약하고 집권 세력과 대적하는 관계에 있었다면, 그리고 그 왕이 갑작스럽게 사망했다면 여지없이 독살설이 피어오른다. 어느 왕실 기록에도 임금이 독살되었노라고 적혀 있지는 않다. 주로 야사에 어느 임금이 독살되었다고 기록되어 전해지거나 혹은 후세의 연구자가 독살설을 제기한다. 과거로 돌아갈 수는 없으므로 그것이 과연 옳은 이야기인지 아닌지, 어느 누구도 진실을 알 수 없다.

사학자들이 제기하는 독살설은 임금과 반대 세력 간의 정치적인 관계를 근거로 제기된다. 임금의 사망이 갑작스럽고, 또 당시 반대 세력에 속한 신하들이 임금에게서 자신들의 권력에 대한 위협을 받는다고 느꼈을 법한 상황일 때 독살설은 더욱 힘을 얻게 된다.

그런데 의학자가 바라보는 관점에서는 얘기가 달라질 수 있다. 사료에 적힌 내용을 토대로 했을 때 과연 독살이 아니어도 갑자기 사망할 수 있는 충분한 의학적 근거가 있는가, 없는가? 만약 충분히 사망할 수 있는 의학적 이유가 있다면 이는 사망 원인에 대한 또 다른 가설이 될 것이다.

이제 구중궁궐 안에서 여러 군왕들이 앓았던 종기에 대해 알아보자. 가벼운 종기를 잠시 앓았다가 나은 경우도 있었다. 심각한 종기를 앓다가 갑작스럽게 사망한 경우도 있었다. 어떤 군왕에게 어떤 종기가 왜 생겨났는지 이제부터 살펴보기로 하자.

문종의 종기, 세조의 피바람을 부르다

예견된 불행의 시작

세종 31년(1449) 세자에게 등창이 생겼다. 등창이란 한의학 용어로는 발배(發背) 또는 배저(背疽)라고 하는 것으로, 등에 생긴 크고 뿌리 깊은 화농성 종기를 말한다. 조선시대에는 이 등창으로 죽은 사람이 많았다. 임금이 이미 고령인 상황에서 다음 보위를 이어야 할 세자가 덜컥 등창에 걸리자 조정 안팎이 걱정에 휩싸였다.

조정에서는 명산대천에 있는 신당과 사찰로 신하들을 나누어 보내 기도를 올리게 했다. 처음에는 경기도의 신당과 사찰에서 기도를 올리다가 나중에는 전국 곳곳으로 신하를 보냈다. 또한 강도죄 외의 죄인은 사면하라는 파격적인 사면령까지 내렸다.

형조에 왕명을 내리기를, "세자의 질환이 여러 날이 되도록 낫지 못하여 내가 심히 염려하니, 오늘 11월 초1일 이전에 범한 간도(奸盜) 외의 도죄(徒罪) 이하는, 이미 발각되었거나 아직 발각되지 못했거나, 또는 이미 판결을 내렸거나 아직 내리지 않은 것을 막론하고 모두 사면하게 하라."라고 했다.　　　　　　　　세종실록 31년 11월 1일

그만큼 세자의 회복이 간절했던 것이다. 당시 실록에서 묘사한 바에 따르면 세자의 등에 난 종기는 길이 1자(尺), 너비가 5~6치(寸)가량 된다고 했다. 지금의 단위로 환산한다면 등창의 길이 30센티미터, 너비 15~18센티미터 정도 크기였던 셈이다. 그렇다면 종기가 세자의 한쪽 등판을 거의 다 차지할 정도로 심각하고 위험한 상태였음을 짐작할 수 있다.

의관들의 지극한 치료 덕분인지 전국에서 올린 정성스런 기도 덕분인지 등창이 생긴 지 한 달 만에 종기의 근(根)이 빠져나왔다. 이때 뽑아낸 종기 근은 크기가 엄지손가락만 한 것이 여섯 개나 되었다고 하니, 세자의 종기가 얼마나 기세등등했던지 가히 짐작할 만하다. 세자의 종기 근이 빠져나오니 온 왕실이 기뻐했다.

"지금 동궁의 종기는 의원의 착오로 쑥뜸이 익지 못한 때문인데도 이를 물은즉, '해가 없습니다.' 하여, 동궁으로 하여금 배표(拜表)[3]하고 조참(朝參)[4]까지 받게 했다니, 걸음걸이에 몸이 피로하여 종기의

3　국왕이 중국 황제가 보낸 표문(表文 | 외교 문서의 일종)을 받음. 또는 그 의식.

증세가 다시 성하게 된 것이었다. 다행하게도 이제 종기의 근이 비로소 빠져나와 병세는 의심할 것이 없게 되어 한 나라의 경사가 이보다 더할 수가 없다. 오늘 당상관 이하에게 한 자급(資級)[5]씩 올려줌으로써 기쁜 경사를 함께 나누고자 하니, 그대는 집현전으로 가서 모든 경사에 가자(加資)[6]하던 예를 자세히 상고하여 아뢰라."

세종실록 31년 11월 15일

세자가 회복한 것을 기뻐하여 임금은 당상관 이하의 관료들에게 한 자급씩 품계를 올려주고자 했고, 또한 여러 신하를 각 도에 나누어 보내 세자의 회복을 감사하는 제사를 올리게도 했다. 세자의 병이 깊었을 때 노심초사했던 만큼 그 안도와 기쁨도 컸던 것이다.

회복 직후의 재발

그러나 기쁨도 정말 잠깐이었다. 나았다고 생각했던 세자의 종기는 어이없게도 한 달여 후에 그만 재발하고 말았다. 부위는 달랐다. 처음에는 등에 났지만 이번에는 허리 부위에 종기가 생겼다. 종기의 모양이 둥글고 그 지름이 15~18센티미터였으므로 처음 난 것보다 크기

---

4 중앙에서 근무하는 모든 벼슬아치가 한 달에 네 번 정전(正殿)에 모여 임금에게 문안하고 할 말을 아뢰던 일.
5 벼슬아치의 위계 등급.
6 자급을 올려줌. 또는 그 올린 자급.

는 작았지만 움직이기엔 매우 불편했다.

세자의 병이 나았다고 생각한 조정에 마치 찬물을 끼얹은 것과 같은 실망감이 감돌았다. 왕실은 다시 신하들을 사당과 사찰에 보내 기도를 올리게 했다. 그리고 일체의 대외 활동을 중단하고 치료에 전념했다. 꼭 치료해야만 했다. 일국의 세자가 아닌가? 하지만 이때 나라에 큰일이 생기고 만다. 바로 세종 대왕이 승하한 것이다.

병에 걸린 몸으로 아버지 세종의 장례를 치르다

세자의 종기가 재발한 때가 1449년 12월 19일, 그리고 세종 대왕이 승하한 때가 1450년 2월 17일이다. 병이 재발한 지 두 달이 지나기도 전에 아버지의 장례를 치러야 했다. 그것도 한 나라 국왕의 장례이니 여염집의 장례와는 규모가 달랐다.

국왕의 장례는 '국장(國葬)'이라 부른다. 왕이 승하하면 머리를 동쪽으로 눕힌 후 왕의 코 밑에 고운 햇솜을 얹어 죽음을 확인하는 속광(屬纊)을 했다. 만약 숨이 남아 있다면 솜이 미세하게 움직일 터. 솜이 미동하지 않음으로써 죽음이 확인되면 내시가 왕의 평상복을 가지고 궁궐 지붕에 올라가, '임금께서는 돌아오소서'라는 뜻인 "상위복(上位復)"을 세 번 외치며 죽은 자의 혼을 부르는 초혼 의식을 했다.

국왕의 승하가 선언되면 왕세자 이하 신료들은 흰 옷으로 갈아입고 사흘 동안 아무것도 먹지 않으며 애도했다. 그 다음 왕의 시신을 목욕시키고 의복을 갈아입히는 습(襲)을 하고, 옷과 이불로 시신을 감싸는 소렴(小殮)과 대렴(大殮)을 진행했다.

염습을 마친 시신은 관에 넣고 다시 찬궁(欑宮)이라는 집 모양 구조물에 안치하여 전각에 모셨다. 발인하기까지 시신을 모시는 이 전각을 빈전(殯殿)이라고 한다. 보통 승하 6일째에 왕세자가 처음 상복을 입고, 그날 애도 속에서 즉위식이 이루어진다. 입관 후 5개월 동안은 빈전에 시신을 모셔두었다가 발인을 했다.

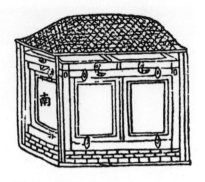

찬궁 출처-장서각 한국학자료센터.

발인 전 왕의 시신을 빈전에 모셔두는 5개월 동안 날마다 새벽 제사 조전(朝奠)과 밤 제사 석전(夕奠)을 올리고, 하루 세 끼 식사 시간에 상식(上食)을 올렸다. 새벽에 조전을 올리면서 곡을 하고, 밤에 석전을 올리면서도 곡을 했다.

빈전에 나가지 마소서

아버지인 세종 대왕이 승하하고 사흘 뒤인 2월 20일, 세자는 아무리 병든 몸이라고 하나 자식으로서 그리고 왕세자인 몸으로서 국장에 참여하지 않을 수 없었다. 하지만 신하들은 이제 일국의 임금 자리에 오른 문종의 장례 참여를 극구 말렸다. 황보인, 정인지 등 신하들은 입

빈전 출처-장서각 한국학자료센터.

을 모아 이렇게 말했다.

"저하께서 전일에 난 종기가 아직 낫지 않았는데 또 종기가 발생했으니 신(臣)들은 몹시 놀라움을 이기지 못하겠습니다. 의서에서는, '대개 창구(瘡口)가 아물어질 즈음에는 서서 걸어 다니는 것도 삼가야 한다'고 했습니다. 빈객(賓客)을 읍(揖)[7]하여 접대하시고, 대사(臺榭)[8]에 오르내리시고, 팔다리와 몸을 움직이시면, 추위에 피로하고 고단하게 됩니다. 마땅히 음식을 조절하시고 종기가 나아서 회복되기를 기다려서 정신이 그전과 같아지고 기력이 완전하게 회복되시면 그제야 삼갈 것이 없게 될 것인데, 지금 종기가 완쾌되지 못하신데다가 때마침 큰 변고를 당하여서 찬 곳에서 여막살이 하고 빈전에

---

7 두 손을 맞잡아 얼굴 앞으로 들어 올리고 허리를 앞으로 공손히 구부렸다가 몸을 펴면서 손을 내리는 인사.
8 높고 크게 세운 누각이나 정자.

조석의 곡전과 상식 출처−장서각 한국학자료센터.

드나드시느라고 운신하며 애통해하시니, 의서에서 조심하라고 한

바를 지키지 않을 수 없습니다. 저하께서는 이제 종묘사직과 살아

있는 백성들의 주군(主君)이 되셨으니, 스스로 조심하지 아니할 수가

있겠습니까? 부디 동궁에 물러가 계시면서 조섭하시기를 청합니

다." 문종실록 즉위년 2월 20일

즉, 여막살이도 하지 말고 빈소에도 드나들지 말고 빈객을 접대하

지도 말고 동궁전에서 조리하면서 치료에 힘쓰라는 말이다. 신하들이

이렇게 입을 모아 청할 정도로 문종의 상태가 심각했다는 뜻이다.

그러나 아무리 병자의 몸이었어도 아버지의 장례 의식을 제대로 치

르지 않으려니 심한 자책감이 들었을 것이다. 문종은 빈전에 나가 의

식을 치르고자 했다. 하지만 승지들을 비롯한 여러 신하들의 만류가

뒤따랐다.

승지들이 아뢰기를, "신들이 듣건대 임금께서 내일 빈전으로 나아가시려고 한다 하는데, 지금 진물이 겨우 그쳤으니 당연히 거동할 수가 없을 것입니다. 또 의서에서 이르기를, '종기는 딱지가 생길 때에 가장 조심해야 한다'고 했으니, 삼가 조리하시기를 청합니다." 하니, 임금이 말하기를, "내가 전에 빈전에 나아가려고 했지마는 종기가 연달아 발생한 까닭으로 가지 못했는데, 지금 조금 나아졌으니 마땅히 나가야겠다." 했다. 다시 아뢰기를, "의서를 살펴보건대, 백일 안에는 모름지기 근신해야 한다 하니, 청컨대 이달에 한해서만 나가시지 마소서." 하니, 상(上)⁹이 그대로 따랐다.

문종실록 즉위년 3월 17일

또한 문종이 빈전에서 조전, 석전과 상식을 올리며 곡을 하는 의식을 친히 올리려고 하자 역시 의정부가 간곡히 만류했다.

승정원에서 아뢰기를, "신들이 듣건대 성상께서 조전·석전과 상식을 친히 행하시려고 한다 하지만, 내의의 말을 듣건대, '전일의 종기에 창구(瘡口)가 아물지 않았으므로 마땅히 오르내리면서 행례(行禮)할 수가 없다' 하니, 청컨대 나오시지 말고 조리하소서."

문종실록 즉위년 3월 23일

결국 문종은 자식 된 도리와 이제 만백성의 어버이 자리에 오른 임

---

9 임금을 높여 이르는 말.

금으로서의 책임감 사이에서 갈등하다가 빈전에 나아가지 못하고 병의 조리에만 힘을 써야 했다.

39세 나이에 종기로 훙(薨)하다

세자 시절에 시작된 종기는 깨끗이 낫지 못하고 세월을 계속 끌었다. 문종 2년(1452) 5월 병세는 더욱 악화되기에 이른다. 임금의 병이 낫지 않자 다시 종묘사직, 소격전(昭格殿 | 별을 향해 제사지내던 관아), 삼각산(북한산), 백악산(북악산), 목멱산(남산) 등의 신(神)에게 기도를 올렸다. 당시 내의였던 전순의 치료로 잠시 식욕이 살아나고 통증이 줄어드는 등 차도를 보이자, 신하들이 기뻐하며 이제 임금의 병이 낫는 것인가 생각하기도 했다.

> 종기의 고름이 터지므로 전순의 등이 은침(銀針)으로써 종기를 따서 농즙(濃汁)을 두서너 홉쯤 짜내니 통증이 조금 그쳤으므로, 그들은 밖에서 공공연히 말하기를, "3~4일만 기다리면 곧 병환이 완전히 나을 것입니다." 했다. 의정부와 육조에서는 날마다 임금의 상태를 물으니, 다만 대답하기를, "임금의 옥체가 오늘은 어제보다 나으니 날마다 건강이 회복되는 처지입니다." 했다. 문종실록 2년 5월 14일

한 홉이란 대략 180cc 정도 되는 양이다. 그렇다면 고름 두서너 홉이 터져 나왔다는 것은 최소 360cc에서 최대 720cc 정도 되는 고름이

나왔다는 뜻이다.

그러나 운명의 날은 찾아왔다. 병이 낫는 줄 알고 있던 신하들은 그만 5월 14일 강녕전에서 임금이 승하했다는 소식을 접해야 했다. 당시 왕의 춘추 39세였다.

문종의 죽음이 불러온 세조의 피바람

문종은 세종 3년(1421), 여덟 살이라는 어린 나이에 세자로 책봉되었다. 책봉식 하루 전날 대궐의 뜰에서 책봉식을 연습할 때, 먼지가 날릴 정도로 큰 바람이 불어 여러 신하들의 거동에 많은 실수가 있었으나, 어린 원자는 오히려 엄중하고 조용한 자세에 흐트러짐이 없었다고 한다. 책봉식 당일에도 어린 세자가 책봉문을 받으면서 나아가고 물러나는 모든 동작에 한 점 예법의 어긋남이 없어 탄복하지 않는 자가 없었다고 한다.

태종 때 장자인 양녕 대군을 세자의 자리에서 폐하고 셋째 아들인 충녕 대군을 세자로 올리는 진통을 겪은 바 있는 조선 왕실에서는, 어린 세자의 영민함과 진중함이 큰 기쁨이 아닐 수 없었다.

병이 많았던 세종 임금은 재위 후반기, 여러 정사에 세자가 직접 참여하도록 했다. 세종 19년(1437)에는 세자에게 섭정하도록 하려 했지만 신하들의 반대에 부딪혀 뜻을 이루지 못했다. 하지만 세종 24년(1442) 7월에 이르러서는 세자의 섭정을 돕는 기관인 첨사원(詹事院)을 설치하여 본격적으로 세자에게 섭정을 맡겼다. 세자의 자리에서 섭정을 시작했을 때 문종의 나이가 스물아홉이었으니, 세종 32년(1450) 아버지의 승하로 서른일곱 살에 보위에 오르기까지 8년여 동안 나라의 정사를 직접 이끌었다고 볼 수 있다.

이미 오랜 기간 실질적으로 나라를 이끌어왔던 세자가 임금으로 즉위한 지 얼마 지나지 않아 승하했으니 나라 안팎의 슬픔이 클 수밖에 없었다.

> 여러 신하들이 모두 통곡하여 목이 쉬니, 소리가 궁궐의 뜰에서 진동하여 스스로 그치지 못하였으며, 거리의 백성들도 슬퍼서 울부짖지 않는 사람이 없었다. 이때 사왕(嗣王)[10]이 나이 어려서 사람들이 믿을 곳이 없었으니, 신하와 백성의 슬퍼함이 세종의 승하 때보다도 더했다.　　　　　　　　　　　　　　　　　　문종실록 2년 5월 14일

문종은 세자 시절부터 문무 관리를 등용하는 일과 명나라 사신맞이 등 나라 안팎의 일을 오랫동안 직접 처리해왔다. 또한 세종은 아들이 무예를 익히도록 여러 차례 강무(講武 | 군사 훈련을 목적으로 임금이 주관하는 사냥 행사)를 이끌게 하고, 모구(毛毬)를 쏘게 했다. 모구란 지름 28센티미터 정도 되는, 털가죽으로 만든 공인데, 사구(射毬)라는 운동에 쓰인다. 사구는 한 사람이 말을 타고 모구를 매단 끈을 끌면서 달려가면, 여러 사람이 역시 말을 타고 뒤쫓으면서 화살촉 없이 끝을 솜으로 감싼 화살로 모구를 쏘아 맞히는 운동이다.

10　후사가 될 임금.

세종 31년에 등창이 생기기 전까지 세자가 별다른 병을 앓았다는 기록은 실록에 보이지 않는다. 그렇다면 문종이 본래 병약했다는 통념과 달리, 사실 그전까지는 건강했는데, 다만 세종 말년에 생긴 지독한 등창 때문에 죽음에 이른 것으로 생각해볼 수 있다.

문종의 죽음 이후 즉위한 어린 단종의 정치적 기반은 불안정했다. 결국 엄청난 피바람이 몰아닥친 끝에 문종의 아우인 수양 대군이 왕위에 올랐다.

문종이 왕위에 오른 지 2년 만에 사망하지 않았다면, 어린 단종이 정치적 기반을 다질 때까지 버텨주었다면, 수양 대군이 아무리 능력과 야심이 넘쳤다 할지라도 적통자인 왕이 살아 있는 한 어떠한 명분도 얻지 못했을 것이다. 세조가 어리고 만만한 단종을 끌어내리고 스스로 왕위에 오를 수 있도록 기회를 열어준 것은, 종기로 인한 문종의 때 이른 사망이었다.

성종의 배꼽 아래 종기와 대장암

여름부터 시작된 점액 변

성종 25년(1494) 8월 22일, 임금은 승정원에 이런 전교(傳敎 ㅣ 임금의 명령)를 내린다.

> "오늘은 조계(朝啓)[11]를 정지하니, 내가 이질(痢疾) 증세가 있기 때문이다. 지난밤과 오늘 아침에 뒷간에 여러 번 다녔기 때문에 이를 정지한다."
>
> 성종실록 25년 8월 22일

밤부터 아침까지 이질 증세가 이어진 까닭에 변소를 들락거리느라

---

11 아침에 중신과 시종신(63쪽 참조)이 편전(便殿)에서 임금에게 업무를 보고하는 일.

몸이 힘들므로 아침의 업무를 취소한다는 것이다. 이질은 설사와 비슷하지만 단지 대변의 수분 함량이 많은 설사와는 다르다. 이질에 걸리면 묽은 대변과 함께 콧물과도 같은 점액질이 섞여 나온다.

이러한 점액 변이 나온다는 것은 대장에 어떤 문제가 생겼다는 뜻이다. 성종의 이질은 금방 호전되지는 않았던 것으로 보인다. 그해 겨울인 11월, 세자의 생일 하례가 취소된 기록이 있다.

> 세자의 생신이므로 백관이 마땅히 진하(陳賀)하여야 하는데, 세자가
> 아뢰기를, "근래에 성상께서 편치 않으셔서 오랫동안 조회(朝會)를
> 받지 않으셨는데, 신(臣)이 생일날이라 하여 하례를 받는 것은 미안
> 합니다." 하니, 명하여 정지하도록 했다.   성종실록 25년 11월 7일

생일 하례를 취소한 이유가 아버지의 병이 오랫동안 낫지 않기 때문인 것이다. 임금이 와병 중인데 무슨 생일 하례를 받겠느냐는 것이다. 또한 같은 11월의 20일과 23일에 임금의 천식 증상이 오랫동안 낫지 않고 있다는 기록도 보인다.

> 승정원에 전교하기를, "나의 천식증[喘證]이 오래도록 낫지 않은 까
> 닭으로 약을 올리게 했다. 그러니 대신은 문안하지 말라." 했다.
>
>   성종실록 25년 11월 20일

> "내가 해수로 기침을 하느라 밤새도록 자지 못했는데, 이런 일들을
> 어찌 깊이 생각하지 않았겠는가?"   성종실록 25년 11월 23일

그렇다면 성종 임금은 이질과 천식 증상이 몇 달 동안이나 호전되지 않아 고생하고 있었음을 알 수 있다.

그해 겨울, 점점 야위어가다

이질과 천식이 전부가 아니었다. 임금에게는 심각한 질환이 있어 보였다. 오랜 이질 때문에 체액이 많이 소비된 탓인지 심한 갈증 증상도 있었다. 목과 입술이 건조하고 특히 밤마다 기침을 할 때면 목이 건조한 증상이 더 심해졌다.

> 승정원에서 아뢰기를, "신들이 듣건대 성상의 이질이 낫지 아니하고, 또 목구멍과 혀가 건조한 증세가 있다고 합니다. 전교를 듣고 약을 쓰는 것은 친히 보는 것의 정밀함과 같지 않습니다. 청컨대 자주 의원을 인견해서 기맥(氣脈)을 자세히 진찰하게 하여 약을 올리도록 하소서." 했다.   성종실록 25년 12월 2일

또한 찬바람이나 추위를 맞으면 기운이 빠졌고 다리에 힘이 없었다.

> "내가 과연 해수와 설사 증세가 있었는데, 이제 나아가므로 일을 볼수 있다. 그러나 조금이라도 바람과 추위를 당하면 기운이 불편한듯하고, 또 다리가 마비되고 다리 힘이 약하고 살이 여위었으니, 만약 여러 신하에게 나아갈 때에 혹시 넘어지기라도 하면 자못 체모가

없을 것이다." 성종실록 25년 12월 12일

식사량도 점점 줄고 체중이 줄었다. 병이 오랫동안 낫지 않자 임금은 여러 신하들을 불러 모은 자리에서 이렇게 말했다.

"이 병은 내가 처음에 대수롭게 여기지 아니했는데, 점점 음식을 먹지 못하여 살이 여위어졌다." 성종실록 25년 12월 23일

몇 달이 지나도록 병이 낫지 않자 이제 임금도 자신의 몸에 대해 심각하게 생각하기 시작한 것이다.

배꼽 아래 작은 덩어리가 만져지다

여기에 더하여 또 한 가지 증상이 있었다. 바로 배꼽 아래 부위에 작은 덩어리가 만져지는 것이었다. 그해 12월 20일, 내의원 제조인 윤은로가 문안하자 임금은 그에게 이렇게 말했다.

"배꼽 밑에 작은 덩어리가 생겼는데, 지난밤부터 조금씩 아프고 빛깔도 조금 붉다." 성종실록 25년 12월 20일

이질과 천식, 갈증, 식욕 부진과 체중 감소에 더하여 하복부에 작은 덩어리가 만져지는데, 이 덩어리가 있는 부위에서 복통도 느껴지고

불그스름한 색이 보인다는 것이다.

지금까지 의관들은 임금이 이질과 천식을 앓는 것으로 여겼다. 또한 이질이 오래 지속되므로 갈증도 함께 생긴 것으로 보았다. 그런데 갑자기 나타난 하복부의 덩어리! 이것을 어떤 병으로 보아야 할까? 내의원 의관들은 이제 고민에 휩싸이게 되었다. 임금의 하복부에 나타난 저 작은 덩어리가 무엇일까? 혹시 종기인가?

종기 전문가를 부르다

종기를 의심한 여러 신하들이 종기 전문가를 부를 것을 임금에게 청했다.

> "의원 전명춘이 의술에 정통하여 자못 맥도(脈道)를 알고, 또 종기를 다스리는 데 많은 경험이 있다고 하니, 의관을 접견하실 때에 청컨대 따라 들어가서 진맥하여 살피게 하소서." 성종실록 25년 12월 24일

오랜 병고에 지친 임금은 그리 하라 허락했다. 그날 바로 전명춘(全明春)이 입궐하여 임금의 병세를 살핀다. 청을 올린 당일에 전명춘이 바로 입궐한 것을 보면 그는 아마 경기도 내에 거주하면서 활동했던 의원이었던 것으로 추측된다. 임금의 병세를 직접 살피고 나온 전명춘은 이렇게 말했다.

"배꼽 밑에 적취(積聚)[12]는 참으로 종기인데, 마땅히 종기를 다스리
는 약을 써야 할 것입니다."   성종실록 25년 12월 24일

이제 종기 전문가인 전명춘이 종기에 관한 약을 쓰면 된다. 과연 성
종 임금의 병은 나았을까?

손쓸 틈도 없이 승하하다

장안의 유명한 종기 전문가를 불렀고 이제 그가 의술을 발휘하면 될
차례다. 그런데 그만 전명춘이 임금을 알현한 바로 그날 성종 임금은
승하하고 만다. 이날이 12월 24일이었다.
　실은 임금의 위독한 증후는 이틀 전인 22일부터 감지되기 시작했
다. 사망하기 이틀 전 임금에게 부종 증상이 나타났다. 부종은 전에도
있던 증상이었지만 이날 더욱 심해졌다.

　　임금이 본래 이질로 편찮은 데다가 또 부종을 앓아 수라를 드시지
　　못한 지 오래되었는데, 이날 밤 2고(鼓)[13]부터 증세가 더욱 심해졌다.

　　　　　　　　　　　　　　　　　　　　　　성종실록 25년 12월 22일

12　몸 안에 덩어리가 생겨서 아픈 병. 적(積)은 오장에 생겨 일정한 부위에 있는 덩어리이고,
　　취(聚)는 육부에 생겨서 일정한 형태 없이 이리저리 옮겨 다니는 덩어리를 이른다.
13　1고(鼓)는 저녁 7시~9시, 2고는 밤 9시~11시, 3고는 밤 11시~새벽 1시, 4고는 새벽 1시
　　~3시, 5고는 새벽 3시~5시를 이른다.

그리고 다음날인 23일, 임금의 병세가 심상치 않음을 간파한 왕실은 종묘사직과 명산대천에 기도를 올리고 일체 죄수들을 석방할 것을 결정했다.

　다급한 왕실의 마음을 모르는지 뒤이어 임금에게 번만(煩懣) 증상이 나타났다. 번만이란 호흡을 편하게 하지 못하면서 가슴이 답답함을 느끼는 것을 말한다. 그리고 맥박은 전보다 더 빨라졌다. 또한 들숨보다 날숨의 횟수가 더 많아졌다. 호흡곤란 증세가 나타나기 시작한 것이다.

> 밤 4고(鼓)에 내의 송흠이 승정원에 보고하기를, "성상께서 저녁부터 번만이 조금 더 심해지셔서 청심원을 올리도록 명하셨습니다."
>
> 성종실록 25년 12월 23일

> 진시(辰時)에 송흠이 안에 들어가서 증세를 진찰하고 나와서 말하기를, "성상의 몸이 몹시 여위셨고, 맥도(脈度)가 부삭(浮數)하여 어제는 육지(六指)였는데, 오늘은 칠지(七指)였습니다.[14] 그리고 얼굴빛이 누렇게 떠 있고 허리 밑에 적취(積聚)가 있고, 내쉬는 숨은 많고 들이쉬는 숨은 적으며, 입술이 또 건조하십니다. 성상의 몸을 보건대 억지로 참고 앉아 계신 듯하기에 그만 물러 나왔습니다."라고 했다.
>
> 성종실록 25년 12월 23일

14　한 번 숨 쉴 때에 맥이 네 번 뛰는 것을 정상으로 보는데 여섯 번(육지) 뛰면 삭맥(數脈), 일곱 번(칠지) 뛰면 극맥(極脈)이라고 하여 지극히 빠른 맥으로 친다.

마침내 12월 24일 임금은 승하한다. 불러온 종기 전문가가 미처 제대로 손을 써보기도 전에 임금은 사망하고 말았다.

대장암이 의심된다

성종의 사망 원인은 무엇이었을까? 물론 배꼽 아래 종기가 생겼다는 표현이 있기는 하지만 도대체 어떤 종기가 생겼기에 그렇게 갑작스럽게 사망했던 것일까? 실록에 기록된 여러 정황을 종합해 보았을 때 가장 유력한 원인은 대장암으로 여겨진다. 이 대장암이 폐로 번지고 그로 인한 흉수(胸水ㅣ가슴막 삼출액) 때문에 호흡 곤란을 일으켜 사망한 것 같다.

대장암은 초기에는 별다른 자각 증상이 없다. 상당히 진행된 상태에서 느껴지는 증상은 변비와 설사, 혈변이나 점액 변 같은 대변의 변화, 복통, 소화불량, 복부에서 만져지는 덩어리, 체중 감소, 구토 등이다. 그렇다면 그해 여름부터 시작된 이질은 바로 대장암의 증상 중 하나로 볼 수 있다. 계속 체중이 줄고 식사를 제대로 하지 못한 것도 그렇다. 결정적으로 하복부에서 만져진 작은 덩어리가 바로 대장암 덩어리가 커지면서 만져진 것으로 생각된다.

그런데 이 대장암이 폐로 전이된 것으로 보인다. 암세포가 폐로 번졌

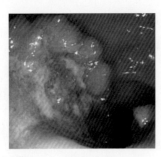

대장암 출처-대한의학회 홈페이지.

을 때 나타날 수 있는 증상은 기침이다. 흉격(胸膈 | 가슴안) 부위에 물이 차는 흉수가 생기면 기침이 심해지고 호흡이 곤란해지며 이로 인해 부종이 나타날 수 있다. 따라서 장기간 성종을 괴롭혔던 천식 증상은 바로 대장암이 폐로 전이되어서 나타났던 증상인 것이다. 사망하기 전 보였던 부종 증상 역시 폐 전이로 인한 것으로 보인다.

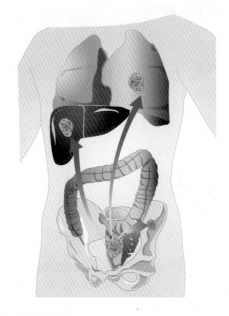

대장암의 전이

  결정적으로 성종을 사망케 한 직접적인 원인은 흉수로 인한 호흡 기능 상실로 판단된다. 사망하기 하루 전날 보였던 맥박수 상승과 호흡 곤란이 바로 이 흉수 때문이었던 것 같다.

  이러한 정황을 종합했을 때 성종의 배꼽 아래 종기는 바로 대장에 생긴 악성 종기라고 할 수 있는 대장암이었던 것이다. 성종은 피부가 아니라 장부(臟腑 | 오장육부)에 종기가 생겨서 사망한 것이다. 대장과 폐에 생긴 악성 종기로 말이다.

성종의 발자취

성종 임금은 세조의 손자였다. 세조의 첫째 아들인 의경 세자가 일찍 사망해 둘째 아들인 예종이 보위에 올랐다. 하지만 예종도 오래 살지 못하고 사망했기에 당시 열세 살 나이였던 자을산군 성종이 할머니인 정희 왕후의 지명을 받아 임금의 자리에 오르게 된다. 20세가 되기까지는 정희 왕후의 섭정 아래 있어야 했다. 하지만 할머니가 섭정에서 물러난 후 훈구 세력을 몰아내고 젊은 사림파를 등용하면서 조정에 개혁을 불러왔다. 또한 《경국대전》 교정 작업을 완성하여 법치 국가로서 기틀을 다지고 학문과 교육을 장려했다. 성종 때 조선 왕조는 안정기에 접어들었다.

그러나 이러한 태평성대가 성종 재임 후기에는 오히려 방만함을 낳은 듯하다. 재임 후기 성종은 자주 궁궐 밖으로 나와 유흥을 즐겼다고 한다.

성종은 부인 12명에게서 자녀 16남 12녀를 얻어 조선 왕조에서 손꼽히게 많은 후궁과 자식을 두었다. 그리고 두 번째 부인인 윤씨를 내쫓고 처형하면서 훗날 연산군의 비극을 낳은 불운의 씨앗을 남기기도 했다. 성종이 사망한 나이가 38세였으니 이렇게 젊은 나이에 종기로 사망한 것은 어쩌면 재임 후기에 빠져든 방만함 탓이 아니었을까?

꽃미남 외모를 망친 연산군의 얼굴 부스럼

호리호리한 체격의 연산군

희대의 폭군으로 이름을 남긴 연산군. 그의 어진은 남아 있지 않아 그 외모를 잘 알 수 없다. 하지만 연산군의 외모를 추측할 수 있는 기록이 두 군데 남아 있다.

연산군 재위 10년인 1504년 의금부에 한 고발이 접수되었다. 의금부의 종으로 있었던 팽손이 임금을 비난한 김수명이란 자를 고발한 것이었다. 고발의 내용은 이러하다.

전라도 부안현 기병(騎兵) 최중손의 이웃집 사람인 김수명이 나에게 말하기를, '내가 저번에 번(番)을 들러 올라왔을 때 인정전을 호위하면서 명나라 사신을 접견하는 예를 올려다보니, 명나라 사신은 우뚝 서서 잠시 읍만 하고 주상께서는 몸을 굽혀 예를 표하는데, 주상의 허리와 몸이 매우 가늘어 그다지 웅장하고 위대하지 못하더라. [……] 지금 임금이 즉위한 이래로 해마다 흉년이 들고, 조세를 배로 운반하다 파선한 것이 해마다 40여 척이나 되는데, 그 물에 빠진 쌀을 건져서 백성들에게 주고 대신 새 곡식을 가져다 바치게 하며, 또 베를 제주에서 사들여 백성에게 주고 대신 곡식으로 바꾸므로 백성의 곤란과 고생이 너무도 심하니, 이는 모두 임금이 신하들의 말만 따르고 정사에 부지런하지 않은 때문이다.'라고 했습니다.

연산군일기 10년 2월 7일

곧 김수명이란 사람이 임금인 연산군의 허리와 몸이 가늘어 위엄이 없다, 백성들의 곤란이 심한 것은 임금 탓이라고 임금의 흉을 보았다는 것이다. 이 고발이 접수되자 의금부에서는 바로 김수명을 잡아다가 국문하라는 명을 내렸다. 이 고발 사건의 결론이 어떻게 났는지는 알 수 없지만 고발 내용으로 보았을 때 연산군은 호리호리한 체격의 소유자였음을 알 수 있다.

하얀 얼굴의 귀공자

세월이 100년쯤 흘러 연산군의 외모를 언급한 또 한 사람이 나타났다.

이덕형은 호가 한음으로 선조와 광해군 때에 영의정까지 오른 인물이다. 죽마고우인 이항복과 많은 일화를 남겨 우리에게는 '오성과 한음'으로 잘 알려진 인물이다. 이덕형은 《죽창한화(竹窓閑話)》라는 수필집을 남겨 연산군의 외모에 관한 귀중한 증언을 기록해두었다.

선조 26년(1593) 임진왜란 중에 이덕형이 피난을 가던 중 진안 땅에 흘러들게 되었다. 산세가 어지럽고 계곡이 길어 촌락이 드문 곳이었다. 그런데 그곳에 정사년(1497)에 태어난 한 노인이 살고 있었다. 이때가 계사년(1593)이므로 노인의 나이는 97세였고 아들

이덕형의 영정 출처-당진군청 홈페이지.

의 나이는 73세였다. 손자 4명과 노비 2명이 함께 살면서 힘써 밭을 경작하여 조석 끼니를 잇고 있었다. 백발의 두 부자가 나무그늘 아래 마주 앉아 바둑을 두는 모습은 마치 그림 같았다. 97세인 이 노인은 여전히 정기가 강하고 총명이 시들지 않았는데, 단지 음식이 잘 내려가지 않아 끼니마다 죽 한 사발 정도만 먹을 수 있었다.

이덕형이 소문을 듣고서 하도 기이히 여겨 하루는 이 노인을 직접 찾아갔다. 노인은 행동거지가 여전히 강건하고 눈썹이 매우 길며 눈빛에 광채가 있었고 용모가 청아했다. 마치 티끌 같은 세상의 속인이 아니라 신선과 같은 느낌이었다. 이덕형은 이 노인에게 감탄을 금치 못하면서 어렸을 적 이야기를 물어보았다. 노인이 질문에 답하는데 목소리가 낭랑하고 거침이 없었다. 노인의 말에 따르면 그가

7세였을 때에 군역에 차출되어 번을 서기 위해 상경했는데, 이때 연산군의 얼굴을 볼 기회가 있었다. 그가 본 연산군은 낯빛이 하얗고 수염이 적으며 키가 크고 눈가에 붉은 기가 감돌았다고 했다.

실록과 《죽창한화》의 기록을 종합해 볼 때 연산군은 키가 크면서 허리가 가는 호리호리한 체격이었고, 얼굴은 뽀얗고 수염이 많지 않았다는 것을 알 수 있다. 이전의 왕들이 체격이 우람하고 수염이 풍성한, 말하자면 대장군과 같은 풍모였다면 연산군은 이전 왕들과는 정반대인 체구와 외모를 지녔다는 말이 된다. 곧 전체적으로 선이 가는 외양이었던 것인데, 야사에서 전하는 바에 따르면 성종 임금과 폐비 윤씨는 상당한 미남과 미녀였으므로 연산군도 남다른 용모를 지녔을 것 같다. 그렇다면 연산군은 지금의 꽃미남에 속하는 귀공자풍 외모였다는 말이 된다. 물론 당시 조선시대의 기준으로는 이러한 연산군의 외모가 왕으로서 위엄이 많이 떨어졌을 것이다.

세자의 얼굴을 뒤덮은 부스럼

그런데 이렇게 꽃미남에 속한 연산군의 얼굴을 망친 병이 있었다. 바로 얼굴을 덮는 부스럼, 곧 면창(面瘡)이었다. 면창에 관한 기록이 실록에 처음 나타난 때는 연산군이 세자였던 성종 23년(1492)이다.

> 전교하기를, "세자의 얼굴 부스럼〔面瘡〕이 찬 기운에 닿아 재발하니, 먼저 서울에 돌아가서 조리함이 옳겠다." 했다. 성종실록 23년 10월 13일

성종이 세자와 함께 사냥을 나갔다가 세자의 면창이 재발하자, 먼저 서울로 돌아가 조리하라는 명을 내린 것이다. 그리고 이듬해인 1493년과 1494년에 세자의 면창이 오래도록 낫지 않는다는 기록이 등장하는 것으로 보아 이 2년 동안 연산군의 얼굴은 계속 면창으로 뒤덮인 상태였음을 알 수 있다.

> 승정원에 전교하기를, "세자의 얼굴에 종기가 있는데 오래 낫지 아니한다. 조지서의 말을 듣건대, 진주에 사는 한 부인이 있어서 이 병을 능히 잘 치료한다고 하니, 조지서를 불러서 자세히 물어보라." 했다.
>
> 성종실록 24년 8월 3일

뽀얀 얼굴에 면창이 생겼으니 지금으로 말하자면 꽃미남의 인물을 망친 것이라 할 수 있겠다. 조지서(1454~1504)는 세자의 스승이었다.

중국에서 가져온 신약을 시험해보다

연산군의 얼굴을 치료하려는 이러저러한 노력이 계속 이어졌다. 그러던 중 중국에서 면창에 쓰이는 약을 구하게 되었다. 말하자면 대륙에서 가져온 신약(新藥)인 셈이다.

신약의 이름은 웅황해독산(雄黃解毒散)과 선응고(善應膏)였다. 웅황해독산은 웅황, 백반, 한수석이라는 약재를 가루 낸 후 뜨거운 물에 풀어 환부를 씻어내도록 한 처방이다. 종기의 독이 심하여 환부가 문드러진 것을 치료하는 데 쓴다. 그리고 선응고는 행인, 대황, 초오 등 여러 약재를 원료로 하여 만든 고약으로 일체의 악성 종기에 사용하는 약이다.

중국에서 가져온 신약을 귀하신 임금님의 얼굴에 바로 발라볼 수는 없다. 말하자면 실험 대상이 필요했다. 그래서 연산군의 증상과 똑같은 증상을 앓던 노비 만덕이라는 자에게 먼저 발라보게 했다. 이 신약을 시험해본 만덕은 약의 효과에 대해 이렇게 말했다.

> "10여 일 전부터 웅황해독산을 온수에 타서 씻고 또 선응고를 붙이니 고름이 많이 나왔습니다. 또 조금 가려워서 긁고 싶었는데 약을 서너 번 갈아 붙이자 날로 좋아져서, 두 개의 작은 종기 구멍이 쌀알만 하게 크기가 줄었습니다."　　　연산군일기 1년 1월 20일

노비 만덕의 결과에 크게 만족한 연산군은 웅황해독산과 선응고를 자신의 환부에 발랐다. 결과는 어떻게 되었을까? 실록에는 한 달 정도 후에 "내 병이 나아간다" 그리고 "내 병이 회복되었다"고 한 기록이 보인다. 그렇다면 중국에서 가져온 신약은 어느 정도 효과를 보였던 것으로 판단할 수 있다.

연산군 면창의 정체

연산군을 상당 기간 괴롭혔던 이 면창의 정체는 무엇이었을까?

얼굴의 어느 부위에 어느 정도 크기로 부스럼이 생겼는지에 관한 자세한 기록은 없어서 추측이 어렵기는 하다. 그런데 면종(面腫)이라 하지 않고 면창(面瘡)이라고 한 것으로 보아 한 군데에

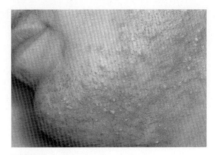

모낭염 출처-Folliculitis Pictures.com.

크게 화농이 잡히는 종류가 아니라 자잘한 부스럼이 여러 개 생긴 형태가 아니었을까 싶다. 그렇다면 피지선에 염증이 생긴 여드름 종류였거나 모낭에 세균이 감염되어 염증이 생긴 모낭염 종류였을 것으로 추측할 수 있다.

실록에 따르면 연산군은 자신의 면창에서 항상 더러운 진물이 흐른다고 했다. 그리고 웅황해독산을 써서 어느 정도 효과를 보았다. 웅황이란 약재는 살균과 살충의 효능이 있어 피부에 기생하는 여러 감염균을 사멸해주어, 예로부터 피부과 외용제로 많이 사용되었다. 그렇

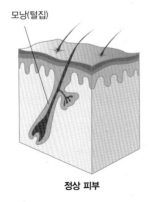

모낭(털집)

정상 피부

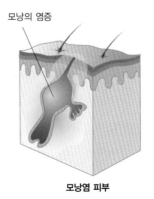

모낭의 염증

모낭염 피부

다면 이러한 정황을 종합해 볼 때 연산군의 면창은 모낭염이 아니었을까 조심스레 추측해본다.

평소에도 허약했던 체질

연산군은 체질 자체가 허약했던 것으로 보인다. 아버지 성종 임금이 사망한 날짜가 1494년 12월 24일이었다. 이는 한겨울에 초상을 치러야 했다는 말이다. 국왕의 시신은 빈전에 모시고, 왕세자는 빈전 근처에 지은 여차(廬次)라는 오두막에 기거하면서 하루 다섯 번 곡을 해야 했다.

그런데 연산군에게는 면창 외에 소변이 잦은 병도 있었다. 소변을 자주 보는 것을 소변불금(小便不禁)이라 하며 이는 방광의 온기가 부족하기 때문으로 본다. 그래서 날씨가 추운 가을과 겨울에 심해지는 경향이 있다. 그런데 한겨울에 초상을 치르느라 차가운 오두막에 기거하면서 조전, 석전, 그리고 하루 세 번 상식을 올리며 곡을 해야 하니 연산군의 소변불금은 더욱 심해질 수밖에 없었다. 곡을 하다 급히 소변을 보러 가고 또 곡을 하다 급히 소변을 보러 가야 하는, 참으로 웃지 못할 상황이 벌어졌을 것이다.

이에 승정원에서는 연산군에게 축천원(縮泉元)이라는 약을 복용하도록 권했다. 축천원이란 방광이 허약하고 냉하여 하루에 소변을 백여 차례 자주 누는 것을 치료하는 약으로, 오약과 익지인이란 약재가 주성분이다. 또한 곡을 할 때에 버선과 아래옷에 모피를 덧대어 하체

여차 출처-장서각 한국학자료센터.

를 따뜻하게 하도록 권했다.

> 승정원에서 아뢰기를, "전하께서 소변이 잦으시므로 축천원을 들이
> 라 하시는데, 신들의 생각으로는 전하께서 오래 여차에 계시고 조석
> 으로 곡위(哭位)에 나가시므로 추위에 상하여 그렇게 된 것이오니,
> 만약 하상(下裳) 사폭(邪幅)[15]과 버선에다 모피(毛皮)를 붙여서 하부(下
> 部)를 따뜻하게 하면 이 증세가 없어질 것입니다." 했다.

연산군일기 1년 1월 8일

    연산군은 의원과 승정원의 권유대로 하복부에 뜸을 뜨고 잠방이 속
에 산양 가죽을 덧대었다. 그러던 중 소변불금 증상이 전보다 호전되

---

15 남자 바지의 가랑이 바깥쪽을 마루폭이라 하고 가랑이 안쪽을 사폭이라고 한다.

었다는 기록이 실록에 보인다.

큰 키, 가는 허리, 뽀얀 얼굴, 적은 수염 등은 양기가 허약한 사람이 지닐 수 있는 신체 조건이다. 그렇다면 연산군의 체질은 허약하고 냉했다는 것을 짐작할 수 있다. 이렇게 허약하고 냉한 체질을 지닌 사람이 겨울철 찬 바람을 맞았으니, 외부의 기온이 자신의 약한 부분을 더욱 악화시켜 면창과 소변불금이 심해진 것은 당연한 현상이라 할 수 있겠다. 곧 체질에 맞게 섭생을 못한 셈이다. 그런데도 하루 다섯 번 제를 올리며 곡을 해야 했으니 임금의 위치란 참으로 괴로운 것이다.

신하들에 눌려 살았던 중종의 연쇄적 종기

얼마나 답답했을까?

1506년 중종반정이 일어나면서 12년간 왕위에 군림했던 연산군은 폐위되고 성종의 둘째 아들인 진성 대군이 왕위에 등극한다. 그런데 조선시대의 다른 쿠데타와 달리 중종반정은 중종 스스로 주도하여 일으킨 것이 아니었다. 중종 스스로가 왕이 되고 싶어 신하들을 모아서 반정을 일으킨 것이 아니라 훈구 세력의 주도로 반정이 일어났고, 진성 대군은 반정 공신들의 추대에 떠밀려 왕의 자리에 오른 것이었다. 따라서 즉위 초기에 왕권은 매우 약할 수밖에 없었다.

왕권이 약하고 훈구 세력의 기세가 등등했기에 일어난 대표적인 일이 중종의 조강지처였던 단경왕후 신씨 폐출 사건이었다. 단경 왕후의 아버지는 신수근으로, 연산군 때에 좌의정을 지낸 동시에 연산군의 처남이기도 했다. 신수근은 중종반정에 반대했고 결국 훈구 세력에게 죽임을 당했다. 반정이 성공한 후 반정 공신들은 자신들에게 반기를 들었던 자의 딸을 왕후의 자리에 그냥 둘 수 없었다. 결국 중종은 대군 시절부터 끔찍이도 아끼고 사랑했던 조강지처 신씨를 왕의 자리에 오른 지 단 일주일 만에 폐위시킬 수밖에 없었다.

이후 장경왕후 윤씨가 왕비로 간택되었으나 인종을 낳은 후 그만 사망한다. 이때 폐위된 신씨를 왕비로 다시 복위케 하자는 움직임이 있었고 중종도 이를 열망했으나 결국에는 반정 공신들의 반대로 끝내 좌절되고 말았다.

중종반정 후에 훈구 세력이 작성한 반정 공신의 명단도 어이가 없었다. 실제 반정을 주도했던 인물은 몇 명 되지 않았지만 공신 명단에 이름이 올라간 이는 무려 117명이었다고 한다. 태조 때 개국 공신의 수가 10여 명이었던 것에 비하면, 정말 훈구 세력은 도탄에 빠진 백성을 구하기 위해서가 아니라 자신들의 사리사욕을 채우기 위해 반정을 일으킨 것 같았다. 공신 명단에 올라간 이들에게 자급을 올려주고 전지와 노비를 상으로 내려주다 보니 국가 재정은 늘 부족한 상태였다.

이후 중종은 훈구 세력을 견제하기 위해 조광조를 비롯한 사림 세력을 중용했다. 그러나 지나치게 이상적일뿐더러 성급하기도 한 조광조의 개혁에 염증을 느낀 중종은 기묘사화를 계기로 신진 사림 세력을 밀어내기에 이른다. 혼돈은 여기서 끝이 아니었다. 이후 신사무옥(辛巳誣獄)으로 중진 사림파가 숙청되고, 부마로서 권력을 휘두른 김안로의 파직, 유세창의 모역 사건, 불태운 쥐로 동궁을 저주한 이른바 '작서(灼鼠)의 변'으로 경빈 박씨가 폐출되는 등 훈구파 내부의 권력

쟁탈전도 더욱 극심해졌다. 김안로의 재등장과 외척인 윤원형 형제의 등장은 훈구 세력과 외척 세력 간의 대립으로 발전했다. 또한 외환에도 시달려서 삼포, 추자도, 동래 등에서 왜란이 일어났다.

결국 신하들의 주도로 일어난 반정이다 보니 정종은 집권 초기에 강한 왕권을 구현하지 못했다. 이것이 결국에는 집권 말기까지 이어져 훈구 세력, 사림 세력, 외척 세력에 이르기까지 평생 신하들에게 휘둘리고 억눌릴 수밖에 없었던 것이다. 신하들의 등쌀에 밀려 사랑하는 부인조차 내쫓아야 했던 중종, 얼마나 답답했을까?

여기저기 나는 종기들

중종의 몸 여기저기에 종기가 났던 기록들이 보인다. 우선 재위 3년인 1508년 허리 아래와 이마에 종기가 났는데 오래도록 낫지 않았다. 또한 재위 39년인 1544년에는 귀 뒤에 종기가 나기도 했다.

그런데 중종을 장시간 괴롭힌 심각한 종기는 협부(脅部)에 난 종기였다. 중종 27년(1532)과 28년(1533) 사이에 오른쪽 겨드랑이 아래 옆구리 부위에 종기가 생겼다. 이에 관한 기록이 처음 보인 때는 1532년 10월인데, 중종은 이 종기로 몇 달간 정사를 제대로 보지 못할 정도로 고생했다.

> 상이 미령했다. 오른쪽 옆구리 아래에 종기가 나서 아픈 곳이 이날
> 부터 다시 부어올랐다.   중종실록 27년 10월 27일

대사헌 황사우와 대사간 권예가 아뢰기를, "상께서 미령하신 지 이미 오래되었으니 신하의 정으로 참으로 민망하기 그지없습니다. 양사(兩司)16의 모든 신하가 와서 문안한다면 시끄러울 듯하므로 장관만 문안드립니다." 하니, 전교하기를, "내 병은 다른 증세가 아니고 다만 풍한(風寒)으로 인하여 오른쪽 옆구리 아래 종기가 나서 찌르는 듯 아픈 증세이므로 하루 이틀에 즉시 나을 병이 아니다. 문안할 필요 없다." 했다.   중종실록 27년 10월 30일

  종기가 생긴 지 열흘 정도 후에 환부에 심한 열기가 생기면서 고름이 잡혔다. 이에 의원 박세거가 침으로 종기를 터뜨려 고름을 빼내었다.

상이 미령했다. 내의 홍침이 대전에 들어오자 상이 종기가 난 곳을 보이며 이르기를 "결국 곪고야 말 것이다. 어젯밤 이경(二更)에 열기(熱氣)가 종기 난 곳에서부터 온몸으로 퍼졌다가 사경(四更)이 되어서야 가라앉았다."고 했다.   중종실록 27년 11월 1일

내의 박세거가 침으로 종기가 난 곳을 터뜨렸다.

                                          중종실록 27년 11월 5일

  화농은 비교적 빨리 되었지만 문제는 여독(餘毒)이 남아 환부가 아물지 못해 계속 진물이 흘러나온다는 것이었다. 이 진물로 중종은 몇

---

16 사헌부와 사간원.

달이나 고통을 받았다.

승정원에 전교했다. "내가 이 병을 얻은 지 4개월이 되었다. 오랫동
안 정무를 폐하고 경연 또한 정지했기 때문에 훌륭한 사대부들을 접
견하지 못했으니 내 마음이 매우 편치 못하다. 다른 병이었다면 증
세에 차도가 있으면 쉽게 나다니겠지만, 종기는 증세가 오래가므로
곪아서 터졌는데도 여독이 가라앉지 않고 고름이 계속 나온다. 큰
증상은 거의 나았지만 창구(瘡口)가 아직 봉합되지 않아서 방 밖을
나가지 못한다. 이것은 내의원 제조와 도승지 및 의원은 모두 아는 것
이지만 조정 밖에 있는 사람들이야 어찌 다 알 수 있겠는가. 2~3개월
안으로는 정무를 보기가 어려우니 시종(侍從)[17]들도 알아두라."

중종실록 28년 1월 4일

분노의 화가 종기를 부르다

중종이 앓았던 종기는 협옹(脅癰)이다. 곧 옆구리 부위에 생긴 종기다.
왕실 기록에서 이 부위에 종기가 났던 기록은 그리 흔하지 않다. 중종
은 비교적 독특한 부위에 종기가 생긴 셈이다.

---

17 시종신(侍從臣). 궁중의 문서를 관리하고 임금의 자문에 응하는 홍문관, 관리를 감찰하고
    민원을 풀어주는 사헌부, 임금의 잘못을 논박하는 사간원의 관리들과 임금의 측근에서
    조정의 일을 모두 기록하고(이 기록을 모아 나중에 실록을 편찬한다) 왕명을 대필하는 예문
    관 검열, 《승정원일기》를 기록하는 승정원 주서를 통틀어 이르는 말이다.

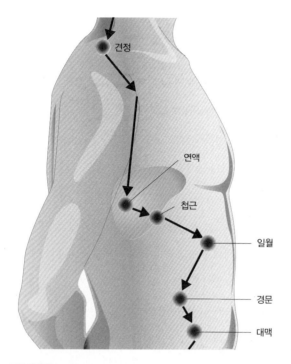

족소양담경 옆구리를 따라 흐르는 족소양담경.

옆구리는 경락상으로 중요한 의미가 있는 부위다. 12경락의 흐름에서 보자면 이곳은 담경(膽經)이 흐르는 부위다. 담경은 간경(肝經)과 더불어 분노와 억압의 감정이 많이 쌓일 때 주로 문제가 드러나는 곳이다. 《동의보감》에서도 협옹은 간(肝)과 심(心)에 화(火)가 성(盛)하여 생긴다고 했다.

아무 죄 없는 조강지처를 쫓아내야 했을 때의 슬픔, 반정 공신들에 대한 분노, 끊임없이 세력 다툼을 벌이는 훈구 세력에 대한 울분, 사림 세력에 대한 염증, 이런 것들이 쌓이고 쌓여 중종에게 협옹이라는 병이 생긴 것은 아니었을까?

국산 신약을 시험해보다

임금의 종기를 낫게 하려는 노력은 계속되었다. 이미 알려지고 많이 쓰이던 여러 처방이 사용되기도 했지만 알려지지 않은 처방들이 새로이 사용되기도 했다.

첫 번째가 함경도에서 생산되는 이질가지(伊叱椵脂)라는 약이었다. 내의원 제조는 중종에게 이렇게 고한다.

> "이질가지라는 것은 함경도에서 생산되는 것인데, 이것은 향약(鄕藥)이긴 하나 종기를 치료하는 데 좋은 약이라서 그 약을 사용한 자는 매번 신기한 효험을 보았습니다. 그래서 일찍이 진상하게끔 하여 내의원에 저장해두었습니다. 안로가 지난봄에 종기를 앓았는데 이 것을 바르는 즉시 종기가 사라졌고, 이사균도 지난여름에 등창을 앓았었는데 그도 이것을 바르고 나았습니다. 종기를 앓다가 이 약을 바르고 효력을 본 자들이 매우 많습니다." 중종실록 27년 10월 22일

향약은 국산 약재라는 뜻이다. 이질가지라고 하는 것을 민간에서 사용해보니 효과가 매우 좋으므로 임금께서도 이를 사용해보라는 청을 올린 것이다.

두 번째는 삼나무 진액이다. 내의원 제조가 이렇게 고했다.

> "삼나무의 진액이 비록 의학서에는 나와 있지 않으나 경험한 사람 중 매우 신통한 효과를 본 사람이 많습니다. 처음 종기가 생길 때는 쉽

게 삭고 이미 터지고 나서는 쉽게 치유되어 동창(凍瘡)[18] · 칠창(漆瘡)[19]
이 곪아서 터진 곳은 모두 즉시 낫습니다."   중종실록 28년 2월 6일

이때는 중종의 협옹이 터진 후에 환부가 아물지 않아서 고생하던 시기였다. 이에 내의원 제조가 민간에서 종기가 터진 부위에 상처가 잘 아물게 할 목적으로 삼나무 진액을 쓰고 있으니 임금께서 이를 시험해보라는 청을 올린 것이다.

이러한 기록들은 왕실 의학이 고전 문헌에만 얽매이거나 답습하지 않고 끊임없이 새로운 약재, 새로운 치료법을 받아들이고 발전시켜왔다는 것을 보여주기도 한다.

임종까지 함께한 의녀 대장금

중종의 질병 기록에 마지막 임종 때까지 이름이 계속 등장하는 한 의녀가 있다. 바로 몇 년 전 드라마로 제작되어 큰 인기를 얻었던 대장금(大長今)이다. 대장금의 이름이 실록에 처음 등장한 것은 중종 10년(1515)이다.

"의녀인 장금은 출산을 지킨 공이 있으니 당연히 큰 상을 받아야 할

---

18 동상.
19 옻 접촉으로 생긴 피부염.

것인데, 마침내는 큰 변고가 있음으로 해서 아직 드러나게 상을 받

지 못했다." 중종실록 10년 3월 21일

기록의 내용은 중종 10년 장경 왕후의 출산을 도운 공을 세웠으나
그만 왕비가 산후병으로 사망한 정황을 가리키는 것으로 보인다. 이
후 중종 19년(1524) 다시 대장금의 이름이 등장하는데 "의녀 대장금
의 의술이 의녀들의 무리 중에서 뛰어나므로"라고 하는 것으로 보아
그녀의 의술이 인정을 받기 시작했다는 것을 알 수 있다.

대장금의 이름이 본격적으로 등장하는 것은 중종이 협옹을 앓았던
중종 27년~28년(1532~1533) 사이와 중종이 사망한 해인 39년(1544)
이다. 협옹을 앓았을 때에도 왕을 진맥했고, 병이 나아가던 시점에 여
러 의원들과 함께 상을 받기도 했다. 또한 "소소한 약에 관한 의논은
의녀를 통하여 전해줄 터이니 상의하도록 하라"고 왕이 전교를 내렸
던 것으로 보아 중종이 그녀를 상당히 신뢰했음을 알 수 있다. 중종이
사망할 즈음에는 항상 대전을 드나들며 왕의 증세와 맥을 살펴 신하
들에게 전하기도 했다.

내의원 제조가 문안하니 홍언필이 사사로이 내관 박한종에게 묻기
를 "상의 옥체가 밤사이 어떠하셨는가?" 하니, 박한종이 "내관도 직
접 모시지 않았기 때문에 자세히 알 수는 없습니다. 대체로 어제와
비슷한 듯합니다. 다만 상께서 새벽에 잠이 드셨다고 하니, 이로써
보면 약간 덜하신 듯합니다." 했다. 상이 전교하기를 "내 증세는 여
의가 안다." 했다. 여의 장금이 전하기를 "지난밤에 오령산을 달여

구중궁궐 왕실의 종기 스캔들 67

들였더니 두 번 복용하시고 삼경에 잠이 드셨습니다. 또 소변은 잠
깐 통했으나 대변은 전과 같이 통하지 않아 오늘 아침 처음으로 밀
정(蜜釘)을 썼습니다." 했다. 중종실록 39년 10월 26일

밀정(蜜釘)이란 대변이 막혀 나오지 않을 때에 쓰는 것으로, 꿀을 약
한 불에 엿처럼 되게 졸여 몇 가지 약재를 넣고 막대기 모양으로 만들
어서 항문에 삽입하여 대변이 통하도록 하는 일종의 관장제다. 임금
이 "내 증세는 여의가 안다"고 말할 정도였다면 전적으로 자신의 몸
을 대장금에게 믿고 맡긴 것이다.

그리고 사망하던 11월 15일 낮에 대장금은 중종에게 마지막 약을
올렸다(중종이 사망에 이른 직접적 원인은 정확하지 않다. 10월 24일자 실록에
산증과 복통이 있다고 했고, 대변과 소변이 막혀서 안 나갔다는 기록이 자주 보
일 뿐이다. 산증은 생식기가 붓고 아픈 증세를 말한다). 그러나 이미 정신이
혼미한 상태였던 임금은 그녀가 올린 약을 목으로 넘기지 못해 약물
이 바닥에 계속 떨어졌다고 한다. 그날 저녁 중종은 승하했다.

광해군의 화병과 얼굴 종기

비운의 왕

광해군은 선조와 후궁 공빈 김씨의 사이에서 둘째 아들로 태어났다. 오랫동안 적자가 없던 왕실은 세자 책봉을 계속 미루다가 임진왜란을 당하면서 급하게 광해군을 세자로 책봉했다. 후에 인목왕후에게서 영창대군이 태어나면서 왕위 계승을 둘러싸고 붕당 간의 갈등이 커졌으나 선조가 사망하면서 광해군에게 임금의 자리를 물려준다는 교서를 내렸고, 이에 그는 어렵게 임금의 자리에 오를 수 있었다.

그는 임진왜란의 고통을 직접 체험했고, 친형인 임해군과 이복동생인 영창대군의 죽음을 지켜보았으며, 계모인 인목대비를 친히 폐서인하고 감금케 했다. 광해군의 편에 섰던 대북파는 반대편이었던 서인들을 철저하게 권력에서 배제했다. 다른 정파는 일절 용납하지 않았을 뿐만 아니라 잔인하게 탄압했기에 서인들의 원한을 샀다. 결국 인조와 서인이 결탁하고 군사를 일으켜 궁을 점령한 인조반정으로 인해 광해군은 참으로 허무하게 왕위에서 끌려 내려오게 되었다.

명과 후금 사이에서 실리적인 외교 노선을 추구하여 조선을 그 끔찍했던 전쟁의 소용돌이에서 지켜냈던 광해군. 그러나 그 또한 인간이었기에 병마의 고통을 비켜 갈 수 없었음을 실록은 보여준다.

화병과 눈병으로 장기간 고통 받다

광해군은 평소 화병을 오랫동안 앓고 있다고 스스로 말했다.

> "내 원래 화병(火病)이 많은 사람인데, 요즘 나라의 일들이 많고 또
> 황제의 부음이 겹쳐 오는 바람에 슬프고 두려워서 감히 병을 말하지
> 못하고 겨우겨우 병을 견뎌가며 출입하고 있는 것이다."
>
> 광해군일기 12년 10월 18일

또한 정사의 일을 재결(裁決)해달라는 신하의 요청에 광해군은 이렇게 말했다.

> "나는 평소부터 마음의 병을 앓고 있었는데 요즈음 더욱 중해져서
> 말을 하면 이치에 어긋나고 정신이 어두워 하는 일마다 어긋나는데,
> 어떻게 사대의 의리와 휼민(恤民)의 도리를 알겠느냐. 침식을 완전히

내의원 현판 현판에 쓴 '조화어약(調和御藥)'은 임금에게 올릴 약을 잘 달여야 한다는 뜻이다. 한국전통의학 史연구소 김홍균 제공.

폐한 채 죽음과 이웃하고 있으면서 밤낮으로 허둥댈 뿐, 어떻게 대

처해야 할지 모르겠다." 광해군일기 11년 12월 30일

비단 화병뿐이 아니었다. 그는 치통을 앓기도 했고 심한 눈병을 앓

기도 했다.

"잇몸의 좌우가 모두 부은 기운이 있는데, 왼쪽이 더욱 심하다. 한

군데만이 아니라 여기저기 곪는 것처럼 아프고 물을 마시면 산초 맛

이 난다." 광해군일기 4년 10월 2일

"내가 안질(眼疾)이 극심하여 접응[20]을 감내할 수 없다. 긴급한 공사

(公事)만 들이고 여타 긴급하지 않은 일은 우선 승정원에 보류했다가

차도를 기다려 들이라."　　　　광해군일기 6년 12월 26일

광해군 6년부터 시작된 안질(눈병)이 13년까지 계속 언급되는 것으로 미루어 눈병은 오랫동안 그를 괴롭혔던 것으로 보인다. 눈병, 치통 외에 두통을 앓았다는 기록도 보인다. 이러한 증상들의 공통점은 모두 얼굴에 집중된 병이었다는 것이다.

뺨에 생긴 종기

광해군은 얼굴에 종기가 생겼다. 광해군 11년 8월에는 뺨에 종기[頰腫]가 생겼다고 했고 15년 3월에는 얼굴에 종기[面部腫患]가 생겼다고 기록되어 있다. 같은 질병이 낫지 않고 계속된 것인지 혹은 각각 다른 부위에 생긴 것인지는 자세한 기록이 남지 않아 알기 어렵다.

광해군 11년 신하들이 김언춘을 탄핵할 것을 아뢰자 임금은 이렇게 말했다.

"뺨에 난 종기의 상태가 가볍지 않아 여러 차례 침을 맞았는데도 아직 낫지 않아 수면과 음식이 순조롭지 못하다. 다만 차관(差官)이 관소에 머무르고 있기 때문에 하는 수 없이 거둥했을 뿐이다. 전후로 하교한 것이 한두 번이 아닌데 너희들은 무엇 때문에 내린 전교를

20　응접.

무시하고 남의 병을 아랑곳하지 않고, 또 병이 낫기를 기다리지도 않고 이토록 시시각각으로 소란을 피우는가. 이 일에 대하여는 임금과 묘당(廟堂)[21]이 있으니 당분간 번거롭게 아뢰지 말라."

광해군일기 11년 8월 10일

자신의 뺨에 생긴 종기의 상태가 심상치 않으니 이런저런 장계로 자신을 번거롭게 하지 말고 웬만한 일은 알아서 처리하라는 것이다. 그리고 광해군 15년 내의원의 의원들이 사직을 청하는 일이 생겼다. 임금이 병으로 정사를 돌보지 못하고 있으니, 내의원의 의원들이 사헌부와 사간원의 비난을 받고서 그 책임을 지고 물러나겠다는 청을 올린 것이다.

"신들이 내국(內局)에 있으면서 침을 놓고 약을 쓰는 의술을 알지 못하여 직임을 수행하지 못하고 녹만 받고 있으니 몹시 부끄럽고 송구하여 몸 둘 곳이 없습니다. 성상의 안후가 편찮으신 데다 얼굴의 종기가 날로 심중했습니다. 신들은 성상의 증세가 어떠한 것인지 알 수 없었으나 입시한 어의와 침의들이 모두 허둥지둥하며 걱정하고 있었으니, 그 당시 모양이 처참했던 것을 어떻게 다 말할 수 있겠습니까. 〔……〕 따라서 반성해보건대, 단지 물러가 있어야 하겠기에 삼가 대죄합니다."

광해군일기 15년 3월 10일

---

21 영의정, 좌의정, 우의정 곧 삼정승으로 이루어진 행정부 최고기관 의정부(議政府)를 달리 이르던 말.

실은 광해군이 즉위 6년째 되던 해부터 병을 이유로 긴급한 정사 외에는 재결을 미루거나, 아예 계(啓 | 관청이나 벼슬아치가 임금에게 올리는 말)를 올리지 말도록 지시한 기록이 여기저기 보인다. 그러다 보니 그 비난의 화살이 임금의 병을 치료하지 못한 내의원으로 몰린 상황으로 짐작된다.

　광해군의 뺨에 생긴 종기는 그 정체가 무엇이었을까? 뺨에 생긴 종기는 협옹(頰癰)이라고 부른다. 이것의 정체를 추측해보건대 첫째로 가능한 후보는 화농성 이하선염(耳下腺炎)이다.

　이하선, 곧 귀밑샘에 바이러스나 세균으로 생기는 염증은 여러 종류가 있는데 어린아이들이 잘 걸리는 유행성 이하선염, 세균의 감염에 따른 급성 화농성 이하선염, 그리고 만성 화농성 이하선염이 있다. 우선 광해군 11년에 기록된 뺨의 종기는 급성 화농성 이하선염으로 추측해볼 수 있고, 만약 같은 질병이 이어져온 것이라면 광해군 15년

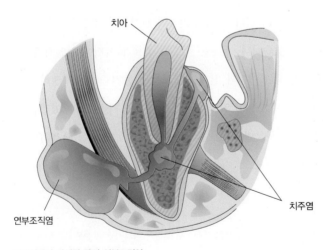

치아

치주염

연부조직염

치주염에서 파생된 뺨의 연부조직염

에 만성 화농성 이하선염의 형태로 재발한 것으로 볼 수 있겠다.

또 한 가지 가능한 후보 질병이 있다. 광해군 4년에 광해군이 치통을 앓았는데 "잇몸의 좌우가 모두 부은 기운이 있는데, 왼쪽이 더욱 심하다. 한 군데만이 아니라 여기저기 곪는 것처럼 아프다"고 했다. 이 설명대로라면 광해군은 치주염(齒周炎 | 치아 주위 조직의 염증)을 앓았고, 마치 곪는 것처럼 아프다고 했으므로 치아나 잇몸에서 어떤 화농이 진행되고 있었다는 가정을 할 수 있다. 그렇다면 치주염에서 파생된 얼굴 부위의 연부조직염을 의심해볼 수 있다. 치아나 잇몸에서 생긴 화농성 염증이 얼굴로 번져 뺨 부위에 종기를 일으킨 것이다. 이는 치통과 연계해서 생각해볼 수 있는 후보다.

광해군의 화병은 왜 생겼을까?

광해군은 오랫동안 화병을 앓았다고 했다. 무엇이 그로 하여금 오랫동안 마음의 병을 앓도록 만든 것일까?

우선은 어려서 어머니를 잃은 데 대한 슬픔일 것이다. 광해군이 세 살이었을 때 생모인 공빈 김씨가 사망했다. 어머니의 사랑을 제대로 받아보지 못하고 자랐으니 마음속 깊이 생모에 대한 그리움과 슬픔이 자리 잡고 있었을 것이다. 실제로 광해군이 사망할 때 남긴 유언은 어머니인 공빈 김씨의 묘소 옆에 자신을 묻어달라고 한 것이었다고 하니 평생에 걸친 그 그리움이 얼마나 사무친 것이었는지 알 수 있다.

그리고 그가 젊은 시절 겪었던 전쟁의 참혹함이 안겨준 트라우마가

임진왜란의 흔적 동래읍성 해자에서 출토된, 임진왜란 당시 희생된 이들의 뼈. 경남문화재연구원 제공.

또 한 가지 원인일 듯싶다. 오랫동안 기다려도 잡히지 않던 세자의 자리를 단박에 안겨준 것은 아이러니하게도 전쟁이었다. 하지만 그 전쟁 때문에 온 나라가 겪어야 했던 참혹함은 이루 다 말할 수 없었다. 왕위에 오르면서 그는 굳게 결심했을 것이다. 다시는 이 땅의 백성들에게 전쟁의 비극을 겪게 하지 않으리라!

그래서 그가 추구한 외교 노선은 중립이었다. 명과 후금 사이에서 전쟁이 일어났을 때 명나라 쪽에는 도와주는 시늉만 했고, 후금 쪽에는 어쩔 수 없이 거병했다면서 항복하라는 밀지를 보내기도 했다. 그렇게 그는 교묘한 중립 노선을 유지하면서 전쟁에 휘말리지 않았다. 오죽했으면 질병을 이유로 다른 장계는 다 물리치면서도 오직 중국 변경에서 들어오는 경보나 거동에 관계되는 일만은 꼭 계를 올리도록 비밀리에 전교하기도 했을까?

이러한 사실을 보면 그가 얼마나 전쟁을 피하고 싶어했고 또 그가 몸소 겪었던 전쟁에 대한 트라우마가 어느 정도였을지 짐작할 수 있다.

또 한 가지는 그의 친형과 이복동생의 죽음에 대한 죄책감이었을 것이다. 권력이란 부모와도 나눌 수 없고 형제와도 나눌 수 없는 것이라 했다. 그가 왕으로 있기 위해서는 어쩔 수 없이 형과 동생의 죽음을 지켜봐야만 했다. 그를 지지한 대북파는 임해군과 영창대군을 절대 살려두지 말 것을 강경하게 요구했다. 왕의 자리란 얼마나 괴로운 것이며 또 얼마나 잔인한 것인가? 광해군은 태종이나 세조와 같이 피와 무력으로 왕위에 오른 임금들과는 그 성정이 달랐다. 대북파의 요구에 밀려 어쩔 수 없이 형제들의 죽음을 방관할 수밖에 없었지만, 자신 때문에 형제들이 죽었다는 죄책감은 그를 심적으로 상당히 압박했을 것이다.

화병은 글자 그대로 심장에 화(火)가 쌓인 것이 풀리지 못해서 생긴다. 이렇게 화 때문에 생기는 병의 특징은 인체 상부에 생긴다는 것이다. 물은 항상 아래로 흐르고 불은 항상 위로 타오르지 않는가? 광해군이 앓았던 치통, 눈병, 두통, 얼굴의 종기는 모두 그의 화병에 뿌리를 둔 것임을 짐작할 수 있다. 화(火)가 종기를 일으키는 원리를 《동의보감》에서는 이렇게 설명했다.

"화열(火熱)이 침범하면 끓어올라 빨리 돌다가 병의 기운을 만나게 되면 한곳에 몰려 체액이 끈적해져서 담(痰)과 음(飮)이 되는데, 이것이 혈맥 속으로 들어가게 되면 혈맥이 탁해져서 종기가 된다."

인조반정에 제대로 된 저항도 해보지 못하고 그는 왕위에서 끌려 내려왔다. 그런 뒤 강화도를 거쳐 제주도에 유폐되었다. 아들과 며느리는 자살했고, 아내는 그야말로 화병으로 몇 달 후에 세상을 떠났다. 홀로 남은 광해군은 여생을 유배지에서 쓸쓸하게 보내야만 했다.

한때 한 나라를 호령하던 일국의 국왕이었던 사람이 이제는 자유를 박탈당한 채 온갖 굴욕 속에서 목숨을 부지해야 하는 상황이 된 것이다. 인조 6년 권득수란 자가 광해군이 유배지에서 어떻게 지내는지 동정을 살핀 후 이렇게 보고했다.

> 광해가 삼시 끼니에 물에 만 밥을 한두 숟가락 뜨는 데 불과할 뿐이고 간혹 벽을 쓸면서 통곡하는데 기력이 쇠진하여 목소리도 잘 나오지 않는 지경입니다. 그리고 지난달 보름 이후로는 한 번도 빗질을 않고 옷도 벗지 않은 채 늘 말하기를 '옛날 궁인들 가운데 반드시 생존한 자가 있을 것이다. 그중에 한 사람을 보내달라. 생전에 한번 만나보는 것이 소원이다.'라고 했습니다. 인조실록 6년 2월 11일

이 보고를 받은 인조는 자신의 손으로 내쫓은 삼촌에게 측은지심이 들었다. 그래서 광해군 재위 당시의 궁녀 한 사람을 유배지로 내려보내 주었다고 한다. 인조반정 이후 여생을 광해군이 얼마나 쓸쓸히 보냈을지, 그리고 재위 당시보다 얼마나 더 극심한 화병을 앓으면서 살았을지 상상이 된다.

아들의 병을 걱정하다 자신의 종기를 놓친 효종

아들의 병을 돌보느라 자신의 병 치료를 놓치다

효종 10년(1659) 내의원에 왕의 하교가 떨어졌다. 임금의 머리 위쪽에 작은 종기가 있으므로 들어와 진찰한 후 약을 올리라는 명이었다. 당시 왕세자는 병을 앓고 있었다. 학질을 앓아 매우 중한 상태였으므로 효종은 이를 노심초사 걱정하느라 정작 자신의 머리에 난 작은 종기를 방치하고 있었고, 그런 채로 기우제까지 올렸다.

> 상이 머리 위에 작은 종기를 앓고 있었으므로 약방이 들어와 진찰한 다음 약을 의논하여 올렸다. 이때 왕세자도 병을 앓았는데 증세가 매우 중했으므로 상이 이를 걱정하느라 종기 앓는 것에 마음을 쓰지 않았다. 그리고 전정(殿庭)[22]에 나아가 서서 직접 비를 빌다가 상처

가 더 악화되어 종기의 증세가 점차 위태롭게 된 것이다. 그래서 이
날에야 비로소 약방에 하교한 것이다.   효종실록 10년 4월 27일

  세자를 위해, 그리고 나랏일을 위해 마음을 쓰느라 정작 자신의 병
치료는 뒷전으로 미루다가, 중세가 점점 나빠지자 더 이상 놔둘 수 없
는 상태라고 판단하여 내의원에 명을 내린 것이었다.

효종에게는 소갈병도 있었다

효종이 앓았던 병은 종기뿐이 아니다. 즉위 초기부터 이러저러한 병
을 앓았다. 효종 7년 4월 20일에는 번갈(煩渴)과 노곤한 증상의 치료
를 위해 맥문동음자(麥門冬飮子)라는 처방을 올린 기록이 보이는데 이
맥문동음자는 소갈(消渴)을 치료하는 약으로, 소갈이란 지금의 당뇨
를 말한다. 곧 효종은 당뇨병을 앓았던 것으로 짐작된다. 당뇨의 주된
증상은 많이 마시고 먹고 소변을 보는 다음(多飮), 다식(多食), 다뇨(多
尿)다.
  효종 7년 10월과 8년 11월에도 갈증을 암시하는 증상이 보이는데,
9년에 접어들어서는 1월부터 12월까지 계속해서 번열(煩熱 | 몹시 열이
나고 가슴안이 답답하여 괴로운 증상)과 갈증의 증상이 기록되었다. 또한
그가 사망한 10년에도 번갈 증상이 나타난다. 번갈이란 갈증을 의미

---

22 궁전의 뜰.

한다. 그렇다면 소갈의 증상 중에서 목이 말라 물을 계속 찾는 다음(多飮) 증상을 보인 것이고, 이것이 효종 9년에 매우 심했다는 것이다.

왕이 위독하다

그러던 차에 효종 10년 4월 27일, 약방(내의원)에서 임금의 머리에 난 종기를 알게 되었다. 그런데 이 종기는 하루하루 급격히 악화되었다. 다음날인 28일 의관이 들어와서 환부를 살펴보았다.

> 약방이 들어와서 진찰했는데, 종기의 독이 얼굴에 두루 퍼져 눈을 뜰 수가 없었다.   효종실록 10년 4월 28일

이틀이 지난 4월 30일에는 임금의 종기 증후가 더욱 위독해지므로 약방제조는 시약청(侍藥廳 | 국왕 등의 병이 중환일 때 임시로 두었던 의료기관. 내의원 도제조 이하 모든 벼슬아치가 교대로 근무하며 약 쓰는 일을 돌보았다)을 설치하자는 의논을 하기에 이르렀다. 5월 1일 이제 임금이 약방을 독촉하기에 이른다.

> 약방이 문안하니 상이 답했다. "종기의 증후가 날로 심해가는 것이 이와 같은데도 의원들은 그저 보통의 처방만 일삼고 있는데 경들은 이 병을 평범하게 여기지 말라."   효종실록 10년 5월 1일

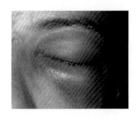

눈을 뜰 수 없을 만큼 통통 부은 종기
출처−http://medicineo.blogspot.kr/2012/05/preseptal−cellulitis.html

효종도 느끼고 있었던 것이다. 지금 이 종기의 상태가 가볍지 않다는 것을 말이다. 이에 의관 유후성이 침을 들었다.

약방이 들어가 진찰하니 부기가 점점 심해지고 있었다. 의관 유후성이 아뢰기를 "독기(毒氣)가 눈꺼풀에 모여 있으니 의당 산침(散鍼)을 놓아서 배설시켜야 합니다." 하니, 상이 따랐다.

효종실록 10년 5월 1일

이틀 후인 5월 3일에도 효종은 산침을 맞았다. 그런데 5월 4일 일이 일어나고 만다.

병을 알린 지 7일 만에 승하하다

효종이 자신의 병을 알린 지 7일째가 되는 5월 4일이었다. 무인 출신이지만 침을 잘 놓는 신가귀가 입궐했다. 신가귀는 1년 전 임금의 발에 종기가 생겨 고름이 흘러나올 때에도 침을 놓아서 치료한 적이 있었다. 효종이 신가귀에게 어떻게 치료할지 하문하자 신가귀는 이렇게 대답했다.

"종기의 독이 얼굴로 흘러내리면서 또한 고름을 이루려 하고 있으니 반드시 침을 놓아 나쁜 피를 뽑아낸 연후에야 효과를 거둘 수 있습니다."

효종실록 10년 5월 4일

유후성은 신가귀의 의견에 반대했다. 경솔하게 침을 놓아서는 안 된다는 것이다. 왕세자도 수라를 들고 난 뒤에 다시 침 맞는 것에 대해 의논하자고 극력 청했으나 임금이 이를 물리쳤다. 신가귀에게 지금 당장 침을 잡으라고 명했다. 신가귀는 침을 들었고 환부에 몰린 독혈을 뽑아내고자 침을 놓았다.

여기서 혼란스러울 만한 점이 하나 있다. 유후성은 앞서 산침을 놓았으면서 왜 신가귀가 침놓는 것에 반대했을까? 그것은 침의 종류가 다르기 때문이다. 유후성이 놓은 산침은 바늘보다 더 가느다란 호침(毫鍼 | 머리카락처럼 가는 침)을 사용하는 침법이다. 하지만 신가귀는 지금의 메스처럼 큰 피침(鈹鍼)을 사용하려고 했다. 곧 살 속에 훨씬 더 굵고 깊게 파고드는 침법을 쓰려 한 것이다.

신가귀가 침을 놓자 환부에서 고름이 나왔다. 그리고 연이어 검붉은 피가 쏟아져 나왔다. 처음에는 효종도 기뻐했다. 그러나 웬일인지 피가 멈추지를 않았다. 시간이 흘러도 피가 멈추지 않자 임금의 증후는 점점 위독해졌다.

신가귀에게 침을 잡으라고 명하고 이어 제조 한 사람을 입시하게 하라고 하니, 도제조 원두표가 먼저 전내(殿內)로 들어가고 제조 홍명하, 도승지 조형이 뒤따라 곧바로 들어갔다. 상이 침을 맞고 나서 침 구멍으로 피가 나오니 상이 이르기를, "신가귀가 아니었더라면 병이 위태로울 뻔했다." 했다. 피가 계속 그치지 않고 솟아 나왔는데 이는 침이 혈락(血絡)[23]을 범했기 때문이었다. 제조 이하에게 물러나 가라고 명하고 나서 빨리 피를 멈추게 하는 약을 바르게 했는데도 피가 그치지 않았다.   효종실록 10년 5월 4일

신가귀는 오랫동안 앓고 있던 수전증이 있어 혈맥을 잘못 범함으로 인해, 처음에는 농즙이 한 숟가락 정도 나오더니 나중에는 검붉은 피가 계속해 샘솟듯이 쏟아져 나왔다. 급히 혈갈, 괴화 등의 지혈약을 썼으나 피는 그치지 않았다.   현종개수실록 즉위년 5월 4일

  신가귀는 오래전부터 수전증을 앓고 있었다. 침을 놓다가 혈관을 잘못 범했는지 침으로 가른 곳에서 피가 멈추질 않았고, 결국 효종은 과다 출혈로 사망하고 만다.
  병이 있다고 알린 지 7일 만에 왕이 승하한 것이다. 당시 왕실과 조정이 느꼈을 충격과 황망함이 얼마나 컸겠는가? 소식을 들은 백관들은 놀라 황급하게 합문(閤門 | 편전의 앞문) 밖에 모였고, 왕세자는 문밖에서 가슴을 치며 통곡했다. 임금의 승하에 직접적인 원인을 제공한 신가귀는 어떻게 되었을까? 그는 바로 사형되었다.

---

23 혈관.

소갈이 오래되면 필히 옹저가 생긴다

효종이 사망한 직접적인 원인은 과다 출혈이었다. 하지만 그전에 종기가 생긴 것이 더 근원적인 이유였다. 사실 효종은 과거에도 종기를 앓은 적이 있었다. 효종 9년 팔과 다리에 종기가 생겨 상당 기간 치료에 시간을 들여야 했다. 그런데 10년에는 마음을 졸이고 몸을 혹사하다가 머리에 종기가 생겼고, 이것이 그를 사망의 길로 이끈 것이다.

그런데 소갈과 종기는 상당한 연관이 있다. 《동의보감》에서는 소갈이 오래되면 종기가 생기는 것에 대해 이렇게 설명한다.

"소갈은 화사(火邪)[24]가 성하기 때문에 생기는데, 속에 열이 있으면 소변이 많이 나오고, 소변이 많이 나오면 진액이 줄어들고, 진액이 줄어들면 경락이 막히고, 경락이 막히면 영위(榮衛)[25]가 잘 돌지 못하고, 영위가 잘 돌지 못하면 열기가 머물러 있게 되기 때문에 옹저가 생긴다."

곧 소갈병으로 진액이 끈적해져 경락이 잘 흐르지 못해 막히게 되면 옹저, 곧 종기가 생긴다는 설명이다. 당뇨병이 오래되면 피부궤양이 잘 생기는 원리와 같다. 당뇨병이 생기면 소변으로 체액이 손실되면서 피가 탁해지고 끈적해진다. 끈적해진 혈액은 순환 장애를 일으킨다. 마치 고인 물이 흐르는 물보다 훨씬 더 잘 썩듯이 당뇨 환자는 약한 상처에도 염증이 잘 생기고 감염이 잘 된다. 그래서 종기와 같은 질

---

24 몸에 해를 끼치는 화기(火氣).

25 혈(血)과 기(氣).

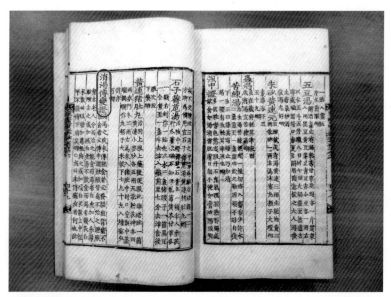

《동의보감》 잡병편 권6 소갈 '소갈전변증' 경희대학교 한의학역사박물관 소장.

병이 잘 생긴다. 당뇨성 족부(발 부분) 궤양이 대표적인 예가 될 것이다.

효종이 말년에 팔과 다리, 그리고 머리에 종기가 생겼던 것도 그가 말년에 앓았던 소갈과 관련이 있는 것으로 보인다. 소갈에 관한 기록이 보이는 것이 효종 7년에서 10년 사이다. 그리고 종기에 관한 기록은 효종 9년과 10년에 보인다. 그렇다면 소갈병이 진행되면서 종기도 불러온 것이라고 추측할 수 있지 않을까?

병을 달고 살았던 현종

재위 초기부터 앓은 눈병

현종 1년(1660) 6월 18일, 내의원 제조와 의원들이 임금의 병환을 진
찰하기 위해 경희궁 홍정당에 나아갔다. 임금은 어의 윤후익에게 가
까이 오라 명했다.

> 상이 어의 윤후익을 불러 앞으로 가까이 오게 하고 이르기를 "그대
> 는 나의 왼쪽 안구를 살펴보라." 하니, 윤후익이 상세히 살펴보고 대
> 답하기를, "안구의 광채는 오른쪽과 다름이 없습니다만, 동자(瞳子)
> 는 같지 않은 것 같습니다." 했다. 상이 이르기를, "어제 눈꼬리에 이
> 물감을 느껴 손으로 문질렀더니 막히고 아픈 증세를 깨달을 수 있었
> 는데, 흡사 눈병이 처음 생길 때와 같았다. 그리고 근래에는 가까이

서 보면 분명히 보이는데 멀리서 보면 연기나 안개 같은 것이 중간에 끼인 것 같은데, 이는 날이 무더워서 그런 것인가, 아니면 다시 전의 병이 도져서 그런 것인가?" 했다.　　현종개수실록 1년 6월 18일

현종의 눈병은 이번이 처음이 아니었고 마지막도 아니었다. 이미 2월에 눈병으로 침 치료를 몇 차례 받았고, 이후에도 이 눈병은 현종을 정말 끈질기게 괴롭혔다. 이듬해인 현종 2년 5월에는 눈이 충혈되고 껄끄럽다는 호소를 한다. 6월과 7월에는 오른쪽 눈 안쪽에 붉게 충혈된 기가 보인다고 기록되어 있다. 또한 눈꺼풀에 투침창(偸鍼瘡)을 앓기도 했다. 투침창은 눈꺼풀 주위에 생기는 종기, 곧 다래끼다.

현종이 앓은 눈병의 특징은 《조선왕조실록》과 《승정원일기》 여기저기에 기록되어 있다. 현종 3년에는 "눈물이 흐르지 않고 눈이 건조하다", "눈꺼풀이 빨갛고 깔깔하다", 5년에는 "좌우 양쪽의 눈에 흰색 예막(翳膜)[26]이 있었는데 줄어들고 있다", 6년에는 "눈에 핏발이 서고 예막이 눈동자를 가리고 있다", "서책의 글자를 거의 구분하지 못한다", 7년에는 "왼쪽 눈이 충혈되어 있고 껄끄러우며 예막이 있다", 9년에는 "9년 동안 앓아왔던 눈병이 이미 고질이 되었다. 여러 달 동안 눈이 아프고 껄끄러운 고통이 있었다", 11년에는 "눈에 붉게 충혈된 기가 있고 흰색 예막이 있다"고 했다. 승하하기 1년 전인 14년까지 눈병을 앓은 기록이 보인다.

그렇다면 현종은 즉위 직후부터 거의 14년간을 눈병으로 고통 받

---

26 붉은색이나 푸른색 또는 흰색의 막이 눈자위를 덮는 눈병, 혹은 그 막.

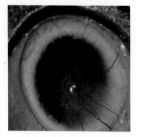

흰색 예막이 있고, 붉은색 핏발이 선 눈병

출처-http://k.daum.net/qna/item/view.html?svcorgid=
_SDB&sobid=h_dise&itemid=H002193.

았다는 얘기다. 그리고 그 눈병은 단순히 시력이 떨어지는 정도가 아
니라, 혈관이 확장되고 흰색 예막이 끼어서 글자를 읽지 못하고 시야
가 뚜렷하지 못할 정도의 심각한 질환이었음을 알 수 있다. 한의학에
서 흰 예막이 눈동자를 둘러싸는 증상을 이르는 화예백함(花瞖白陷)과
유사하다. 도대체 현종의 눈병은 무엇이었길래 이렇게 14년이라는
긴 세월 동안 무수히 재발했던 것일까?

역시 재위 초기부터 생긴 습창

현종은 재위 기간 내내 이런저런 질병에 많이 시달린 왕이었다. 눈병
뿐만 아니라 하지에 생긴 습창(濕瘡) 역시 재위 초기부터 사망하던 해
까지 그를 고통스럽게 했다. 습창이란 습진과 유사한 것이라고 보면
된다.

　상이 희정당에 나아가 대신과 비국(備局)[27]의 신하들을 인견했다. 원
　두표가 상의 건강을 물으니 상이 이르기를, "눈꺼풀이 빨갛고 깔깔

하며 습창도 심하다." 했다. 　　　　　　　　　　현종실록 3년 7월 13일

상이 이르기를, "내 몸의 습창이 날이 갈수록 더욱 심해지고 있으니 온천에 가서 목욕하는 일을 그만둘 수 없을 듯하다. 경들의 의견은 어떠한가?" 했다.　　　　　　　　　　현종실록 3년 8월 13일

상이 희정당에 나아가 여러 의원들로 하여금 들어와 진맥하게 했다. 상이 이르기를, "눈에 핏발이 서고 예막이 눈동자를 가려 그 고통이 이루 말할 수 없는 데다가 습창이 한꺼번에 생겨 온몸에 퍼져 있다. 대개 습창과 눈병은 모두 습열(濕熱)에서 나온 것으로 온천에서 목욕하면 효험을 볼 수 있다. 이에 경들과 서로 의논하고 또 대신들에게 의논하도록 했는데, 대신들이 나의 병이 이 지경인지 모르고서 모두 온천행을 어렵게 여기고 있다. 하늘의 재변과 백성들의 고통을 나 역시 어찌 모르겠는가." 했다.　　　　　　현종실록 6년 3월 15일

상이 진찰하러 들어온 의관에게 하교하기를, "지금 습창이 이미 심하게 번질 조짐이 있는데 앞으로 날씨가 점차로 더워져 눈병이 재발한다면 어떻게 치료할 것인가를 약방에 말해보아라." 했다.

현종실록 6년 4월 6일

눈병과 더불어 습창 또한 현종을 계속 괴롭혔음을 말해주는 기록들

27　군대와 국방에 관한 일을 맡은 관아인 비변사(備邊司).

이다. 그래서 현종은 습창을 치료하고자 온천에 가자고 신하들을 재촉했다. 실록에 습창에 관한 기록이 보이는 해는 현종 2년, 3년, 4년, 6년, 15년이다. 그리고 《승정원일기》에 습창에 관한 기록이 보이는 해는 현종 원년, 2년, 3년, 4년, 5년, 6년, 7년, 9년, 10년, 15년이다. 그렇다면 현종은 재위 기간 대부분을 습창으로 고통 받았다는 얘기가 된다.

목 주위에 줄줄이 생긴 멍울

또 한 가지 높은 빈도로 실록에 등장하는 질병이 있다. 바로 목 주위에 생긴 멍울들이었다. 이 역시 재위 초기부터 현종을 괴롭혔다. 현종 1년 머리 오른쪽에 작은 종기가 생기더니 뒷머리 왼쪽 부위에 종기가 생겼고 오른쪽 뒷머리에도 종기가 생겼다. 실록의 기록에는 핵(核)이라고 표현되어 있는 이러한 작은 멍울은 현종 1년부터 시작해서 2년, 4년, 5년, 6년, 9년, 10년에 이르기까지 여기저기 생겨났고 주로 발생한 부위는 뒷목 부위였다. 이것이 절정에 이른 시기가 바로 현종 10년이 되던 해였다.

현종 10년(1669) 8월 23일, 임금의 양쪽 턱 아래에 멍울이 생겼는데 이것이 점점 커지고 있었다. 또한 왕은 수라 들기를 힘들어했고 피부도 수척했으며 다리의 습창도 좋지 못한 상태였다. 일주일 정도 지난 9월 1일 임금에게 고열이 올랐다. 식욕부진 증상은 여전하여 수라상을 들이면 구역질을 하면서 수라를 들기 힘들어했다. 실은 임금의 식욕부진 증상은 이미 넉 달째 이어지고 있었다. 제대로 수라를 들지 못하여 이미 몸이 수척해진 상태였다.

뜸 치료를 계속하자 10월 3일, 턱 아래에 생긴 멍울은 줄어드는 듯이 보였다. 그러나 한 달 반 정도가 지난 11월 16일, 의관들은 임금의 오른쪽 턱 밑의 멍울이 마침내 화농이 되어 고름이 생겼고 곧 저절로 터져 나올 것 같은 상태임을 파악하게 되었다. 고름이 가득 찬 이 멍울을 바로 침으로 터뜨릴지 더 기다릴지 의관들 간에 의견이 분분하다가 결국 바로 다음날인 11월 17일, 침으로 터뜨리기로 했다.

상의 종기가 난 부분의 증세가 더욱 악화되자 약방에 명하여 침으로 따버릴 것인가를 의논하게 했다. 상의 종기는 크기가 작은 병만 했는데, 여문 부분은 색이 몹시 붉었으며 상의 신색도 매우 좋지 못했다. 약의(藥醫) 등은 하루 이틀 더 기다리자고 하고 침의(鍼醫) 등은 고름을 따버리자고 하는 등 의견이 일치되지 않자, 상이 큰 소리로 이르기를, "길가에 집을 지으면 3년이 되어도 이루어지지 않는다고 했다. 의원들이 이렇게 많으니 의논이 어떻게 일치되겠느냐. 고름 따는 것을 지체하다가 만일 두통이나 오한이 있게 되면 어쩌려고 하느냐. 속히 침놓을 기구를 갖추고 오도록 하라." [……] 상이 겉옷을 벗었다. 침으로 따려 하자 얼굴색이 변했는데, 대개 그것은 여러 의원들이 이에 앞서 핵(核)에 침을 대선 안 된다고 말하여 상의 마음에 의심을 일으켰기 때문이었다. 침으로 따자 고름이 거의 한 되[28]가량

---

28 한 되(一升)는 약 1.8리터 정도.

나왔다. 상의 낯빛이 비로소 온화해지며 시원하다고 하자, 도제조 이하가 기뻐 자신들도 모르게 소리를 질렀다. 상이 이르기를 "오늘 몹시 당겼기 때문에 기어코 침으로 따려 했다. 종기를 따버리고 나니 마음이 아주 시원하다." 하며 매우 기뻐했다.

현종실록 10년 11월 17일

멍울 한 곳에 화농이 되자 다른 곳에 생긴 멍울도 줄줄이 화농이 되었다. 그래서 이틀 후에는 쇄골 부위에 위치한 결분(缺盆) 혈에 생긴 종기를 침으로 따서 고름이 나오게 했다. 그리고 약 일주일 후엔 왼쪽 턱 밑에 난 종기 역시 침으로 따서 고름을 터뜨렸다. 그리고 약 20일 후인 12월 13일 뒷목에 위치한 풍지(風池) 혈 근처에 나 있던 종기를 침으로 터뜨렸다. 약 일주일 후 오른쪽 결분혈 부위의 멍울도 침으로 터뜨려 고름을 땄다. 약 열흘 후, 정확한 부위는 기록되어 있지 않지만 왼쪽의 멍울에도 침을 놓았다. 이 기록대로라면 현종 10년 8월에서 12월에 걸쳐, 목 근처 여기저기에 났던 멍울들이 돌아가며 화농이 되었고 이를 차례대로 침으로 터뜨렸던 것이다.

목 근처에 멍울이 보이기 시작한 것은 이미 오래전이었다. 멍울이 나타난 것은 꽤 되었지만 이 시기에 와서야 비로소 화농이 되었고 이를 침으로 터뜨려 배농했던 것이다. 그렇다면 현종의 목 주위에 생긴 종기는 다른 종기들에 비해 고름이 잡히기까지 매우 오랜 시간이 소요되는 종류임을 알 수 있다.

현종 13년 이번에는 오른쪽 겨드랑이 아래에 멍울이 생겼고 2월 1일에 이르러 고름이 완전히 잡혀 역시 침으로 터뜨렸다. 7월 2일에는 목 뒤에 생긴 종기가 완전히 곪아서 침으로 터뜨렸다. 14년 4월에 턱 밑에 멍울이 또 생겨서 곪았고 5월에는 왼쪽 귀 뒤에 멍울이 생겼다.

이들 기록에 의하면 현종은 재위 1년부터 14년에 이르기까지 목 주위에 계속해서 멍울이 생겼고 이것이 화농이 되기까지는 상당히 오랜 시간이 소요되었던 것이다. 도대체 현종의 이 목 주위 종기들은 무엇이길래 이렇게 오랜 기간 임금을 괴롭혔던 것일까?

경부 결핵성 림프절염이 강력히 의심된다

현종이 앓았던 종기의 부위와 특징으로 보았을 때 이는 림프절에 생긴 염증, 곧 림프절염임을 짐작할 수 있다. 림프관은 우리 몸 전체를 흐르고 있는데 이 중 특히 목 주위, 쇄골 부위, 겨드랑이 부위, 서혜부, 복부 등에 림프절이 집중적으로 분포한다. 이 부위에 감염이나 다른 원인에 의해 염증이 생기면 이것이 림프절염이 된다.

목 주위의 림프절은 귀 앞, 귀 뒤, 턱 아래, 뒷목, 쇄골 부위에 집중 분포한다. 다년간에 걸쳐 현종의 목 주위에 생긴 멍울은 바로 이 림프절염이었던 것이다.

이렇게 림프절을 따라 생기는 멍울을 한의학에서는 나력(瘰癧)이라고 부른다. 모양이 마치 구슬을 이어놓은 것처럼 생긴다고 하여 연주창(連珠瘡)이라고도 부른다. 워낙에 병의 진전이 느리고 낫기까지 시일이 오래 걸려 천세창(千歲瘡)이라고도 한다. 그리고 겨드랑이 림프절에서 생기는 멍울은 액옹(腋癰)이라고 한다.

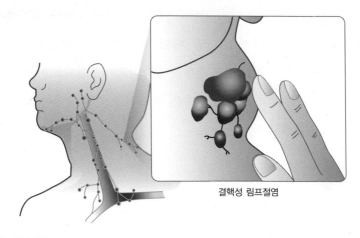

결핵성 림프절염

림프절의 위치

보통 림프절의 멍울은 바이러스나 세균 감염에 의한 경우가 많다. 현종처럼 고름이 잡히는 경우는 세균성 감염에 의한 것이고, 또 이렇게 장기간에 걸쳐 천천히 화농이 진행되는 경우는 세균 중에서도 결핵균에 의한 감염인, 경부(頸部) 곧 목의 결핵성 림프절염이라고 볼 수 있다. 보통 말하는 폐결핵은 폐에 결핵균이 침범한 것이고 지금 말하는 결핵성 림프절염은 림프절에 결핵균이 침범한 것이다.

현종이 경부 결핵성 림프절염을 앓았다고 본다면 현종의 재위 기간 내내 그를 괴롭혔던 눈병과 습창 역시 결핵균에 의한 것으로 볼 수 있다. 현종의 눈병은 안구에 붉게 핏발이 서면서 하얀 예막이 동자를 덮어서 시야를 가렸던 것이 특징이었다. 이는 결핵의 합병증 중에서 결핵균이 안구에까지 침범하여 발생하는 각막실질염과 증상이 매우 유사하다. 그리고 실록에 습창으로 기록되어 있는 다리 부위의 습진 역시 결핵균이 피부에 침범하여 생긴 결핵 발진으로 볼 수 있다. 결핵균의 특징은 다른 세균과 달리 진행이 매우 느리다는 것이다. 환자에게 채취한 균을 배양해서 검사할 때도 배양이 느려 확진하기까지 4주 정도가 소요된다. 그리고 결핵균에 감염되어도 실제로 아무 증상이 없는 경우도 많다. 그런데 현종은 왜 유독 이렇게 증상이 심해 고통에 시달려야 했을까?

사랑하는 딸과 어머니와 이별한 후 곧 사망하다

한의학 문헌에 이런 구절이 등장한다.

"사기(邪氣)가 몰리는 곳은 반드시 정기(正氣)가 허(虛)하다(邪之所湊 其氣必虛)."

언제인지는 모르겠지만 현종은 결핵균에 감염되었다. 만약 현종이 아주 건강했다면 그는 아무 증상 없이 건강하게 살았을 수도 있다. 하지만 즉위할 당시에 그는 이미 학질을 앓고 있었고, 게다가 아버지인 효종이 갑작스럽게 사망해서 장례를 치르느라 아픈 몸을 너무나 혹사하고 있었다. 실록에서도 "상이 상례에 지나치도록 슬퍼하여 편찮으신 지 4개월이나 되었다", "상이 편찮은 지 한 달이 넘도록 시름시름 앓고 낫지 않고 있다"고 기록할 정도니, 이미 즉위 당시부터 몸과 마음이 모두 극도로 허약한 상태였던 것이다. 재위 1년부터 이런저런 병세가 나타난 것도 즉위 당시에 몇 달 동안이나 체력을 소진한 까닭이라고 볼 수 있다.

그런데 또 이렇게 현종의 몸과 마음이 혹사된 시기가 그가 사망한 재위 15년이었다. 재위 14년 현종은 큰딸인 명선 공주와 둘째 딸인 명혜 공주를 연이어 잃었다. 그리고 15년 어머니마저 세상을 떠나자 임금은 극도의 슬픔에 빠지게 된다. 아버지를 갑작스럽게 잃고 몸과 마음이 극도로 피폐한 채로 임금의 자리에 올랐듯이, 이제 임금의 자리에서 내려올 때에도 혈육과 갑작스레 이별하면서 몸과 마음이 극도로 허약해졌던 것이다.

재위 15년 복통에서부터 시작된 심상치 않은 증세는 무기력증으로 이어졌고, 며칠 후 맥박이 빨라지면서 살갗이 마치 불에 타듯이 달아오르게 되었다.

> 오후가 되자 상의 맥박이 빨라지고 살갗이 뜨겁게 달아올랐으며, 요통 증후까지 있어 약방이 해표제(解表劑)[29]를 올렸다.
>
> 현종개수실록 15년 8월 7일

> 상의 온몸이 불덩이처럼 달아올라 밤새도록 괴로워하자, 약방이 우승지 김석주와 좌부승지 정유악과 함께 들어가 진찰하고 약에 대해 의논할 것을 청하니, 윤허했다.　　　　현종실록 15년 8월 8일

> 상의 고통스럽고 번열을 느끼는 증후가 조금도 덜함이 없이 이어지는 데다가 헛배가 부어오르고 대변이 묽고 잦으며 소변은 잘 나오지 않아 약방이 분리제(分利劑)[30]를 썼다.　　현종개수실록 15년 8월 10일

---

29 병이 피부에 있을 때 이를 풀어주기 위해 쓰는 범주의 약.

요통이 있었고, 고통스러운 번열이 이어지다가 헛배가 부르면서 대변이 묽어지고 소변이 잘 나오지 않았다. 하루하루 증세는 더욱 위독해졌고 의식이 혼미해지기까지 하다가 결국 현종 15년(1674) 8월 18일, 재위 15년에 34세로 승하했다.

만약 현종의 증상이 결핵균의 감염에 의한 것이라면 사망 직전에 헛배가 부어오른 증상으로 보아 이는 결핵성 복막염에 의한 사망으로 볼 수 있다. 병든 몸으로 임금의 자리를 지키며 격무에 시달리느라 현종의 몸은 허약해졌다. 딸을 잃고 어머니를 잃으면서 현종의 마음은 몸보다 더욱 허약해졌다. 극도로 허약해진 현종의 정기(正氣)가 결핵균이라고 하는 사기(邪氣)를 이겨내지 못한 것이다. 사기가 몰리는 이유는 반드시 그 정기가 허하기 때문이라고 했듯이 말이다.

---

30 소변이 잘 나오지 않을 때 이를 해결하기 위해 쓰는 범주의 약.

간이 나빴던 숙종의 하복부 종기

재발하는 격한 통증

조선 제19대 임금 숙종은 장희빈과 인현 왕후의 남편으로 더 유명한 왕이다. 붕당 정치가 극에 달했고, 세 번에 걸쳐 환국이 일어났고, 두 번에 걸쳐 왕비를 강등하고 세자가 있음에도 그 생모를 죽이는 굵직 굵직한 사건이 모두 일어난 시기가 바로 숙종 때다. 이렇게 혼란스러운 정국에 숙종은 통증으로 괴로워하고 있었다. 숙종 26년(1700) 5월 2일 임금은 갑작스럽게 명치 부위에서 숨이 막힐 듯한 통증을 느꼈다.

> 밤에 임금이 갑자기 명치 위에 숨이 막히는 듯한 통증이 있어서 약방에서 입진(入診)[31]하여 침을 놓았는데, 수일이 지나자 회복되었다.
>
> 숙종실록 26년 5월 2일

통증이 가라앉기까지 며칠이 걸렸다. 그리고 이와 같은 통증은 몇 달에 한 번씩 이어졌다. 갑작스럽게 생기는 격한 통증 때문에 괴로워하던 숙종은 어느 날 의관들을 파직해버렸다. 똑같은 통증이 계속 생기는데도 의관들이 진찰만 하고 적극적으로 약을 올리지 않으므로 직무 태만이라는 것이다.

임금이 하교하기를, "약방은 나를 보호하는 중요한 곳이지, 데면데면 노는 곳이 아니다. 지금 내가 가슴과 배 사이를 끌어당기는 듯한 아픈 증세가 일곱 달 동안에 세 번이나 발작했다. 보호하는 직책에 있는 자는 마땅히 적당한 약제를 논의하고 정해야 할 것인데도, 처음부터 끝까지 입을 다물고 있다가 입진하고 약을 의논하여 청하는 것이 비답(批答)³²을 받은 뒤에야 나온다. 아! 신하가 군주를 대함은 자식이 아비를 대하는 것과 같은 것이다. 아비가 병이 있는데 그 자식 된 자가 꼭 아비의 명령이 있어야 비로소 약을 쓴단 말인가? 최성임을 먼저 잡아와서 신문하여 죄를 정하고, 정시제와 한준홍을 모두 파직하게 하라." 했다. 숙종실록 26년 10월 25일

임금인 내가 이렇게 아픈데 왜 의관들이 약을 제때에 올리지 않느냐고 크게 질책한 것이다. 이 명치의 통증은 몇 년 동안 숙종을 괴롭혔다.

---

31 의원이 궁중에 들어가 임금을 진찰함.
32 신하들이 올린 글(상주문)의 말미에 임금이 적는 가부간의 대답. 여기서는 본래 신하가 청을 올리면 임금이 답을 내리는 법인데, 순서가 바뀌어 도리어 임금이 답을 먼저 한 뒤에야 신하가 청을 올리는 셈이라고 비꼬느라 쓴 말이다.

임금이 갑자기 편치 않았는데, 명치 부위가 치받듯이 배가 아파서 급히 여러 의관을 부르니 대궐 안이 몹시 어수선했다. 제조 이유와 김우항이 급히 입시하고, 뜸을 뜬 지 한참 만에야 조금 안정이 되었다. 김우항이 의관에게 살짝 묻기를, "이것이 무슨 병입니까?" 하니, 의관이 대답하기를, "산증(疝症)입니다." 했다.[33] 임금이 말하기를, "몇 년 전부터 이 병이 이미 뿌리가 생겼는데, 처음에는 약간 통증을 느낄 뿐이더니 어느새 이 지경이 되었다." 했다.

숙종실록 29년 8월 13일

임금이 갑자기 명치가 결리고 막히는 듯한 통증이 있어서 뜸을 뜨고, 이 뒤로 잇따라 상완·기해 등 혈자리에 뜸을 떴는데, 7일 만에 멈추었다.

숙종실록 32년 3월 27일

숙종은 왜 이렇게 여러 차례에 걸쳐 명치의 갑작스런 통증을 겪었던 것일까? 이렇게 명치 부위에 갑작스러운 통증이 되풀이해서 생겼다가 가라앉는 것은 어떤 질병의 증상일까?

여러 정황을 고려했을 때 숙종의 통증은 담석에 의한 담도산통일 가능성이 가장 높아 보인다.

담석증은 대부분 별다른 증상이 없다. 그러나 간혹 담석(膽石 | 쓸갯돌. 쓸개나 쓸갯길에 생긴 돌)이 담도([膽道 | 쓸갯길. 간과 쓸개에서 나오는 쓸

---

33 원래 산증(疝症)이란 생식기의 통증을 말하는데 여기서는 갑작스럽게 발생한 통증이란 의미로 쓰였다.

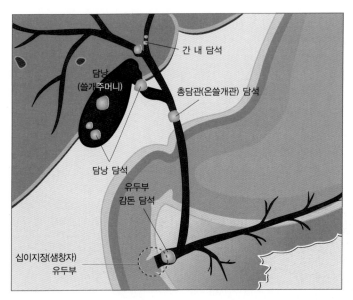

담석의 종류 참조－대한의학회 홈페이지.

개즙을 샘창자로 실어 보내는 관)를 막아서 담도산통이 생기기도 한다. 그 특징은 명치 부위에서 느껴지는 지속적인 심한 통증 또는 중압감이 다. 통증은 갑자기 시작되고 몇 시간 혹은 며칠 동안 지속되다가 서서히 혹은 갑자기 사라진다. 담도산통의 특징을 봤을 때 숙종이 재위 26년부터 32년까지 실록에 기록된 것만 7회를 앓았던 명치 부위의 갑작스런 통증은 담석에 의한 담도산통이 아닌가 한다.

간에도 문제가 있었다

담석증뿐 아니라 간에도 어떤 문제가 있었던 것으로 보이는 기록이 실록 여기저기에서 보인다. 단서가 될 만한 첫 번째 기록은 숙종 2년에 등장한다.

> 임금이 5~6일 전부터 편치 못한 증후가 있더니, 이에 이르러 황달로 변했고 정도도 가볍지 않아 약방 도제조 이하가 의관을 거느리고 들어가 진찰했다. 　　　　　　　　　　　숙종실록 2년 9월 25일

황달이 생기기 5~6일 전부터 편치 못하다고 한 것은 급성 간염에 따른 식욕 부진, 오심(惡心 ┃ 메스꺼움), 구토, 발열, 근육통, 관절통 등의 증상으로 추측된다. 이러한 증상이 먼저 나타난 후 이어서 황달(黃疸 ┃ 쓸개즙의 흐름이 원활하지 않아 온몸이 누렇게 되는 병. 입맛을 잃고 무기력하며 몸이 여윔)이 생긴 것이다.

그리고 실록을 살펴보면 유독 숙종에게는 식욕 부진에 관한 기록이 많다. 식욕 부진이 집중적으로 보이는 시기가 숙종 35년에서 38년 사이(1709~1712)다.

> 임금이 하교하기를, "이번의 증세는 본시 가볍지 않은 데다가, 더구나 종기 자리가 곪아 터지므로 달포나 지나도록 수라를 들기 싫던 끝에, 이달 초나흗날에는 중기(中氣)[34]가 갑자기 허해졌다." 했다.
>
> 　　　　　　　　　　　숙종실록 35년 12월 10일

34　소화를 돕는 비위(脾胃)의 기(氣).

임금이 경덕궁으로 이어(移御)³⁵하려 하자, 권첨이 수라를 들지 못하는 임금의 환후가 오히려 나아짐이 없고, 오한·신열의 증세가 때로 다시 일어나는데, 이러한 때에 수고로이 움직이는 것은 아마도 감기를 더할 우려가 있다는 것으로써 상소하여 정지하기를 빌었으나, 임금이 받아들이지 아니했다.　　　　　　　숙종실록 36년 1월 15일

약방에서 문안하니, 상이 답하기를 "수라를 싫어하고 꺼림이 올여름과 같은 적이 없었으며, 어제와 오늘은 겸하여 메스꺼움과 설사의 증후가 있어 침수도 편안하지 못하다." 했다.　　숙종실록 37년 6월 5일

상이 어제저녁부터 기운이 몹시 평온치 못하여 처음에는 추웠다 더웠다 하는 학질 기운 같았는데, 입맛이 없어 수라를 들기 싫어하고, 현기증이 어제에 비해 더했다.　　　　　　숙종실록 37년 12월 3일

임금께서 입맛이 떨어져 수라를 들기 싫어하는 증세가 있으므로, 약방에서 날마다 문안했다.　　　　　　숙종실록 38년 10월 24일

　이렇게 35년부터 38년 사이에 계속해서 식욕 부진이 이어진 원인이 무엇이었을지 몇 가지 가정해볼 수 있다.
　첫째, 전에 앓았던 황달과 연관 지어 볼 때 숙종은 만성 간염을 앓았을 가능성이 있다. 만성 간염의 증상은 식욕 부진, 메슥거림, 구토,

———————————
35　임금이 거처를 옮김.

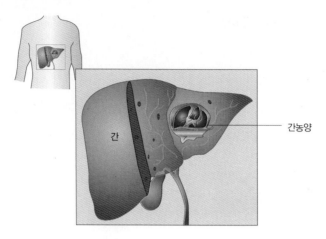

간농양(간고름집) 세균이나 기생충이 간에서 증식해서 생겨난 고름 덩어리다. 참조-대한의학회 홈페이지.

소화 불량, 윗배의 불쾌감, 피로 등이다. 이 기간에 보이는 숙종의 증상과 상당히 유사하다.

둘째, 숙종 26년부터 32년 사이에 보이는 담도산통과 연관 지어 볼때 숙종은 간농양(간고름집)을 앓았을 가능성도 있다. 간농양이란 간에 고름이 생긴 것을 말한다. 담석으로 담관이 막히면 담즙(쓸개즙)이 흐르지 못하게 되고 여기서 세균이 증식해 곪으면 간농양으로 이어진다. 간농양을 한의학에서는 간옹(肝癰)이라고 하며, 용어 그대로 간(肝)에 생긴 화농성 종기〔癰〕라는 뜻이다. 종기는 꼭 피부에만 생기는 것이 아니라 오장육부에도 생길 수 있다고 했다.

간농양의 증상은 발열과 오한, 윗배의 통증, 메슥거림, 구토, 설사, 무기력 등이다. 간이 비대해져서 폐를 압박하면 호흡 곤란이 오고 위를 압박하면 소화 불량이 발생한다. 숙종의 식욕 부진, 오한, 발열, 메슥거림, 설사, 뱃속이 편치 않은 증상은 간농양의 증상과 매우 유사하다.

간에 관한 문제가 보이기 시작하는 시기에 피부에도 종기가 나타났다. 숙종 31년 9월 24일 오른쪽 엉덩이에 종기가 나타났고 11월 9일에는 왼쪽에도 종기가 생겼다고 했다. 이 종기는 11월 30일에 치유되었다.

숙종 32년 1월 25일에는 장강혈(長强穴) 아래에 종기가 나서 침을 맞았다고 했다.

> 임금이 장강혈 아래에 종기가 나서 침을 맞았는데, 약방제조 이하의 관원들이 숙직하여 5~6일을 지낸 뒤에야 임금의 환후가 약간 나았으므로, 약방에서 모두 숙직을 그만두었다.
>
> 숙종실록 32년 1월 25일

장강혈이란 항문과 꼬리뼈 사이에 있는 혈자리다. 따라서 장강혈 아래의 종기란 항문과 직장 주위에 생기는 종기인 항문 주위 농양(膿瘍 | 고름집)을 말하는 것으로, 한의학에서는 이를 현옹(懸癰)이라고 부른다.

또한 숙종 35년 11월 3일에는 왼쪽 난문혈(闌門穴)에 몽우리가 잡혀서 침과 뜸을 시술했다고 했다.

> 임금의 옥후가 왼쪽 난문혈 밑에 습담(濕痰)이 몰리어 멍울이 생기므로, 혹은 침을 놓고 혹은 뜸을 뜨느라 약원이 이날부터는 숙직했다.
>
> 숙종실록 35년 11월 3일

난문혈이란 샅, 곧 아랫배와 허벅다리 사이(서혜부)를 말한다. 난문혈에 습담(습한 기운이 오래 머물러서 생긴 끈끈한 체액)이 몰려 멍울이 생겼다면 이는 샅의 피부 안쪽 림프선에 생긴 종기로, 서혜부 화농성 림프절염 정도로 볼 수 있다. 한의학에서는 이를 변옹(便癰)이라고 한다. 난문혈에 생긴 종기는 12월 10일 곪아서 터졌고 이듬해 1월 5일에 나았다.

그렇다면 숙종이 피부에 앓았던 종기는 그 위치가 엉덩이, 항문 주위, 서혜부다. 모두 하복부에 자리 잡고 있다. 그리고 발생한 시기도 31년, 32년, 35년으로 담석증과 간염 내지 간농양이 의심되는 시기인 26년에서 38년 사이다. 혹시 이들 종기가 숙종의 간이나 담석과 관련 있지는 않을까?

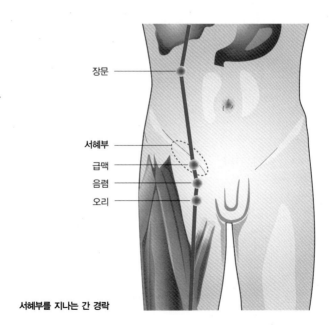

장문

서혜부
급맥
음렴
오리

서혜부를 지나는 간 경락

간과 항문의 종기는 간과 대장의 관계로 풀어볼 수 있다. 간과 대장은 서로 통하는 관계로 《동의보감》에서도 "간이 병들면 대장을 치료하여 잘 통하게 하고 대장이 병들었을 때에는 간을 치료하여 고르게 하라"고 했다. 숙종의 간에 쌓인 문제가 대장의 끝인 항문에서 드러난 셈이다.

간과 서혜부 종기의 관계는 경락의 흐름으로 풀어볼 수 있다. 간의 경락은 발가락에서 시작하여 다리 안쪽을 타고 흐르다 생식기와 서혜부를 거쳐 복부로 올라가 간까지 연결된다. 곧 간과 생식기와 서혜부는 경락으로 이어져 있다. 그래서 간의 문제가 생식기나 서혜부에 나타날 수 있다.

서양의학에서는 간에서 증식한 세균이 혈관을 타고 항문으로 옮아가고, 림프절의 흐름을 타고 서혜부로 옮아간 것으로 설명할 수 있을 것이다. 하지만 숙종이 분명 간(肝)에 문제가 있어 보이는데 유독 하복부에 종기가 잘 생긴 것을 한의학으로 풀어보면 간과 대장의 관계, 그리고 간 경락의 흐름으로 설명할 수 있다.

백내장이 생기다

말년에 가서 숙종에게 병이 하나 더 생겼다. 바로 눈병이었다. 숙종 43년부터 45년에 이르기까지 숙종은 눈이 잘 보이지 않는 고통을 호소했다.

임금이 이르기를, "지금 왼쪽 안질(眼疾)이 더욱 심하여 전혀 물체를 볼 수가 없고, 오른쪽 눈은 물체를 보아도 희미하여 분명하지 않다. 소장(疏章)의 잔글씨는 전혀 글씨 모양이 안 보이므로 마치 백지를 보는 것과 같고, 비망기(備忘記)[36]의 큰 글자에 이르러서도 가까이에서 보면 겨우 판별할 수 있기는 하지만 그래도 분명히 보이지는 않는다." 했다.　　　　　　　　　　　　　　　　　숙종실록 43년 7월 19일

임금이 이르기를, "지금 나의 안질이 이렇게 오래도록 심하여 왼쪽 눈만 물체를 볼 수 없을 뿐만 아니라 오른쪽 눈도 장차 장님이 될 지경이므로, 결단코 제반 사무에 응할 수 없는 형세다. 이런데도 억지로 사무에 응하려 한다면 이것은 나에게 죽음을 재촉하는 결과가 된다. 세자에게 청정하게 하는 일이 나의 본의였으니, 다시 좌상을 부른 것도 이 때문이었다." 했다.　　　　　　　　　　숙종실록 43년 7월 19일

눈이 희미하고 사물이 뚜렷이 보이지 않는다 했으므로 이는 노화와 오랜 질병으로 인해 생긴 백내장이 가장 의심된다.

그런데 눈도 간(肝)과 연결된다. 시력이 안 좋거나 눈병이 있는 사람이 동물의 간을 먹는 것을 본 적이 있는 독자도 있을 것이다. 한의학에서는 간의 기운이 눈으로 통하므로 간의 기운이 조화로워야 다섯 가지 색깔을 잘 구분하여 볼 수 있다고 말한다. 그래서 백내장은 곧

36　임금이 명령을 적어서 승지(승정원에 속하여 왕명의 출납을 맡아 보던 정3품 당상관. 말하자면 왕의 '비서'라 할 수 있다)에게 전하는 문서.

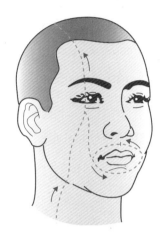

눈을 지나는 간 경락

간(肝)의 병이라고도 했다. 실제로 백내장을 치료하는 처방이 간의 기운을 보하는 경우가 많은 것은 이러한 까닭이다. 경락의 흐름상 간 경락은 눈까지 이어진다. 숙종이 말년에 백내장을 앓았던 것도 그가 간에 문제가 있었던 것과 무관해 보이지 않는다.

다혈질인 군주

실록을 볼 때 숙종의 성정은 다혈질이었던 것 같다. 그는 신하들에게 휘둘린 군왕은 아니었다. 오히려 재위 기간에 일으킨 세 차례 환국을 통해 반대편 붕당을 싹 쓸어내는 극단적인 방법을 사용했다. 한쪽 붕당의 세력이 지나치게 커지는 것을 용인하지 않았다. 서인과 남인의 세력 다툼에서 두 붕당이 조화나 균형의 방법을 선택하도록 하지 않았다. 항상 지독한 환국으로 한쪽 세력을 쓸어내 버리는 방법을 선택했다. 신하만 쓸어낸 것이 아니라 그들이 지지하는 왕비까지 굳이 쫓아냈다. 그리고 세자가 살아 있음에도 그 생모를 죽이는 극단적인 방법을 썼다. 숙종은 자신의 성격에 관해 스스로가 이렇게 말했다.

"사람이 자고 먹는 것을 제때에 하여야 하는데 나는 그렇지 못했다.

나는 성질이 너그럽고 느슨하지 못하여 일이 있으면 내던져 두지를 못하고 출납하는 문서를 꼭 두세 번씩 훑어보고, 듣고 결단하는 것도 지체함이 없었다. 그러자니 오후에야 비로소 밥을 먹게 되고 밤중에도 잠을 자지 못했다. 그래서 화증(火症)이 날로 성하여 이 지경에 이른 것이다. 내가 내 병의 원인을 모르는 바 아니지만 또한 어쩔 도리가 없었다."

숙종실록 29년 8월 13일

이 말은 자신의 성격이 너그럽지도 느슨하지도 못하며 일이 지체되는 것이 싫어 빨리빨리 결단해야 하고, 그래서 식사 때를 놓치기도 하고 밤에 잠을 자지 못하기도 했다는 것이다. 그리고 자신의 병이 이러한 성격 때문임을 본인도 알지만 어떻게 고칠 수 없다는 얘기다.

앞에서도 보았듯이 자신의 병에 의관들이 적극적으로 대처하지 않는다 하여 의관들을 파직해버린 것도 이러한 급한 성격을 말해준다. 숙종은 미온적이거나 소심한 성격이 아니라 다소 다혈질이고 급한 성정을 지녔다고 볼 수 있다.

그런데 이러한 다혈질 성격은 간에 좋지 않은 영향을 준다. 곧, 간에 병을 더 잘 일으킨다. 간은 분노의 장부(臟腑)이기 때문이다. 다혈질인 사람은 분노가 잘 쌓인다. 분노가 쌓일수록 간에 병이 든다. 숙종의 성정이 간을 병들게 만든 한 원인이었다고 볼 수 있다.

관경화로 사망하다

숙종 40년부터 그가 사망한 46년에 이르기까지 그를 괴롭힌 질병은
부종이었다. 부종 외에 호흡곤란 증상도 간간이 보였다. 45년 가슴이
답답하고 다리가 마비되고 소변에서 피가 보인다는 기록이 보인다.
이 무렵 호흡도 곤란하고 수면 또한 불안했다.

> 이날 밤 임금의 환후가 갑자기 도져 호흡이 고르지 못하므로 약방에
> 서 홍정당에 입진하니, 임금이 종모(鬃帽)[37]를 쓰고 작은 옷을 입고
> 이불을 두르고 베개에 기댄 채 침상 위에 앉아 있었다. 도제조 이이
> 명이 나아가 엎드려 문후하자, 임금이 말하기를 "밤중에 잠이 들어
> 겨우 눈을 붙이자마자 어떤 물건이 꿈에 나타났는데, 보기에 지극히
> 해괴했다. 그 때문에 깜짝 놀라 깨어났는데, 이처럼 호흡이 고르지
> 못하여 진정시킬 수가 없다." 했다. 이이명이 말하기를 "의법(醫法)
> 에 꿈 때문에 병을 얻는 경우가 있다고 합니다. 본 것이 두려운 것이
> 었습니까? 추악한 것이었습니까?" 하니, 임금이 말하기를 "두려운
> 것이었다." 했다.   숙종실록 45년 7월 28일

사망한 해인 46년 복부의 부종이 점점 심해졌다. 죽도 조금밖에 먹
지 못했고, 호흡이 곤란하고 때때로 혼수상태에 빠졌다.

---

37 기병이 쓰던 모자로, 갓보다 높고, 가운데 둥글게 솟은 통형 옆에 깃털을 붙였다.

시약청에서 입진했다. 이때 성상의 환후는 복부가 날이 갈수록 더욱 팽창하여 배꼽이 불룩하게 튀어나오고, 하루에 드는 미음이나 죽이 몇 홉도 안 되었으며, 호흡이 고르지 못하고 정신이 때때로 혼수상 태에 빠지니, 중외(中外)[38]에서 근심하고 두려워했다.

숙종실록 46년 5월 7일

또한 알아들을 수 없을 정도로 말소리가 빨라지는가 하면 말을 더 듬기도 했다. 혼수, 부종, 구토, 호흡 곤란은 더욱 심해졌고, 마침내 6월 8일 숙종은 가래 끓는 소리를 크게 내면서 갑자기 크게 토한 뒤에 사망하고 만다.

시약청에서 입진했다. 임금이 말소리가 빨라서 음성이 이루어지지 않으니, 여러 신하들이 알아들을 수가 없었다. 내시가 베개 옆에 엎 드려 대신 전달했으나, 역시 분명하게 알아들을 수가 없었다.

숙종실록 46년 5월 22일

시약청에서 입진했다. 임금이 정신이 혼미하고 복부가 가득 부풀어 오르며 혀가 마르고 말을 더듬거리는 등의 증상이 더욱 심했다. 여러 신하들이 병의 증세를 물으니, 혹은 알아듣지 못하기도 하고 혹은 가 느다란 소리로 답하기도 했는데, 태반은 알아들을 수가 없었다.

숙종실록 46년 5월 24일

---

38 조정과 민간을 아울러 이르는 말.

시약청에서 입진했다. 임금이 부어오르는 증세와 구역질이 더욱 심
하여 여러 신하들이 아뢰는 말에 대부분 답을 하지 못했다.

숙종실록 46년 6월 3일

오경(五更)[39]에 임금의 환후가 더욱 극심하여 시약청에서 입진하고
사시(巳時)[40]에 다시 입진했다. 임금의 혼수상태가 더욱 더하여 여러
신하들이 높은 목소리로 아뢰어도 대부분 알아듣지 못했다.

숙종실록 46년 6월 5일

  배꼽이 튀어나올 정도로 복부가 팽창한 것은 복수가 찼기 때문이
다. 이렇게 심한 복수와 혼수, 호흡 곤란과 이전의 병증을 종합해 볼
때 이는 간경화로 인한 복수였음을 짐작할 수 있다. 간이 오랫동안 병
을 앓으며 계속 손상되어 간경화 상태까지 이른 것이다.
  초기의 간경화는 별다른 증상이 없다가 중기가 되면 식욕 부진, 소
화 불량, 복부 불쾌감 등의 증상이 나타난다. 합병증으로 복수가 차게
되면 복부 팽만감과 하지 부종이 발생하고, 호흡 곤란도 생길 수 있
다. 말기에는 간성 혼수(肝性昏睡 | 간세포가 많이 죽거나 약해져서 간 기능
을 상실하고 정신이 혼미해지는 증상)가 발생하여 수면 장애, 인격 장애,
인지 장애, 뇌부종이 생기고 결국에는 사망하게 된다. 숙종이 사망하
기까지의 기록은 이 과정을 그대로 보여준다.

---

39 하룻밤을 다섯으로 나누었을 때 맨 마지막 때에 해당하는 오전 3시~5시.
40 오전 9시~11시.

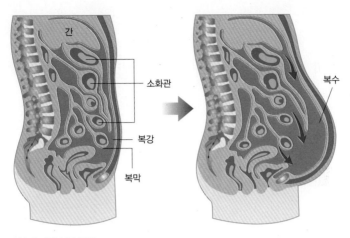

간

소화관

복수

복강

복막

복수에 따른 복부 팽창

　영화나 TV의 사극에서 가장 많이 재현된 인물이 아마 장희빈일 것이다. 장희빈 덕에 숙종도 사극에 가장 많이 등장한 임금으로 생각된다. 열네 살 어린 나이에 임금의 자리에 올라 붕당 간의 온갖 싸움을 거친 파란만장했던 정치 인생만큼이나 그의 투병 역정도 평탄치 않았음을 46년 재위 기간의 기록을 통해 느낄 수 있다.

고통 속에 살다 고통 속에 죽은 인현 왕후

파란만장했던 인생

조선 왕조 역사상 인현 왕후만큼 파란만장한 인생을 살다 간 왕비도 없을 것이다. 숙종의 첫 번째 왕비였던 인경 왕후가 죽자 민유중의 여식인 인현 왕후가 두 번째 왕비로 책봉되었다. 열다섯 살 되던 해였다. 그러나 인현 왕후는 왕자를 낳지 못했다. 그러던 중 희빈 장씨가 아들을 낳았고, 기사환국으로 인현 왕후의 지지 세력이던 서인이 정계에서 밀려나면서 인현 왕후 역시 왕비에서 쫓겨나 폐서인이 되었다. 이때가 스물세 살 되던 해였다.

김춘택 등의 폐비 복위 운동을 계기로 갑술환국이 일어나 남인이 밀려나고 서인이 다시 집권하면서, 인현 왕후는 스물여덟 되던 해에 다시 왕비로 복위했다. 그러나 서른다섯 되던 해인 숙종 27년(1701)에 그만 젊은 나이로 사망하고 만다. 얼마 후 왕비를 무고했다는 죄로 희빈 장씨는 사사되었다.

열다섯 살에 왕비로 책봉되어 서른다섯 살에 사망하기까지 20년 동안은 그녀의 의지와는 상관없이 정치적인 소용돌이에 휘말린 시기가 아닐 수 없었다. 극심한 붕당 간의 다툼 속에서 폐위되고 또 복위되면서 인현 왕후의 마음이 얼마나 고단했을까? 심지어 사망하는 과정도 고단함 그 자체였다. 서른넷에 갑자기 병에 걸려 이듬해 사망하기까지 그녀는 엄청난 고통 속에서 시간을 보내야만 했다.

고관절에서 시작된 통증

《승정원일기》의 기록에 따르면 숙종 26년(1700) 3월 26일, 약방제조

숙종 26년 3월 26일자 《승정원일기》 《승정원일기》에는 인현 왕후의 투병 기록이 자세히 실려 있다.
출처−국사편찬위원회 승정원일기 사이트.

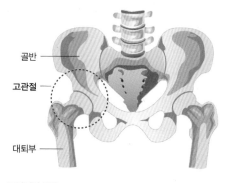

골반

고관절

대퇴부

고관절의 구조

는 중궁전을 담당하는 의
녀로부터 왕비의 건강이
좋지 못하다는 보고를 받
는다. 며칠 전부터 양쪽
다리가 아픈데 특히 오른
쪽의 환도혈(環跳穴) 부
위, 곧 고관절(엉덩 관절)
부위의 통증과 부종이 매

우 심하여 밤에도 편히 잠을 잘 수가 없다는 것이다. 비단 고관절의
통증뿐만 아니라 발열 또한 심하여 얼굴에서 느껴지는 열기가 불타는
듯하다는 것이다.

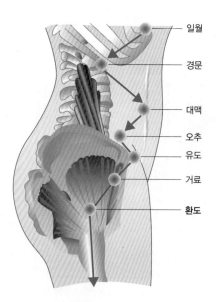

일월

경문

대맥

오추

유도

거료

환도

족소양담경 위의 환도혈

통증 부위에 부기도 있
어서 손으로 약간만 만져
도 통증을 견딜 수 없을
정도였다. 여기에 추웠다
더웠다 하는 한열왕래(寒
熱往來) 증상도 함께 있었
다. 3월 말경에 시작된
고관절의 통증은 멈추지
않고 계속 이어졌다.

환도혈은 인체의 측면
을 흐르는 족소양담경에
속하는 혈자리로 둔부 바

갈쪽, 고관절 가까이에 위치한다. 이 부위는 근육도 두껍고 관절도 크기 때문에 여기서 생기는 문제는 가벼운 질병이 아니다. 중전의 상태는 가벼이 여길 수 있는 상황이 아니었다.

경련이 생기다

4월 들어서 증상이 하나둘씩 늘어났다. 고관절의 통증에 더하여 구토와 설사가 발생하기 시작했다. 발열도 있었고 가슴 부위는 답답했으며 어떤 날은 다리의 통증이 더욱 심해지기도 했다. 어떤 날은 한기가 심하게 느껴졌다.

그러던 4월 14일, 약방의 온 의관들을 깜짝 놀라게 하는 증상이 생겼다. 중전이 경련을 일으킨 것이다. 처음에는 다리 부위에서 시작된 경련이 나중에는 전신 경련으로 이어졌다. 환도혈의 통증으로 괴로워하던 중전이 갑자기 전신 경련을 일으키자 의관과 의녀들은 깜짝 놀라지 않을 수 없었다.

경련은 한차례로 끝나지 않았다. 처음 전신 경련이 일어난 뒤 하지 부위의 경련이 발작했다 안정되는 일이 5월 초까지 거듭 일어났다. 어떤 날은 하루 두 번, 어떤 날은 하루 다섯 번 발작했다. 하지만 다행히도 5월 5일 이후로는 경련이 나타나지 않았기에 의관들은 가슴을 쓸어내릴 수 있었다.

고관절에 종기가 생기다

오른쪽 고관절에서 시작된 통증과 부기는 무릎과 발 부위까지 이어졌다. 또한 오른쪽 하복부에서도 부기와 통증이 느껴졌다. 그러던 중 5월 11일, 열기가 더욱 심해지더니 다음날인 5월 12일, 환부에 중요한 변화가 생겼다. 통증이 끊임없이 이어지던 고관절 부위에 마침내 고름이 생기기 시작한 것이다.

인현 왕후의 고관절 통증의 원인이 실은 화농성 고관절염이었던 것이다. 화농성 관절염은 보통 세균의 침입에 따른 경우가 많다. 특정한 세균이 고관절 부위에 자리를 잡은 것인데, 고름이 생기기 시작했다는 것은 세균의 사체가 생기기 시작했다는 것이다. 이렇게 고름이 생기는 단계가 되면 환부에 통로를 뚫어 고름을 배출하는 배농법을 써야 한다.

이러한 고관절 부위의 화농성 관절염을 한의학에서는 환도저(環跳疽)라고 부른다. 비교적 얕은 부위인 피부밑 지방층 아래에 생기는 종

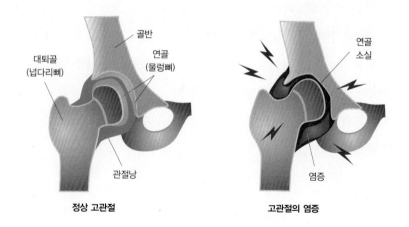

정상 고관절   고관절의 염증

기를 옹(癰)이라 하고, 뼈 근처 깊은 곳에서 생기는 종기는 저(疽)라고 한다. 인현 왕후의 병은 바로 고관절 부위 깊은 곳에 고름이 차는 종기, 곧 환도저였다.

이제 환도혈 부위에 마침내 고름이 차기 시작했으므로 침으로 환부를 터뜨려 고름을 빼내기 시작했다. 환부의 고름은 순조롭게 잘 나왔고 환도혈과 복부의 부기도 나날이 줄어들었다. 통증도 함께 줄어들었다.

가슴이 답답한 것이 제일 괴롭다

이후 인현 왕후의 투병은 호전과 악화의 끊임없는 반복이었다. 어찌된 일인지 환도혈 윗부분 늑골 아랫부분의 하복부 근처에 새로운 종기가 생겼다. 역시 부기와 통증이 느껴졌고 고름이 쌓인 것이 발견되었다. 이 부위 역시 고름을 배출하는 방법으로 치료했다.

숙종 26년 5월 이후에《승정원일기》에 보이는 인현 왕후의 병세에 관한 기록들은 대부분 발열, 구토, 설사, 복통, 식욕 부진, 고관절과 슬관절(무릎 관절)의 통증, 고관절과 늑골 아래 부위의 고름 배출에 관한 내용으로 끊임없이 채워진다.

수라만 먹으면 혹은 탕약만 복용하면 방금 먹은 것을 다 토해내거나 설사를 했다. 체온도 계속 오르내렸다. 하지 관절 부위의 통증도 호전과 악화가 반복되었다. 통증으로 잠도 제대로 자지 못하는 날이 대부분이었다. 고관절과 늑골 아래 부위 고름의 양도 늘었다 줄었다

반복했다. 이 시기에 인현 왕후가 겪은 고통이 얼마나 지독했을지 짐작할 만하다.

이렇게 1년이 넘도록 고통스러운 세월이 이어지다가 숙종 27년 7월, 또 새로운 증상이 생겼다. 명치 부위에 뭔가가 쌓여 있는 것 같은 형체가 보이고 여기를 손으로 누르면 통증을 느꼈다. 또한 가슴 부위에서 답답함을 느끼기 시작했다. 그러던 중 8월 4일 갑작스럽게 흉부의 답답함이 더 심해졌다. 설사도 이어졌고 손발이 얼음장처럼 싸늘해졌다. 이후 가슴의 답답함은 심해지기만 했다. 이제는 고름이 나오는 곳의 통증이 문제가 아니었다. 가슴의 막힌 기운이 가장 고통스러운 일이 되었다.

8월 11일, 이제는 중전의 입안에서 반점이 보였다. 소변에 혈뇨가 보였고 배뇨 때 통증이 느껴졌다. 8월 13일, 맥박이 극도로 미약하고 불규칙해졌다. 이마와 허리에 식은땀이 나면서 왕비는 숨을 헐떡였고, 호흡이 매우 힘들어졌다. 그리고 8월 14일, 인현 왕후는 마침내 기나긴 질고(疾苦)의 세월을 뒤로 한 채 고통스러운 삶을 마감한다.

빨리 죽는 것이 소원이로다

인현 왕후가 복위된 뒤 다시 시작한 궁궐의 삶은 행복했을까? 폐위되었던 동안 느꼈을 분노와 억울함을 충분히 보상받을 만큼 행복했을까? 실록의 기록을 살펴보면 전혀 그렇지 못했던 것 같다. 와병 중에 민진후 형제가 문안했을 때에 중전이 이렇게 말했다고 실록은 전한다.

민진후 형제가 입시하니, 왕비가 하교하기를 "내가 중전에 복위한 후에 조정에서 의논하기를, 세자의 생모를 봉공하는 등의 절목을 운운하면서 희빈 장씨는 마땅히 여러 후궁들과는 구별이 있어야 한다고 했는데, 이때부터 궁중의 사람들이 모두 다 희빈에게로 기울어졌다. 궁중의 법도에 따르면 후궁 처소에 속한 시녀들은 감히 내전 근처에 드나들 수가 없는데, 희빈에 속한 것들이 항상 나의 침전에 왕래했으며, 심지어 창에 구멍을 뚫고 안을 엿보는 짓을 하기까지 했다. 그러나 내 침전의 시녀들은 감히 꾸짖어 금하지 못했으니, 일이 너무나도 한심했지만 어찌할 수가 없었다. 지금 나의 병 증세가 지극히 이상한데, 사람들이 모두 말하기를 '반드시 빌미(祟)가 있다.'고 한다. 궁인 시영이란 자에게 의심스러운 자취가 많이 있고, 또한 겉으로 드러난 사건도 없지 아니했으나, 어떤 사람이 주상께 감히 고하여 주상으로 하여금 이것을 알게 하겠는가? 다만 나는 갖은 고초를 받았으나, 지금 병이 난 두 해 사이에 소원은 오직 빨리 죽는 데 있으나, 여전히 다시 더하기도 하고 덜하기도 하여 이처럼 병이 낫지 아니하니, 괴롭다." 하고, 이어서 눈물을 줄줄 흘렸다.

숙종실록 27년 9월 23일

실록에 따르면 왕비로 복위된 이후 인현 왕후는 전혀 행복하지 않았으며, 오히려 세자의 생모라는 사실을 등에 업고 여전히 기세등등했던 희빈 장씨의 보이지 않는 괴롭힘을 계속해서 받았다고 볼 수 있다. 인현 왕후의 억울함은 여전히 풀리지 않았던 것이다.

환도혈은 12개 경락 중 족소양담경에 위치한 혈자리이고, 족소양담경은 분노와 억울한 감정이 풀리지 못하면 경락의 흐름이 막히는 곳이다. 하고많은 부위 중에서 족소양담경의 부위에 종기가 생긴 까닭은 인현 왕후의 그 억울하고 한탄스러운 인생에 있었던 것이 아닐까?

사인(死因)은 종기의 독이 입심(入心)한 것

인현 왕후에게는 고관절 부위에 종기가 난 전후로 여러 가지 복잡한 증상이 함께 나타났다. 그렇다면 인현 왕후를 사망으로 이끈 결정적인 원인은 무엇일까? 이 복잡한 증상들은 종기와 무슨 상관이 있을까?

고관절 부위에 생긴 종기는 특정 세균의 침입에 의한 것으로 볼 수 있다. 이것이 통증과 부기와 고름을 만들었다. 그리고 이 세균이 척수를 침범하여 뇌수막염도 일으킨 것으로 보인다. 뇌수막염의 증상이 발열, 구토 그리고 경련이다. 그래서 한동안 인현 왕후는 경련 증상을 보였다. 다행히 뇌수막염은 치료되었고 경련은 다시 나타나지 않았다. 그런데 환부가 하복부와 가깝고 병이 길어지다 보니 하복부의 복막까지 병세가 퍼진 것으로 보인다. 그리하여 세균성 복막염을 앓았기에 끊임없는 발열, 구토, 설사, 복통, 식욕부진 증세가 나타났고 하복부 근처에 고름이 생겼던 것이다.

사망하기 직전 나타난 흉부의 답답함은 세균이 심장을 침범하여 생긴 세균성 심내막염(심장 속막염)의 증상이다. 심내막염이 진행되면 심장의 판막이 손상된다. 심장이 박동할 때마다 제대로 열리고 닫혀야 할 판막이 제 기능을 하지 못하게 되므로, 심장으로 들어온 혈액이 말초로 잘 흘러나가지 못하고 폐로 역류하게 된다. 공기가 차 있어야 할 폐에 점차 혈액이 차게 되니 점점 가슴이 답답해지고 호흡이 힘들어지는 것이다.

또한 세균에 오염된 혈액이 전신으로 퍼지게 되므로 여러 장기가 함께 손상된다. 만약 신장까지 병변(病變 | 병으로 인해 일어나는 생체의 변화)이 일어나 신장이 경색(梗塞 | 혈전 따위 물질이 혈관을 막는 일)되면 소변에 피가 섞여 나온다. 또한 모세 혈관이 뻗어 있는 피부에도 점점이 출혈이 생길 수 있다. 흉부의 답답함, 혈뇨, 구강 점막의 점상 출혈, 호흡 곤란 모두 인현 왕후의 사망 직전에 나타난 증상들이었다.

심내막염이 악화되어 폐에 혈액이 차는 울혈증이 심해지면 점점

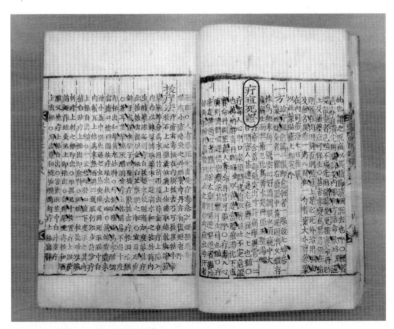

《동의보감》 잡병편 권8 옹저 '정저사증' 경희대학교 한의학역사박물관 소장.

호흡이 가빠져 숨을 헐떡이게 되고 마침내는 사망에 이른다. 인현 왕후의 사망 과정이 바로 이러했다. 인현 왕후는 그 한 맺히고 고통스러웠던 인생의 마지막 순간조차 극도의 고통 속에서 마감해야 했던 것이다.

이렇게 종기에서 시작된 것이 심장의 증상으로 이어져서 사망하게 되는 것을 한의학에서는 '종기의 독기가 입심〔毒氣入心〕했다'고 한다.

"뿌리가 깊은 종기의 독기(毒氣)가 심장으로 들어오면〔入心〕 입이 마르고 가슴이 견딜 수 없이 답답하며 정신이 혼미하고 구토하며 안정되지 못하는데 이는 위급한 증상이다."

이것이 《동의보감》에서 전하는 내용이다. 때로는 종기가 단지 종기이기만 한 것이 아니라 여러 장부를 함께 망가뜨려서 사망에 이르게 하는 무서운 질병이기도 하다는 것을 알려주는 대목이다.

마음이 더 병들었던 경종

어머니의 죽음을 직접 목도하다

숙종 27년(1701) 당시 세자는 열네 살이었다. 세자에게 평생 잊지 못할 큰 사건이 이때 일어났다. 바로 생모인 희빈 장씨가 취선당 서쪽에 신당을 차려놓고 인현 왕후를 저주했다는 죄목으로 사사된 것이다. 어린 세자로서 생모가 사사당하는 것을, 그것도 아버지의 명에 따라 죽음을 당하는 것을 목격한다는 것은 엄청난 정신적 충격을 끼치는 일이 틀림없다.

설령 자연사나 병사라고 할지라도 부모를 잃는다는 것은 받아들이기 쉬운 일이 아니다. 그런데 그 엄청난 정치적인 소용돌이 속에서 생모가 극렬히 저항하다 사약을 받고 사망했다면 어린 소년이 어찌 아무렇지도 않을 수 있겠는가? 이 사건은 이후 경종의 정신적, 신체적인 건강에 상당한 영향을 끼쳤던 것으로 보인다.

이상한 병이 생긴 지 오래되었다

부왕인 숙종이 비교적 장수하여 경종은 서른세 살에 왕위에 올랐다. 경종은 병약했고 후사도 없었기에 즉위 초기부터 왕권이 안정적이지 못했다. 경종 1년에는 훗날 영조가 되는 연잉군을 세제(世弟)로 책봉하고 대리청정을 맡기는 명을 내렸다가, 얼마 후 다시 대리청정의 명을 취소하고 연잉군을 지지하는 신하들을 유배 보내기도 했다.

경종 1년(1721) 4월 20일에 "이때 임금이 항상 병을 앓고 있어서 강연(講筵 | 임금에게 경서를 강론하던 일)을 오랫동안 폐지했고 사대(賜對 | 임금이 신하를 불러 질문하는 일)가 드물었다"는 기록이 보인다. 그리고 10월 10일에는 자신에게 있는 이상한 병을 이유로 연잉군에게 대리청정을 맡기려 했다.

> 상이 곧 비망기를 내리기를, "내가 이상한 병이 있어 십여 년 이래로 조금도 회복될 기약이 없으니, 곧 선조의 진념(軫念)[41]하시는 바였고, 모든 일을 수응(酬應)[42]하기가 진실로 어렵다. 지난 정유년에 청정(聽政)의 명이 있었던 것은[43] [선왕께서] 조용히 조섭하시는 중에 그 조

---

41 윗사람이 아랫사람의, 또는 임금이 신하나 백성의 사정을 근심함.
42 요구에 응함.

섭의 편리함을 위한 것이었기 때문에, 내 몸을 달리 돌아볼 겨를이 없었다. 그러나 등극하고 나서부터는 밤낮 근심하고 두려워하여 요즘은 증세가 더욱 심해지고, 수응이 또한 어려워서 정사가 지체됨이 많다. 이제 세제는 젊고 영명하므로, 만약 청정하게 하면 나라 일을 의탁할 수 있고, 내가 마음을 편히 하여 조양(調養)[44]할 수가 있을 것이니, 크고 작은 국사를 모두 세제로 하여금 재단(裁斷)하게 하라."
했다.

경종실록 1년 10월 10일

경종은 동궁 시절부터 형용하기 어려운 병을 얻어 해가 갈수록 고질병이 되었다는 기록이 있다.

임금의 병이 더욱 위급해졌고 또 오한과 발열의 증후가 있었으므로 시진탕(柴陳湯)을 올렸다. 임금이 동궁에 있을 때부터 걱정과 두려움이 쌓여서 마침내 형용하기 어려운 병이 생겼는데, 해가 갈수록 더욱 고질이 되어 화열(火熱)이 위로 오르면 때때로 혼미하기도 했다.

경종수정실록 4년 8월 2일

그렇다면 경종이 이상한 병을 앓은 것은 이미 10여 년이 되었고 걱정과 두려움이 쌓여 마음의 병이 생긴 것으로 해석해볼 수 있다.

---

43 숙종 43년(1717) 7월, 숙종이 심한 안질 때문에 당시 세자였던 경종에게 대리청정하게 한 일을 말한다.
44 건강이 회복되도록 몸을 보살피고 병을 다스림. = 조리(調理), 조섭(調攝).

상소를 듣고 심기가 폭발하다

경종은 어떤 군왕이었을까? 비록 몸은 병약하다고 기록되어 있지만 성격까지 유약하지는 않았던 것 같다. 경종 2년 3월 17일 도승지가 올리는 상소를 듣던 중 임금이 갑자기 크게 노했다는 기록이 보인다. 도승지가 아뢴 내용은 세제의 대리청정을 주도한 김창집의 죄를 논하는 것이었다.

> 약방에서 입진했다. 입진이 끝나자 도승지 김시환이 공사(公事)를 가지고 나아가 읽었는데 잠시 후에 임금의 화열(火熱)이 갑자기 오르고 심기가 폭발했으므로, 여러 신하들이 놀라 두려워하며 물러갔다.
>
> 경종실록 2년 3월 17일

아마 경종은 자신의 불안한 입지에 대한 스트레스가 상당했을 것이다. 자신의 몸이 이렇게 병약한 것도, 왕으로서 지위가 안정적이지 못한 것도, 반대 세력의 신하들에게서 대리청정을 강요받아야 하는 상황도 모두 어쩔 수 없이 참고 또 참아야 하는 일이었다. 그러니 그 심리적인 스트레스가 얼마나 대단했겠나?

종기에는 분노를 경계해야 합니다

어의들은 임금의 상태를 '상초의 담화'로 진단했다. 상초(上焦)란 배와 가슴 사이에 있는 가로막(횡격막) 위쪽, 심장과 폐를 아우르는 부위를 말한다. 담화(痰火)는 몸 속 체액에 문제가 생겨 나타나는 열이다. 그러던 중 경종 3년 6월 24일, 임금의 왼쪽 어깨 아래 팔뚝에 붉은색 몽우리가 나타났다. 종기가 생긴 것이다. 10여 일 후 의관은 종기가 난 부위에 침을 놓았다.

종기 자체는 그리 위중한 상태인 것으로 보이지 않았다. 하지만 문제는 임금이 너무 자주 화를 내서, 종기가 순조롭게 치료되는 데에 방해가 된다는 것이었다. 이에 당시 약방제조와 우의정은, 화가 나는 일이 있더라도 성내지 말고 마음을 가라앉히라는 청을 올렸다.

> 약방에서 입진했다. 약방제조 이태좌가 말하기를 "종기를 앓는 사람이 꺼리는 바는 분노를 발동하는 데 있습니다. 분노를 발동하면 종기가 다시 발생하기 매우 쉬우니, 청컨대 고요할 정(靜) 자 한 글자를 조섭하는 방도로 삼으소서." 하고, 우의정 최석항이 말하기를 "여러 신하들에게 만일 과실이 있어도 음성을 높이고 안색에 드러내 보이는 것은 마땅하지 않습니다. 더구나 조용히 조섭하는 가운데에서는 더욱 조심하고 삼가야 할 것입니다." 하니, 임금이 받아들였다. 대개 임금이 담화(痰火)가 오르고 내리는 증세가 간혹 말하는 즈음에 나타났으므로, 여러 신하들이 진계(陳戒)[45]한 것이다.
>
> 경종실록 3년 7월 8일

---

45 삼가고 조심할 것을 아룀.

종기 낫는 데 해로우니 제발 좀 화를 그만 내라고 신하들이 임금에게 간청한 것이다. 도대체 임금이 얼마나 자주 분노를 터뜨렸기에 이러한 간청까지 했던 것일까? 그 뒤에 종기 부위에 침을 한 번 맞았는데 침을 한 번 더 맞아야 한다고 이태좌가 아뢰자, 임금의 반응은 가히 폭발적이었다.

> 약방에서 입진했다. 여러 의원들이 창구(瘡口) 위의 멍울이 맺힌 곳에 또 침을 맞아야 한다고 하므로 이태좌가 청했다. 임금이 교지를 내려 '당초에 종기를 잘 터뜨리지 못했다.' 하여 여러 의원을 쫓아내 버리고, 또 내의원 제조 이태좌를 파직하라 명했다. 〔……〕 왕세제가 거듭 아뢰니, 비로소 명을 도로 거두어들였다. 이태좌가 들어와 사례하니 다시 의원을 불러 진찰했다.   경종실록 3년 7월 10일

침을 한 번 더 맞아야 한다는 의원의 청에 화를 벌컥 내면서 내의원 제조를 파직해버린 것이다. 이는 경종의 몸과 마음이 모두 병들어 있었음을 알리는 기록이라 할 수 있겠다. 경종은 타고난 성품이 인자하고 인현 왕후를 정성껏 섬겼으며 물욕도 없었다(경종실록 4년 8월 25일)지만, 오랜 병에 지쳐서인지 걸핏하면 화를 잘 냈던 것 같다.

그뿐이 아니다. 종기가 채 낫기도 전인데 별군직(別軍職 | 임금을 호위하고 죄인을 잡아내는 일을 맡은 무관 벼슬)의 무예 시험장에 몸소 나가 심사하겠다는 명을 내렸다. 이에 약방제조 이태좌는 종기의 환부가 아물기 전에는 상처가 덧날 수 있으니 바깥바람을 쐬지 말라는 간청을 누누이 올렸으나 임금은 끝내 따르지 않았다. 연잉군까지 나서 간

청했으나 경종은 끝내 주위의 말을 따르지 않았다.

이렇게 주위 사람들의 속을 썩인 경종 3년 6월의 팔뚝 종기는 다행히 그해 8월 25일경 잘 치료되었다. 아마 경종은 겉으로 보이는 종기보다 보이지 않는 마음의 병이 더 깊었던 것 같다.

이듬해 8월, 경종은 복통과 설사로 고생하다가 기력을 잃고 숨을 거두었다. 37세였다.

조선의 역사를 바꿔버린 정조의 종기

얼굴에 종기가 곧잘 생기다

정조의 얼굴에는 작은 종기들이 곧잘 생겼다. 즉위한 해인 1776년 6월 코 근처에 작은 종기가 생기더니 정조 3년 5월에 또 코에 종기가 생겼다. 2년 후인 정조 5년에도 얼굴에 다시 종기가 났고, 이듬해 4월 과 7월에는 눈꺼풀과 미간에 작은 종기가 생겼다.

세월이 흘러 정조 14년 6월 얼굴 여기저기에 크기가 작은 종기가 여럿 생겼고, 17년 5월에서 7월 사이에는 눈썹, 머리, 귀밑머리, 턱 부위까지 종기가 나서 상당 기간 고생했다. 18년 6월부터 8월 사이에도 머리와 이마, 그리고 귀밑머리 부위에 작은 종기들이 생겼다.

이렇게 정조는 즉위 초부터 종기로 크고 작은 고생을 했는데, 정조의 종기에는 공통점이 두 가지 있다. 첫째는 대부분 얼굴 부위에 생겼다는 점이고, 둘째는 주로 여름에 생겼다는 것이다.

정조는 체질적으로 여름의 무더위를 힘들어했다. 또한 붕당 정치에 희생되어 억울하게 죽어야 했던 아버지에 대한 사무친 마음, 그리고 여전히 당쟁을 일삼는 신하들에 대한 분노, 이런 것들을 삭히면서 탕평책을 추구했던 정조의 가슴속에는 화가 끓어오르고 있었다. 그래서 정조는 유독 여름에, 그리고 얼굴 부위에 종기가 잘 생겼던 것이다.

이번에는 등에 종기가 생기다

운명의 시간은 정조 24년(1800)에 찾아왔다. 6월 14일, 실록에 다시 정조의 종기에 관한 기록이 등장하기 시작한다. 10일 전부터 머리와 등에 생긴 종기에 붙이는 약을 계속 썼으나 효험이 없으니 내의원 제조를 불러들이라는 명이 내려졌다. 이날부터 실록과 《승정원일기》는 하루하루 임금의 긴박한 상황을 세세하게 전한다. 6월 15일과 16일 왕에게 심한 열이 올랐다.

> 약원(藥院)의 여러 신하를 불러 접견했다. 도제조 이시수가 아뢰기를 "의관의 말을 들으니 머리와 등 쪽에 또 종기 비슷한 증세가 있다 하므로 애타는 마음이 그지없습니다." 하니, 상이 이르기를 "머리 부분은 대단치 않으나 등 쪽은 지금 고름이 잡히려 하고 게다가 열기가 올라와 후끈후끈하다." 했다.　　　　　정조실록 24년 6월 15일

6월 20일 어깨에서 뒷목까지 모두 당기고 통증이 느껴졌다. 6월 21일 환부가 심하게 부어올라 통증이 느껴지고, 몸이 오슬오슬 춥고 떨리며 열이 나고, 정신도 뚜렷하지 못했다. 고름이 나오고 갈증도 느껴졌다.

이시수 등이 안부를 묻자, 상이 이르기를 "높이 부어올라 당기고 아파 여전히 고통스럽고, 징후로 말하면 오한과 발열이 일정치 않은 것 말고도 정신이 흐려져 꿈을 꾸고 있는지 깨어 있는지 분간하지 못할 때도 있다." 했다. 　　　　　　　　　정조실록 24년 6월 21일

6월 23일, 이제 등에 난 종기는 그 크기가 벼룻물을 담아두는 연적만 하게 되었다. 열은 계속 있었다.

약원 신하들을 불러 접견했다. 도제조 이시수가 아뢰기를 "밤사이에 종기 고름은 계속 순조롭게 흘러나왔습니까?" 하니, 상이 이르기를 "고름이 나오는 곳 외에 왼쪽과 오른쪽이 당기고 뻣뻣하며 등골뼈 아래쪽에서부터 목뒤 머리가 난 곳까지 여기저기 부어올랐는데 그 크기가 어떤 것은 연적(硯滴)만큼이나 크다." 했다.
　　　　　　　　　정조실록 24년 6월 23일

6월 24일, 여름철의 푹푹 찌는 무더운 날씨가 임금을 더욱 괴롭혔다. 열은 여전했고 얼굴에 마치 땀띠 같은 발진이 생겼다. 6월 25일, 피고름을 몇 되 쏟아냈다. 6월 26일, 통증도 여전했고 고름도 계속 나왔다.

약원 신하들을 불러 접견하고, 상이 이르기를 "심인과 정윤교를 들

어오게 하라. 밤이 깊은 뒤에 잠깐 잠이 들어 자고 있을 때 피고름이

저절로 흘러 속적삼에 스며들고 이부자리까지 번졌는데 잠깐 동안

에 흘러나온 것이 거의 몇 되가 넘었다. 종기 자리가 어떠한지 궁금

하므로 경들을 부른 것이다." 했다.　　　　　　정조실록 24년 6월 25일

이번에 생긴 종기가 지금까지와 다른 점은 머리나 얼굴뿐 아니라

등에도 생겼고, 또 예전보다 훨씬 심한 발열 증세가 이어진 점이다.

종기가 생긴 지 24일 만에 사망하다

이 무렵 정조와 신하들은 한 가지 사안을 놓고 대립각을 세우고 있었

다. 정조는 스스로 의학에 상당한 식견을 가지고 있었다. 그래서 늘

자신의 증상을 말하고 어떤 처방을 쓸지 신하들과 토론하곤 했다. 이

번에도 정조는 자신의 증상이 이러저러하니 어떤 처방을 쓰면 좋을지

신하들과 토론을 거쳐 결정을 내렸다.

　임금의 환부에서 고름이 계속 쏟아지니 의관들과 신하들은 의논 끝

에 인삼·백출(白朮)·백복령(白茯苓)·감초·숙지황(熟地黃)·백작약(白

芍藥)·천궁(川芎)·당귀(當歸)를 달인 팔물탕(八物湯 Ⅰ 기와 혈이 허해 생긴

전신 쇠약증 등을 치료한다), 인삼·오미자·맥문동(麥門冬)을 달여 만든

생맥산(生脈散 Ⅰ 여름철 더윗병과 갈증, 원기 부족과 맥이 약한 것을 치료한다)

과 생지황즙(生地黃汁)·인삼·백복령·꿀을 중탕해서 만든 경옥고(瓊玉

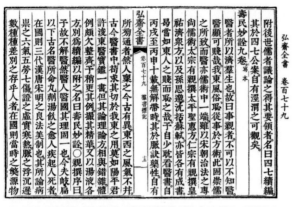

정조 임금이 저술한 의서 《수민묘전(壽民妙詮)》 사본 출처 – 한국고전종합DB.

膏 ㅣ골수와 근골을 튼튼하게 하여 온갖 병을 예방한다)를 드실 것을 추천했
다. 그러나 정조는 반대 의견을 피력했다. 왜냐하면 이 처방들에는 모
두 인삼이 공통으로 들어가는데 자신은 인삼을 먹으면 안 되는 체질
이라고 보았기 때문이다. 그러나 신하들의 생각은, 이렇게 며칠 동안
대량으로 고름을 쏟아내는 상황에는 인삼을 꼭 복용해야 한다는 것이
었다.

시수가 아뢰기를 "신들의 뜻은 처음에 경옥고를 복용하시라고 아뢰
려 했으나 이제는 그것도 너무 약합니다." 하니, 상이 이르기를 "경
들은 나의 본디 체질을 몰라서 그렇다. 나는 본디 경옥고와 같이 성
질이 따뜻한 약을 복용하지 못하는데 음산하고 궂은 날에는 그와 같
은 약들을 더욱 먹지 못하니, 그 해로움이 틀림없이 일어난다. 오늘
과 같은 날씨에 어찌 이러한 약을 복용할 것인가. 궁중에 여러 해를
출입한 각신은 반드시 나의 체질을 알 것이다. 체질로 헤아려보고

사리로 참작할 때 오늘은 결코 복용할 수 없다." 했다. 시수가 아뢰기를 "그러신다면 생맥산을 조제해 들이는 것도 좋겠습니다." 하니, 상이 이르기를 "생맥산이나 경옥고를 막론하고 내 생각에는 복용하기가 곤란하다고 본다." 했다.　　　　　정조실록 24년 6월 26일

그러나 6월 26일, 임금의 반대를 무릅쓰고 인삼이 들어간 경옥고가 결국 올라왔다. 그리고 6월 27일, 임금의 정신이 혼미해지는 증상이 나타났다. 그날 인삼이 다량으로 들어간 팔물탕이 올려졌고, 혼미한 증세가 심해졌으나 인삼이 거듭 올려졌다. 28일에도 인삼이 다량으로 들어간 가감내탁산(加減內托散 | 악성 종기가 터지고 나서 원기가 허약한 사람의 부스럼을 치료한다)이 올려졌다. 임금은 혼수상태에 빠졌고 깨어나지 못하더니 결국 그날로 승하하고 말았다. 종기가 생긴 지 겨우 24일 만에 너무나 황망하게 세상을 떠나고 만 것이다.

갑자기 찾아온 혼수상태

종기의 합병증으로 사망한 왕은 많다. 그런데 정조가 사망했을 때의 특징은 정신이 혼미해지는 증상이 나타나고 바로 다음날 사망했다는 것이다.

종기의 범위가 넓어지거나 증세가 심해지면서 그 합병증으로 패혈증이 발생하기도 한다. 이 패혈증의 증상은 발열, 오한, 구토, 무소변, 복부 팽만감, 잦은 맥박, 빠른 호흡, 설사 등이다. 그런데 정조는 발열

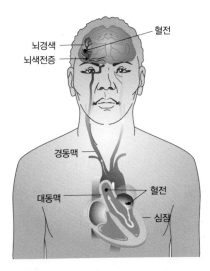

뇌경색 ——
뇌색전증 ——
혈전
경동맥 ——
대동맥 ——
혈전
심장

뇌경색

이나 오한과 같은 증상이 있었기에 세균에 감염되었을 가능성은 있지만, 전신 패혈증이 상당히 진행된 증상은 아직 나타나지 않았다. 그런데도 바로 의식 혼수로 빠져버렸다.

감염으로 인한 합병증 중에서 바로 의식 혼수를 불러올 만한 것으로 뇌경색을 의심해볼 수 있다. 정조의 종기가 생긴 부위는 심장과 가까운 등 쪽이었다. 심장 가까이에서 생긴 종기로 인한 세균 감염이 심장까지 파급되면 감염성 심내막염이 생길 수 있다. 심장이란 혈액이 통과하는 장부이기에 심내막염이 생기면 혈전, 곧 피떡이 만들어지기 쉽다. 혈전이 혈류를 타고 뇌로 올라가 뇌혈관을 막아버리면 뇌경색이 일어날 수 있다. 정조는 이렇게 생긴 뇌경색으로 갑작스러운 의식 혼수에 빠져 바로 사망에 이르게 된 것은 아니었을까? 또한 6월 24일 생긴 얼굴의 발진은 심내막염의 한 증상이기도 하다.

정말 인삼이 정조를 죽였을까?

그렇다면 인삼이 들어간 경옥고를 올린 다음날 바로 의식 혼수가 나타난 것은 우연일까 필연일까? 정조는 인삼이 들어간 처방을 평소에도 꺼렸다. 이유는 이러하다. 어느 여름 정조가 더윗병에 걸렸을 때 육화탕을 복용한 적이 있었는데 이 약에는 인삼이 들어갔다. 인삼 소량이 들어간 처방이었지만 이 약을 복용하자 바로 코가 막히면서 종기가 생기는 부작용이 나타났다. 이때 정조는 자신의 체질과 인삼이 맞지 않는다는 것을 몸소 느꼈던 것이다.

> 상이 이르기를, "내가 일전에 여름철 더윗병으로 인하여 육화탕 3첩을 복용한 적이 있었는데 여기에는 인삼 5푼이 들어가 있었다. 한 첩을 복용하자 바로 코가 막히기 시작했고, 두 첩을 복용하자 코에 종기가 생겨났다. 그 후에는 가슴과 등으로 종기가 퍼져버렸다." 했다.
>
> 승정원일기 정조 24년 6월 16일

또한 인삼의 성질은 따뜻해서 혈류를 촉진하는 작용을 한다. 감염균이 득세하고 있는 상황에서 투여된 인삼은 혈류를 촉진해 감염균을 더욱 퍼지게 해서 감염 부위를 확산시키는 결과를 가져왔을 것이다. 그래서 감염이 급속도로 심해지면서 어쩌면 온몸으로, 그리고 심장으로도 퍼졌고, 그로 말미암아 갑작스러운 혼수상태를 일으킨 것으로 추측할 수 있다.

인삼이 정조를 직접 죽인 것은 아니다. 하지만 좀 더 처치해볼 수 있는 시간을 빼앗아버렸다고 볼 수는 있다. 만약 인삼을 복용하지 않았다면 조금 더 치료할 수 있었을지도 모른다. 조금 더 애써서 임금을 살려내려 시도할 수 있는 시간을 얻었을지도 모른다. 그랬다면 정조 임금이 그렇게 허망하게 사망하지 않았으리라고 한탄하는 것은 부질없는 짓일까?

안타깝고 안타깝고 또 안타깝도다

정조가 계획하던 많은 개혁 정책이 정조의 사망과 함께 모두 물거품이 되어버렸다. 그리고 순조, 헌종, 철종 3대에 거친 세도 정치의 시기가 이어지면서 조선은 본격적으로 쇠락의 길을 걷게 되었다. 참으로 안타까운 일이 아닐 수 없다. 정조가 10년만 더 살았더라도 조선 후기의 역사는 바뀌었을 것이다.

임금은 사망하기 5일 전에 이렇게 말했다.

> "경들은 의술에 밝은 자를 두루 찾아 반드시 오늘 안으로 당장 내 병에 차도가 있게 하라. 나의 병세가 이러하여 백성과 나라의 일을 전혀 처리하지 못하고 있으나, 일마다 관심이 있는 것은 아무리 하찮은 일이라도 그냥 넘어가지 않아 이따금 꿈을 꾸기도 한다."
>
> 정조실록 24년 6월 23일

정조는 몰랐을 것이다. 5일 후에 자신이 죽는다는 것을. 그는 몸에 열이 끓고 이부자리에 피고름이 쏟아져 나오는 와중에도 백성과 나라의 일을 처리하지 못하는 것을 안타까워했다. 정조는 또 이렇게도 말했다.

> "이러한 와중에 국사를 처결하기가 어렵지만 호남 수령들에 대한
> 포폄(褒貶)[46]의 장계는 당장 뜯어보지 않을 수 없으니, 당직 승지로
> 하여금 와서 기다리게 하라."
>
> 정조실록 24년 6월 23일

자신이 아무리 아프더라도 수령들의 횡포로 인한 백성의 고통을 덜어주고자 했던 마음이 엿보이는 대목이다. 이런 임금을 종기가 앗아갔던 것이다. 200년이 지난 지금 생각해도 참으로 안타까운 죽음이 아닐 수 없다.

---

46 옳고 그름이나 선하고 악함을 판단하여 결정함.

2 부

조선 의학이 종기와 싸워 승리한 순간

종기와 싸워 승리하다

종기 치료의 기승전결

글에도 기승전결의 순서가 있듯이 종기를 치료할 때에도 종기의 진행 단계에 따른 기승전결이 있다. 침법을 구사하기에 가장 적절한 때와 뜸법을 구사하기에 가장 적절한 때가 따로 있고, 약을 투여할 때에도 적절한 때와 종류가 있다.

사람이 생로병사를 겪듯이 종기도 생로병사를 겪는다. 종기의 생로병사는 초기·중기·말기, 3단계로 나눌 수 있다. 초기는 처음 환부가 붓고 붉어지고 아픈 상태다. 중기는 고름이 보이는 단계다. 말기는 고름이 터진 뒤 환부가 아무는 단계다. 곧 고름이 나타나기 전이라면 초기 단계, 고름이 나타나면 중기 단계, 고름이 터진 뒤는 말기 단계가 된다.

아직 고름이 보이기 전인 초기 단계라면 고름이 생기지 않고 빨리 잘 사그라지게 하는 방법인 소법(消法)을 구사한다. 이미 고름이 생겼다면 고름이 잘 배출되게 하는 탁법(托法)을 구사한다. 고름이 터져서 잘 배출되었다면 환부가 아물고 새살이 잘 돋도록 하는 보법(補法)을 구사한다. 이것이 크게 나누어본 종기의 단계별 치료법이다.

종기 치료는 디톡스 이론과도 통한다

최근 디톡스가 유행하고 있다. 디톡스(detoxification)란 철저한 소식과 채식 위주의 식습관을 유지하거나 기간을 정해 절식을 하는 방법으로 염증 상태를 해소하여 체내를 청소하고, 또한 회복기를 거치면서 새로운 깨끗한 세포를 재생하는 요법을 말한다. 곧 파괴와 재건이 디톡스의 골자다. 파괴된 찌꺼기는 대변, 소변, 땀으로 배출하고, 회복기에는 신선한 식품을 섭취해 새로운 세포를 재생할 영양분을 공급하도록 한다.

종기 치료 원리는 디톡스 이론과 비슷하다. 파괴와 재건이 디톡스의 골자이듯 종기 치료에도 파괴와 재건이 큰 줄기가 된다. 종기가 생기면 오염된 세포를 파괴하고 그곳에 새로운 세포가 재생되도록 해야 한다. 소법, 탁법, 보법으로 이어지는 종기 치료의 기승전결은, 간단히 말하자면 오염된 세포를 파괴하고 새로운 세포를 재건하는 일이다.

종기 치료는 뛰어난 독주가 합쳐진 오케스트라

오케스트라 연주를 듣노라면 각 연주자들의 뛰어난 기교가 어우러져 탄생하는 어떤 질서와 조화를 느끼게 된다. 섬세한 선율을 표현할 때는 바이올린이 전면에 나선다. 청아한 소리를 내야 할 때는 플루트가 앞에 나선다. 강하고 웅장한 울림을 표현할 때에는 조용히 기다리던 트럼펫 소리가 갑자기 울려 퍼진다. 악기 하나하나는 그 자체로도 뛰어난 독주를 하고 있다. 악기들은 모두 제각기 개성을 지니고 있으며 한 악기의 소리만으로도 충분히 아름답다. 그러나 오케스트라라는 것은 지휘자의 손끝에 따라 각각의 악기들이 나설 때와 물러날 때를 지키면서 한 어울림 소리를 만들어내는 것이다. 이 조화로움이 듣는 이로 하여금 웅장한 감동을 느끼게끔 해준다.

병의 치료라는 것도 오케스트라와 같다. 의사는 지휘자다. 여러 치료 도구는 악기들이다. 악기 중에는 부드럽고 섬세한 소리를 내는 것이 있고 강하고 웅장한 소리를 내는 것이 있듯이, 종기 치료 도구도 부드럽고 순하게 작용하는 것이 있고 맹수처럼 강하게 작용하는 것이 있다. 언제 어떤 악기의 소리를 울리게 할 것인지가 지휘자의 손끝에 달렸듯이, 언제 어떤 치료 도구를 꺼내 들지는 의사의 손끝에 달린 셈이다. 의사는 언제 약을 먹이고 언제 침으로 절개하고 언제 연고를 바르고 언제 뜸을 뜰지를 판단하고 실행한다.

또한 피아노 독주로 이루어진 연주회가 있고 바이올린 독주로 이루어진 연주회도 있듯이, 종기의 상태에 따라 침법만으로 혹은 뜸법만으로 치료가 잘 이루어질 수도 있다. 때로는 약만 투여하거나 연고만 발라서 치료를 잘 끝낼 수도 있다. 때로는 이 모든 도구가 함께 어우러져야만 하는 경우도 있다. 어떤 조합을 택할지 판단하는 것은 의사의 몫이다.

종기를 고쳐내다

《조선왕조실록》과 《승정원일기》에서 전하는 왕실의 종기는 때로는 가볍게 끝나기도 했고 때로는 조선의 역사를 뒤흔들기도 했다. 일일이 기록되지 못하고 전해지지도 못한 이름 없는 민중의 종기 역시 때로는 가볍게 끝나고 때로는 그들의 삶을 뒤흔들어 놓기도 했을 것이다. 왕실의 질병에 관한 기록은 《조선왕조실록》과 《승정원일기》에 자세히 남아 있다. 반면 민간에는 이렇게 자세한 기록이 거의 없다. 단지 의서에 치료 사례로 간략하게 기록된 정도다.

이제 종기와 사투를 벌여 승리한 성공담을 펼쳐 보이고자 한다. 왕실이나 민간에서 실제로 종기를 치료한 사례 중 성공한 경우를 살펴보려는 것이다. 왕실 기록에는 수많은 성공 사례가 전해진다. 하지만 대부분 한의학 전공자라야 이해할 수 있는 어렵고 복잡한 내용들이다. 따라서 이 책에서는 되도록 내용이 간단하고 이해하기 쉬운 사례를 골라 실었음을 밝혀둔다.

쓸개가 정조의 수명을 연장해주었다

머리에 난 종기가 얼굴까지 퍼지다

정조 17년(1793)은 임금이 머리와 얼굴에 난 종기로 무척이나 고생했던 때였다. 음력 5월, 날씨는 바야흐로 더워지고 있었다. 더운 계절은 정조가 가장 불편하고 힘들어하던 시기였다. 더운 날씨를 견디는 것만도 고역인데 여름만 되면 생기는 크고 작은 종기 때문에 더 고생을 해야 했다. 정조 17년에도 아니나 다를까 머리에서 종기가 나기 시작했다.

처음 5월 23일에 머리에 난 종기는 6월을 거치면서 얼굴 부위로 퍼졌다. 맨 처음 종기가 난 곳은 머리의 왼쪽 측면으로, 12경락 중 소양(少陽) 경락이 흐르는 부위다. 이 종기가 채 낫기도 전에 머리의 뒤편에도 종기가 생겼다. 머리 뒤편에는 정중앙선을 따라 독맥(督脈)이라는 경락이 흐른다. 그러고 나서 구레나룻 부위, 턱수염 부위, 그 다음에는 눈썹 바깥쪽 부위에 종기가 생겨났다.

한 군데에 난 종기가 미처 낫기도 전에 여기저기 종기가 났으니 이 정도면 정조의 얼굴을 종기가 덮고 있는 셈이었다. 이때의 정황을 정조 임금은 이렇게 말했다.

"머리와 얼굴에 생긴 종기가 어제부터 더욱 심해졌다. 씻거나 약을 붙이는 것도 해롭기만 하고 약물도 효험이 없어서 기(氣)가 더 막히고 쌓여서 화가 더 위로 치밀어 오른다. 얼굴은 모든 양기(陽氣)가 모인 곳이고 머리도 모든 양기가 연결되어 있는 곳인데 처음에는 소양 경락 부위에서 심하게 화끈거리더니 독맥 경락 부위까지 뻗어나갔다. 왼쪽으로는 귀밑머리 가에 이르고 아래로는 수염 부근까지 이르렀다가 또 곁의 사죽혈(絲竹穴)[1]로도 나고 있다. 이는 모두 가슴속에 떠돌아다니는 화(火)이니, 이것이 바깥으로 내뿜어지면 피부로 부스럼으로 돋아나고 안에 뭉쳐 있으면 곧 속이 답답해지는 것인데, 위에 오른 열이 없어지기도 전에 속의 냉기가 갑자기 일어나는 것을 의가(醫家)에서는 대단히 경계하는 것이다. 성질이 냉한 약제를 많이 쓸 수 없음이 이와 같으니 오직 화를 발산하고 열어주는 처방을 써야 효과를 볼 수 있을 것이다." 정조실록 17년 7월 4일

---

1 눈썹의 꼬리 쪽 끝에 위치한 혈. 정확한 명칭은 사죽공(絲竹空) 혈이다.

곰의 쓸개로 고약을 만들어 치료하다

낫기는커녕 자꾸 여기저기 번지는 종기 때문에 정조 임금은 무척이나 답답했을 것이다. 이윽고 7월에 이르러, 온 궁궐을 깜짝 놀라게 하는 중요한 사건이 일어났다.

7월 4일, 지방의 의원들 중 종기를 잘 치료하기로 유명한 피재길이라는 사람을 궁궐로 불러들여 정조 임금의 환부를 보였다. 피재길은 임금의 환부를 살핀 후 고약을 만들어서 올렸다. 7월 5일, 정조는 피재길이 만든 고약을 환부에 발랐다. 그러자 한 달이 넘도록 악화 일로를 걷던 종기가 정말 거짓말처럼 낫는 것이 아닌가?

> "어제 불러올린 의관이 한 말대로 약을 붙였는데 얼마 시간이 지나지 않아 통증이 바로 가라앉으니 마음이 시원하고, 밤이 되니 답답했던 것이 뻥 뚫리듯 더욱 시원해서 그 전에 어디가 아팠던 곳인지 모를 정도였다. 이 의사는 가히 명의이고 이 약은 가히 신방이로다."
>
> 승정원일기 정조 17년 7월 5일

> "단방(單方)[2]의 고약을 붙이니 바로 효과가 있었다. 오늘은 머리와 얼굴의 부은 곳이 점차 가라앉고 통증이 시원하게 그쳤다."
>
> 승정원일기 정조 17년 7월 7일

---

2   한 가지 약재로 이루어진 처방.

이때 피재길이 만들어 올린 고약은 바로 곰
의 쓸개로 만든 웅담고였다. 웅담이 한 달 넘
게 끌던 종기를 깨끗하게 낫게 해준 것이다.
그리고 나서 7년 후인 정조 24년 여름 다시
종기가 생겨 정조가 승하하고 말았으니, 웅담
이 정조의 수명을 7년 늘려준 셈이다.

웅담 출처 - 사이버한의약체험관.

순조의 다리에 생긴 종기

순조 14년(1814) 9월 5일, 임금이 의관들을 불러 자신의 다리를 살펴
보도록 했다. 순조 임금의 다리는 약간 부어 있었다. 의관들은 먹는
약과 바르는 약, 연기 쏘이는 약 등 여러 가지로 처방했다. 처음에 붓
기만 했던 다리에 점차 통증도 생겼다. 밤에는 통증이 더욱 심해졌다.
9월부터 시작된 병세는 10월 넘어 11월에도 이어졌다. 급기야 붓고
아프던 다리가 붉은색을 띠면서 물집도 잡혔다. 11월 23일에 가서야
환부가 곪아서 터졌다. 걸쭉한 고름이 흘러나왔다. 순조의 다리에 생
긴 병은 종기였던 것이다.

자세한 증세가 기록되지 않아 순조의 다리에 생긴 종기가 어떤 종
류였는지 정확히 알기는 어렵지만 다리 부위가 붓고, 붉어지고, 통
증·물집·고름이 생겼다는 것으로 보아 봉와직염이 아니었을까 추측
해볼 수 있다.

개의 쓸개즙으로 약을 만들어 바르다

순조 임금의 다리 종기를 낫게 하려고 의관들은 여러 처방을 시도했다. 11월 23일 걸쭉한 고름이 종기 부위에서 터져 나온 다음, 11월 27일 의관들은 유황산(硫黃散)을 만들어 환부에 발랐다. 유황은 살균 효과가 있다. 닷새 정도 뒤인 12월 3일, 의관들은 유황산에 석웅황과 개의 쓸개즙을 첨가하여 가감유황산을 만들어 다시 환부에 발랐다. 그리고 10여 일 지난 12월 15일에도 가감유황산을 환부에 발랐다. 그 이틀 뒤인 12월 17일 실록은 "종기가 날로 차도가 있어, 살이 차츰 살아 나오고, 창구(瘡口)가 아물고 있다"고 전한다.

정조 임금에게 사용된 웅담은 효과는 매우 좋겠지만 진품을 구하기가 결코 쉽지 않다. 하지만 개의 쓸개인 구담(狗膽)은 얼마든지 진품을 구할 수 있다. 개의 쓸개즙은 바로 채취된 신선한 것을 사용할 수 있었을 것이다.

유황도 살균 효과가 있고 석웅황도 마찬가지다. 그리고 쓸개즙은 염증을 가라앉히는 효과가 있다. 정조와 순조에게 사용된 웅담과 구담즙은 모두 훌륭한 소염제였던 것이다.

한의학에서 보는 쓸개의 효능

동물의 쓸개는 간과 쓸개의 기능에 이롭다. 간과 쓸개가 인체의 해독 기능을 하듯이 동물의 쓸개 역시 해독 작용을 해준다. 그래서 황달,

당뇨, 치질, 장염, 결막염, 기관지염, 습진, 결석 등에 치료제로 사용된다.

동물의 쓸개를 약용하는 방법은 여러 가지다. 우선 신선한 쓸개즙을 환부에 바로 바르는 방법이 있다. 결막염이 심할 때는 오배자와 만형자라는 약재를 달인 물로 눈을 씻은 다음, 수탉의 신선한 쓸개즙을 극소량 눈에 떨어뜨린다.

또한 쓸개 안에 약재를 담고 자연 건조해서 복용할 수도 있다. 음력 12월 암소에서 취한 쓸개에 검은콩 100알을 넣고 천장에 매달아 100일 동안 바람이 잘 통하는 그늘에서 말린 다음, 검은콩을 꺼내 매일 열네 알씩 복용하면 시력을 높이고 눈병을 치료하는 효과를 얻는다.

비슷한 예로 우담남성이라는 것도 있다. 음력 12월에 잡은 암소에서 쓸개를 채취해서 쓸개즙을 따로 받아낸다. 그리고 천남성이라는

우담남성 김영희 제공.

약재를 가루 내어 쓸개즙과 잘 섞어 반죽한다. 이것을 다시 쓸개즙을 짜냈던 그 쓸개주머니 속에 넣고 잘 여며서 바람이 잘 통하는 그늘에 매달아 말린다. 이것을 소〔牛〕의 쓸개〔膽〕에 남성(南星)이라는 약재를 버무렸다 하여 우담남성(牛膽南星)이라고 부른다.

우담남성은 오래 말릴수록 효과가 뛰어나며, 9년 동안 말린 것을 가장 상품으로 친다. 남성이라는 약재는 머리를 맑게 하는 효능이 있어서 우담남성은 주로 중풍, 경기, 간질 발작, 경련, 두통, 치매에 사용된다.

또 머리카락을 검게 하고 잘 자라게 하는 하수오(何首烏)라는 약재가 있다. 하수오와 백복령, 당귀, 생지황 등을 쓸개즙과 섞어 쓸개주머니 속에 넣고 그늘에서 말린 뒤 약재를 꺼내 복용하면, 눈도 밝게 하고 수염이나 머리카락을 다시 자라게 하며 골수를 튼튼하게 해준다.

그리고 쓸개를 말려서 다른 약재와 함께 복용할 수도 있다. 고삼(苦參)과 용담초라는 약재를 말린 소 쓸개와 함께 가루 내어 동글게 빚어서 환약을 만들어 먹으면 황달에 치료 효과가 있다. 고삼과 용담초라는 약재는 간의 열을 꺼뜨리고 간의 찌꺼기를 씻어내는 작용을 하는데, 여기에 해독 작용이 있는 쓸개가 합쳐져 간의 문제로 발생한 황달을 치료하는 것이다.

중종의 피고름을 빨아 먹은 거머리

종기가 난 곳의 살가죽이 딱딱하다

중종 27년(1532) 10월 21일 임금의 맥박은 평소보다 빨리 뛰고 있었다. 옆구리에 난 종기가 계속 붓고 아팠다. 열흘쯤 지나니 종기 부위를 중심으로 열이 심하게 올라왔다. 이제 종기가 곪아서 고름이 터지려는 듯한 기세였다.

11월 5일 종기가 한창 곪은 상태였기에 침으로 찔러 터뜨렸다. 아무리 종기가 충분히 곪았다 하더라도 침으로 환부를 넓게 째버릴 수는 없다. 넓게 째면 당장은 고름이 잘 빠져나오지만 아물 때에 시간이 많이 걸린다. 반대로 종기를 너무 좁게 째면 출구가 좁아 피부 밑 깊은 곳에 있는 고름이 충분히 빠져나오지 못하므로 역시 치료를 오래 끌 수 있다. 적당한 너비와 깊이로 침을 잘 찔러서 종기를 째야 한다.

그런데 이 침의 너비와 깊이를 제대로 조절하지 못한 까닭이었을까? 침으로 터뜨려 배농했건만 고름이 계속해서 흘러나오고 종기의 창구가 아물지 않았다. 환부를 만져보니 종기 주위 표면의 살은 부드러웠다. 하지만 종기가 깊은 곳의 살가죽은 딱딱했다. 이는 깊은 곳에 종기의 독기가 쌓여 있다는 뜻이다.

임금의 괴로움은 말로 다할 수 없었다. 아무리 종기를 치료하는 데 시일이 걸린다지만 고름이 터지면 살이 아물어야 하거늘 두 달이 다 되도록 고름이 계속 흘러나온단 말인가? 뭔가 특단의 조치가 필요했다.

거머리로 하여금 종기 부위를 빨게 하다

종기 아래쪽 깊은 곳에 쌓인 독기를 어떻게 하면 뽑아낼 수 있을까? 피부 얕은 곳에 있는 피고름이야 손으로 짜서 뽑아낼 수도 있다. 하지만 독기가 깊은 곳에 쌓여 있으니 손으로 짜도 제대로 나오지 않을 터. 이렇게 살가죽을 딱딱하게 만들어버린 깊은 곳의 독기를 뽑아내야 했다.

임금은 거머리를 준비하도록 했다. 부어오른 종기 부위에 살아 있는 거머리를 올리니, 거머리는 중종의 종기 부위에 들러붙어서 피고름을 쪽쪽 빨아 먹었다. 썩은 피를 실컷 빨아 먹고 배가 부른 거머리는 환부에서 떨어졌다. 그러면 다른 거머리를 올렸다. 한 마리, 두 마리, 세 마리…….

이제 종기 부위가 달라졌다. 만지면 딱딱하던 부위가 말랑해지고

도독하게 솟아 있던 곳이 편평
해졌다. 종기에서 나오던 검붉
은 피가 이제 선홍색으로 바뀌
었다. 이제 거머리 붙이기를
중단해야 하는 시점이다.

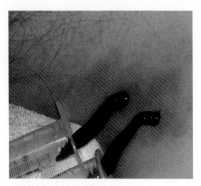

거머리 치료 한동하한의원 제공.

　이렇게 거머리를 이용하여
썩은 피를 빼게 한 때가 중종
28년 2월 초였다. 2월 11일 임
금은 이렇게 하교했다.

　　"내가 여러 달 병을 앓다가 이제야 거의 회복되었다. 약방제조와 의
　　원들에게 상을 주지 않을 수 없다. 좌의정에게는 숙마(熟馬) 한 필을
　　내리고3 예조판서와 도승지에게는 품계를 올려주고, 〔……〕 의원 하
　　종해는 당하 정3품으로 품계를 올리고, 동지 박세거와 홍침은 품계
　　를 올리며 각기 쌀과 콩 6석씩 내리고, 김상곤은 품계를 올리며 아마
　　(兒馬)4 한 필을 내리고, 김수량·노한명과 장무관원(掌務官員)은 각
　　기 아마 한 필씩을 내리고, 의녀 대장금과 계금(戒今)에게는 쌀과 콩
　　을 각각 15석씩, 무명과 베를 각기 10필씩 내리고, 탕약 사령 등에게
　　는 각기 차등 있게 상을 내리라."　　　　　　　　중종실록 28년 2월 11일

3　임금이 '熟馬一匹下賜(숙마일필하사)'라고 적은 첩지를 내린 것이다. 이 첩지를 받은 사람
　　은 필요할 때 잘 길든 말 한 필을 얻어 탈 수 있다.
4　길들지 않은 작은 말.

거머리로 하여금 종기를 빨게 한 것이 깊은 곳의 썩은 피를 뽑아내는 데 큰 효험이 있었기에 중종은 회복할 수 있었다.

문종의 허리 아래 종기에 거머리를 붙이다

문종 1년(1451), 임금의 허리 아래에 또 종기가 생겼다. 세자 시절부터 있던 종기가 겨우 나았는데, 다시 종기가 생긴 것이다. 종기 난 부위가 쑤시고 아팠다. 머리도 아파왔다. 종기 부위에 고름이 터져서 고약을 붙였다. 고름이 나오니 아픈 것이 좀 덜한 듯 느껴졌다.

그런데 차도가 있는 듯하더니 저녁이 되니 다시 또 종기 부위가 쑤시고 아프기 시작했다. 11월 16일 임금은 거머리를 준비하도록 명했다. 고름이 터진 곳에 고약을 붙인 것만으로는 충분치 않다고 느껴졌다. 더 확실하게 피고름을 뽑아내야 했다.

살아서 꿈틀거리는 거머리를 환부에 붙였다. 이튿날에는 어제의 쑤시고 아픈 통증이 확실히 덜했다. 약간 가려운 느낌이 들긴 했지만 어제저녁만큼 심한 통증은 사라졌다. 의정부와 육조에서 임금의 병을 문안했다. 임금이 "나는 이미 차도가 있다"고 했다. 그리고 이틀 뒤 다시 승정원과 의정부에서 문안했을 때 "점차 나아가니 이후로는 다시 문안하지 말라"고 하교했다.

이듬해인 문종 2년, 결국 문종은 종기로 사망한다. 하지만 문종이 한창 종기의 통증으로 괴로워하던 때에, 거머리는 한동안 종기의 통증을 덜어주었다.

한의학에서 보는 거머리의 효능

얼마 전 미국 할리우드의 어느 유명한 여배우가 젊음을 유지하는 비법을 밝혔는데, 그 비법이 다름 아닌 거머리 요법이었다. 거머리를 이용해 자신의 몸에서 정기적으로 피를 빼는 것이 젊음의 비법이라고 밝히자 이 거머리 요법이 유명세를 타게 되었다.

거머리는 20세기 초반에 이미 주목을 받은 바 있다. 거머리의 타액에 히루딘이라는 성분이 있는데, 히루딘은 자연산 단백질로서 혈액응고를 방지하면서 혈전 용해 작용을 한다는 연구 결과가 발표되었다. 그 후 인체 부작용도 거의 없다는 것이 밝혀져, 차세대 혈액응고 방지제로 개발되고 있다.

거머리는 한의학에서 쓰는 중요한 어혈(瘀血 l 혈액이 응결되어 형성된 병리적 산물) 치료제다. 여름과 가을에 살아 있는 거머리를 채취하여 잘 씻은 뒤 햇볕에 말려 약용하는데, 이를 수질(水蛭)이라고 부른다.

어혈이 생기는 대표적인 경우는 바로 외상이다. 높은 곳에서 떨어지거나 어디에 부딪히거나 두들겨 맞아서 타박상이 나거나, 칼에 베여 자상을 입었을 경우에 어혈이 생긴다. 현대에 발생하는 대표적인 외상의 원인은 교통사고와 수술일 것이다. 외상으로 생긴 어혈을 치료하는 대표적인 처방으로 탈명산(奪命散)이 있다. 탈명산은 거머리, 대황, 흑견우(牽牛子 l 나팔꽃의 씨)로 구성된 처방으로, 거머리는 어혈을 없애고 대황과 흑견우는 이 어혈이 대변으로 나오도록 작용한다. 그래서 자상이나 타박상으로 몸 안에 어혈이 고여 가슴과 배가 아프고 대소변이 나오지 않을 때 이 약을 복용하면, 얼마 뒤 내장에 있던 어혈이 검은색 설사로 나온다.

꼭 교통사고를 당하지 않고 수술을 받지 않아도 어혈이 생길 수 있다. 사람의 장부 중에 혈실(血室)이라 하여 피[血]가 머무르는 방[室]이라고 불리는 데가 있다. 바로 여성의 자궁을 혈실이라 부른다. 자궁은 피가 머무는 곳이기에 피가 정체되기도 한다. 피가 장시간 정체되면 어혈이 되고, 덩어리로 뭉쳐 각종 여성병을 일으키는 원인이 된다. 거머리가 주된 약재인 저당탕(抵當湯)이라는 처방이 자궁근종의 치료제로 쓰인다.

그리고 외상으로 어혈이 생기면 정신 작용에 잠시 차질이 빚어질 수 있다. 큰 수술을 받거나 사고로 크게 다친 후 의식이 완전히 회복되기 전에 헛소리를 하거나 헛것을 보는 증상, 곧 섬망(譫妄)이 생기곤 한다. 또 교통사고를 당하면 간혹 기억상실증을 겪기도 하는데, 이 역시 어혈로 빚어진 정신 작용의 차질이다. 자궁의 어혈 때문에도 정신 작용의 차질이 생길 수 있다. 출산 후 생기는 심각한 우울증이나 월경전 증후군, 월경 중 도벽 같은 이상 행동 역시 어혈에 의한 것이다. 어혈을 제거하면 이러한 증상을 개선할 수 있다.

효종의 손바닥 종기를 고친 두꺼비

손바닥에 종기가 나다

효종 9년(1658) 1월 21일, 어의들이 놀라 임금에게 달려왔다. 임금의 손바닥에 문제가 있었다. 효종 임금의 손바닥을 살핀 후 어의는 이렇게 말했다.

> "신들이 의관의 보고를 받은즉, 놀라고 염려되는 마음을 이기지 못했습니다. 유후성·조징규·박군·금상성 등과 의논한즉 이 증상은 종기의 증후이니 손바닥 심포(心包) 경락의 분야에서 생긴 것으로 보입니다. 이는 심장과 위(胃) 경락의 화(火)로 인한 것으로 마땅히 열기를 식히고 내리는 처방을 사용하여 그 독기를 소모하고 흩어야 합니다." <small>승정원일기 효종 9년 1월 21일</small>

실은 효종은 이미 그전부터 답답하고 갈증 나는 번갈 증상을 호소하고 있었다. 어의의 진단은 심장과 위(胃)의 열이 경락을 따라가서 손바닥 부위에 종기를 일으켰다는 것이었다. 손바닥의 종기 치료를 위해 의관들은 약을 정하여 올리고 혈자리를 의논해 침을 놓았다. 종기가 생긴 지 나흘이 지나서 의관들이 임금에게 물었다.

"비바람이 밤새 불고, 봄이지만 춥고 쌀쌀합니다. 성후의 조섭을 살피지 못했으니 오늘은 어떠하십니까? 어제 지어 들인 약을 진어(進御)[5]하시고 나서 손바닥이 단단해지는 증후는 줄어들고 풀어지셨습니까? 신들이 우려를 이기지 못하고 감히 문안을 왔습니다."

승정원일기 효종 9년 1월 25일

이에 임금이 이렇게 답했다.

"그 부분은 아직 풀어지지 않았으나, 부기는 이미 다 나았으니 경들은 걱정하지 말고 앞으로 문안 오지 말라." 승정원일기 효종 9년 1월 25일

구워 말린 두꺼비 가루를 사용하다

내의원 의관들이 효종의 손바닥 종기 치료를 위해 의논하여 올린 처

---

5 임금이 먹고 입는 일을 높여서 이르는 말.

방은 천금누로탕(千金漏蘆湯)이었다. 천금누로탕은 조선 초기부터 제반 종기에 두루 사용되었던 처방으로, 소염에 효능이 있다. 천금누로탕을 임금에게 올리기 전에 어의는 한 가지 약재를 추가했다. 섬회(蟾灰)를 가루 내어 1돈, 곧 4그램을 탕약에 뿌린 것이다. 그런 뒤에 임금에게 올렸다.

섬회란 내장을 빼고 불에 구워 말린 두꺼비를 말한다. 보통은 섬수(蟾酥)라고 하여 두꺼비의 눈썹 사이에 위치한 분비선에서 채취한 분비액을 소염제로 사용한다. 그런데 이 섬수는 워낙 채취량이 적어 확보하기가 어렵기 때문에 섬회를 대신 사용하기도 한다.

1월 21일 생긴 손바닥 종기는 1월 26일 점차 나아간다는 기록이 보이고, 1월 27일 이미 나았으니 더 문안하지 말라는 기록이 나온다.

두꺼비의 진액은 오직 내의원에만 있는 것

두꺼비의 눈썹 사이 분비선에서 채취하는 섬수라는 약재는 한 번에 얻을 수 있는 양이 적다. 그래서 구비하기가 어려운, 귀한 약재다. 민간에서는 더욱 구하기 어려웠을 것이다. 숙종 6년, 승지가 퇴근했다가 몰래 다시 입궐하여 내의원에서 섬수를 훔쳤다가 발각된 기록이 보인다.

"정유악은 오정창에게 교제를 청했고, 오정창의 얼굴 종기에는 섬수를 써야 하는데 섬수는 내의원에만 있는 것이라, 정유악이 승지로

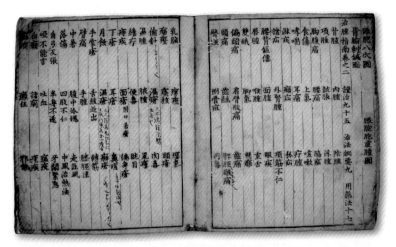

임언국의 《치종지남》 이 책에 섬회에 대한 언급이 있다. 와세다대학도서관 소장.

있을 때 퇴근하고 나서 다시 대궐에 들어가 창고를 열어 섬수를 꺼
내다 가져다주었습니다. 옛 관례로 승지가 한번 퇴근한 뒤에는 도로
입궐할 수 없고, 약을 들이라는 명령이 없으면 창고를 열 수가 없는
데, 함부로 약 창고를 열었으니 그 간사하고 외람됨이 이런 유(類)입
니다."
                                                        숙종실록 6년 5월 7일

  사사로이 지인의 종기 치료를 위해 내의원의 섬수를 가져갔다가 발
각되어 비난을 받은 것이다. 이런 기록으로 미루어 보아도 섬수가 구
하기 쉽지 않았음을 알 수 있다. 그래서인지 명종 때(1545~1567년)의
유명한 종기 전문 의사였던 임언국은 저서 《치종지남(治腫指南)》에,
두꺼비를 기와에 넣고 황토를 바른 후 불에 구워 말린 섬회를 섬수와
같은 용도로 사용하도록 써놓았다. 그것이 효종 때에 효종의 손바닥
종기에 치료제로 사용된 것이다.

166

한의학에서 보는 두꺼비의 효능

두꺼비는 머리가 넓고, 입은 크며, 콧구멍이 작고, 피부가 거칠고, 불규칙한 사마귀가 조밀하게 나 있다. 한마디로 두꺼비는 못생겼다. 피부의 분비액에는 독이 많아 개가 물면 입안이 온통 퉁퉁 붓는다. 이두꺼비의 몸 전체, 껍질, 머리, 혀, 간, 쓸개, 미간의 분비액을 약으로 사용한다. 대부분 악성 종기에 사용되지만 기생충, 복수, 기관지염, 충치, 치통 등에도 치료제로 쓰인다. 마취 작용도 하여 국소 마취제로도 사용된다.

두꺼비는 주요한 약재라고 여러 의사들이 강조했지만 독이 있기 때문에 많이 사용하면 안 되며 함부로 복용해서도 안 된다. 종기가 터져 새살이 생기려고 할 때도 사용하면 안 되고, 임신부에게 사용해서도 안 된다. 강력한 작용을 하는 만큼 주의 사항도 잘 지켜야 하는 약재다.

혜경궁 홍씨의 종기를 치료한 검은 소의 분변

혜경궁 홍씨의 손등에 종기가 나다

정조 24년(1800), 혜경궁 홍씨의 손등에 종기가 났다. 아들인 정조는 어머니에게 종기가 나자 밤낮으로 애를 태우며 지극정성으로 병간호를 했다. 당시 정조가 얼마나 노심초사했는지 정조 24년 2월 17일 실록을 보면 알 수 있다.

> 혜경궁이 부스럼이 나 열흘이 넘도록 편찮았는데, 상이 밤낮으로 애를 태우며 잠도 제대로 못 이루고 친히 약을 바르다가 손이 붓기까지 했지만 자궁(慈宮)⁶의 뜻이 〔주위가〕 떠들썩해지는 것을 싫어했기 때문에 내의원의 숙직도 허락하지 않았다. 이날에야 침을 맞고 모든 증세가 깨끗이 나으니, 내의원 소속 제신들 및 대신과 예조의 당상

〈시흥환어행렬도(始興還御行列圖)〉 일부 정조가 어머니 혜경궁 홍씨의 회갑을 맞아, 사도세자의 능이 있는 화성에 어머니를 모시고 가서 잔치를 벌인 뒤 다시 창경궁으로 돌아오는 과정을 그린 《화성행행도팔첩병(華城行幸圖八疊屏)》의 한 폭이다. 이 그림은 화성에서 시흥행궁 들르는 길에 행렬을 잠시 멈춘 다음 정조가 직접 혜경궁에게 미음과 다반(茶盤)을 올리는 장면이다. 한가운데 휘장으로 가린 것이 혜경궁의 가마이고, 그 바로 뒤에 정조가 탄 말이 서 있다. 출처-http://blog.daum.net/kieury.

관, 시임·원임 각신[7]들을 불러 접견했다. 영의정 이병모가 아뢰기를 "자궁께서 몸조리하시는 동안 지금쯤은 건강이 완전히 회복되셨는지요?" 하니, 상이 이르기를 "어제 해질 무렵 이후에는 증세가 더욱 심하여 밤을 새우다시피 했는데 종기가 겉으로는 손등까지, 안으로

---

6 왕세자가 왕위에 오르기 전에 죽고 왕세손이 즉위했을 때, 죽은 왕세자의 빈(嬪)을 이르던 말. 혜경궁 홍씨는 왕위에 오르지 못하고 죽은 사도세자의 빈으로 정조의 어머니다.
7 시임(時任)은 현임, 원임(原任)은 전임, 각신(閣臣)은 규장각의 벼슬아치를 이른다.

는 손바닥까지 부어올라 그때 내 심정은 초조하고 절박했다는 말로
는 표현이 안 될 정도였다. 그러다가 아까 침을 맞으시고는 피고름
이 많이 나오더니 우선 아픈 증세가 즉시 멎고 부어올랐던 것도 빠
져 천만 다행이었다." 했다.   정조실록 24년 2월 17일

정조는 지극한 효자였다. 어머니의 손등에 종기가 나자 손수 약을
발라드리면서 밤새 잠을 자지 않고 옆에서 간호했던 것이다.

우분고를 발라 치료하다

그런데 혜경궁 홍씨에게 종기가 난 것은 이번이 처음이 아니었다. 이
미 정조 15년에 종기가 나서 내의원의 의관들이 분주히 움직였던 적
이 있다. 이때도 손등에 난 것이었는지 다른 부위에 났던 것인지는 자
세한 기록이 없어서 알 수 없다. 그런데 이때는 우분고(牛糞膏)라는 약
을 사용해서 종기를 치료했다.

홍약성 등이 말하기를, "혜경궁의 부스럼은 어떠합니까? 차도가 있
습니까?" 상이 이르기를, "어제 우분고를 연이어 40번 발랐더니 오
늘은 어제에 비해 훨씬 좋아졌다. 참으로 기쁜 일이 아닐 수 없다."
홍약성이 말하기를, "부스럼증이 거의 회복되었다고 하니 이 어찌
기쁜 일이 아니겠습니까?" 했다.   승정원일기 정조 15년 5월 9일

우분고는 검은 소의 똥으로 만든 연고다. 혜경궁의 종기가 완쾌되자, 연고를 만들기 위해 사복시(司僕寺)로 데려왔던 흑우(黑牛)를 다시 전생서(典牲署)로 돌려보내라는 명을 내렸다. 사복시는 궁중에서 말과 가마에 관한 일을 맡아 보던 관아이고, 전생서는 나라의 제사에 쓸 양, 돼지 따위 짐승을 기르고 돌보던 관아다.

> 상이 오재순에게 명하기를, "우분고는 검은 소의 것이 좋다고 하여 전
> 생서의 검은 소를 사복시에 들여다 길렀는데 이제 이미 효과를 보았
> 으니 이 소는 방목하도록 하라." 했다.   승정원일기 정조 15년 5월 9일

아마 이때 정조의 심정은 소에게 고맙다고 상이라도 내리고 싶었을 것이다.

우분이 무엇이길래?

그렇다면 우분이 무엇이길래 종기 치료를 위한 연고의 재료로 사용되는 것일까? 영조 18년 6월 5일의 기록을 보면 이 우분의 효과에 대한 언급이 있다.

> 상이 이르기를, "연전에 머리에 종기가 났을 때에 붙이는 약에 관해
> 내가 기록해두었다. 마침 전염병이 도는 시절이므로 우분을 태워서
> 훈연하면 불결한 냄새가 사라진다." 했다. 이에 오지철이 대답하기

를 "소는 봄과 여름에 백 가지 풀을 먹습니다. 그러므로 독을 푸는 공이 최고입니다. 여기에 대황과 용뇌를 가하여 훈연하면 향긋한 냄새가 날 것입니다." 했다. 승정원일기 영조 18년 6월 5일

소가 산과 들의 온갖 풀을 먹고 소화시키기 때문에 독초도 해독할 능력이 있다는 말이다. 그래서 전염병이 돌 때에 소똥을 태우면 살균 효과를 얻을 수 있다는 것이다. 또한 영조 21년 2월 11일의 기록에도 우분에 대한 얘기가 나온다.

상이 이르기를, "빈궁이 종기의 기미가 있으니 의관들이 자신의 견해를 펼쳐봄이 가하다."고 했다. 정문항이 말하기를 "의녀에게서 듣자니 척추뼈가 높게 부어 있고 어깨뼈 위에 몽우리가 있다고 합니다. 생긴 부위가 가벼이 여길 곳이 아닙니다." 했다. 김응삼이 말하기를 "이미 붉은 기운이 있으니 소독하는 약을 붙여야 합니다." 했다. 김수규가 말하기를 "만약 종기의 크기가 작지 않다면 우분을 씀이 마땅하겠지만 진찰을 해봐야 알 수 있을 것입니다." 했다. 〔……〕 서문규가 말하기를 "우분을 바른다면 사그라질 것 같습니다." 했다. 승정원일기 영조 21년 2월 11일

빈궁의 종기가 거론되자 붙이는 소독약으로 우분을 가장 먼저 언급한 것이다. 조선 후기 왕실에서 종기의 소독약으로 우분이 쓰이고 있었음을 알 수 있는 대목이다.

한의학에서 보는 우분의 효능

소는 사람에게 참 유익한 동물이다. 쇠고기는 기혈을 보충하고 비위(脾胃 | 소화기)를 보양하며 근골을 튼튼히 해준다. 소의 뼈는 골수를 튼튼하게 해준다. 소의 여러 부위가 약재로 쓰이는데, 뇌는 소갈증을 치료하고, 밥통은 비위를 튼튼하게 하고, 이자(췌장)는 치질을 낫게 하고, 코는 젖을 잘 나오게 하며, 골수는 골절상을 치료하고, 콩팥은 신장의 기능을 보양하고, 갑상샘은 갑상샘 비대를 치료하며, 젖은 과로를 풀어주고, 창자는 치루를 치료하고, 발굽은 하지궤양(염증이나 괴사 때문에 하지, 곧 다리의 피부가 꺼지고 헌 상태)을 치료하며, 허파는 해수(咳嗽 | 기침)를 치료하고, 후두는 해수와 구토를 치료한다.

그리고 소의 똥인 우분은 부종과 식중독을 치료하고, 우분을 태운 연기는 살균 효과를 낸다. 뜸을 뜰 때 생긴 화상이 오랫동안 낫지 않을 때 우분을 태워서 바르면 좋다. 갓 태어난 송아지의 탯줄 속 태변은 출혈증을 치료하는 효능이 있다.

현종의 허벅지 종기를 치료한 누룩

현종의 왼쪽 허벅지에 종기가 생기다

현종에게는 종기가 많이 생겼다. 그것도 한 부위만이 아니라 몸 여기
저기에 산발적으로 생겼다. 현종 2년, 귀 뒤에 작은 종기가 생겼다가
사라지기 무섭게 이번에는 왼쪽 허벅지에 종기가 생겼다. 4월 27일,
의관들은 임금에게 이렇게 아뢰었다.

> "귀 뒤의 작은 종기는 거의 없어졌는데 왼쪽 허벅지에 며칠 전부터
> 종기가 생기려는 기미가 보입니다. 붉은 기운이 자못 크고 화끈거리
> 며 열 또한 심하니, 최근에 앓았던 습창(濕瘡)과 비할 바가 아닙니다.
> 신들이 놀람과 걱정을 이기지 못하여, 종기에 대한 경험이 많은 여
> 러 의관을 입진토록 하여 증후의 경중을 상세히 살핀 연후에 약을

쓸지 경락에 침을 놓을지 의논하고자 하니 먼저 입진토록 하는 것이
어떠합니까?"
승정원일기 현종 2년 4월 27일

의관들은 임금의 종기를 직접 살핀 후 모여서 임금의 허벅지에 난
종기에 어떤 약을 써야 할지 의논했다.

"신들이 나가서 재삼 상의했는데 촉농고(促膿膏)를 그곳에 붙이면 쉬
사라질 것입니다. 없어지지 않더라도 잘 곪을 것입니다."
승정원일기 현종 2년 4월 27일

촉농고를 조제하여 임금에게 올린 지 하루가 지났다. 임금의 병환
에 별 차도가 없었는지 의관들은 애가 탔다.

"신들이 듣기에 성상의 병환이 어제보다 나아짐이 거의 없고 환부
의 붉은 기운이 불이 넓게 타오르는 것 같다 하니, 신들이 걱정과 염
려를 이기지 못하고 여러 의관들과 반복하여 상의했습니다. 유후성
등은 성상께 평소에 열기가 많아 지금처럼 가문 계절의 불볕더위에
수차례 쑥뜸을 뜨면 더 병이 생길까 두려우므로, 오히려 촉농고를
붙이고 마르기를 기다려 여러 번 새로 갈아주면 빠른 효험을 기대할
수 있다고 합니다. 하오니 잠시 마늘뜸을 멈추고 촉농고를 붙임이
적당할 듯하옵니다."
승정원일기 현종 2년 4월 28일

촉농고로 치료하다

촉농고를 허벅지에 붙인 결과는 어떠했을까? 이에 대한 기록을 4월 28일 기사에서 찾아볼 수 있다.

> "의관이 전하는 말을 들으니 허벅지의 종기 부위에 뜸을 뜬 후에 환부가 붉고 단단하던 것이 풀어지는 것 같고 종기의 꼭대기 부분이 작아졌다 하므로 마늘뜸을 더 할 필요는 없습니다. 촉농고를 계속 붙이시면 수일 내로 고름이 생겨 신속히 효과를 볼 것이라 합니다. 일단 뜸을 멈추고 촉농고와 누룩가루를 올리겠습니다."
>
> 승정원일기 현종 2년 4월 28일

허벅지의 종기가 단단한 것이 말랑하게 풀리기 시작했으며 계속 촉농고를 붙이면 신속하게 고름이 생길 것이라는 말이다. 하루가 지난 뒤 의관은 다시 임금에게 상태를 물어보았다.

> "밤새 옥체는 어떠하시옵니까? 어제 여러 차례 뜸을 뜨고 촉농고를 붙여 멍울의 뿌리가 튀어나온 곳에 거의 농이 생겼다고 하던데 어떠하옵니까? 신들이 밤새 걱정했기에 와서 문안드리옵니다."
>
> 승정원일기 현종 2년 4월 29일

"의관이 전하는 말을 들으니 멍울이 어제와 별 다름 없고 부스럼의 꼭대기가 좀 더 튀어나온 듯하며 붉은 기가 점차 줄어들면서 고름이 생기려는 징후가 현저히 보인다고 합니다. 오늘은 침뜸이 필요하지 않습니다. 촉농고가 마르면 자주 갈아주면서 계속 붙이시면 빨리 고름이 생기는 효과를 볼 수 있습니다. 촉농고는 전에 올리던 그대로 다시 올리겠습니다." 승정원일기 현종 2년 4월 29일

촉농고(促膿膏)란 말 그대로 고름[膿]이 빨리 생기도록 촉진[促]하는 효능이 있는 약이다. 종기 초기에 고름이 생기기 전 촉농고를 발라주면 독기가 흩어져서 그대로 낫거나, 신속하게 고름이 생겨서 병의 기간을 단축하는 효과가 있다.

현종은 허벅지 종기가 막 생겼을 때 바로 이 촉농고를 사용한 것이다. 결과는 의도했던 대로 나타났다. 종기 부위의 딱딱한 정도가 말랑해지면서 고름이 생기기 시작했다.

보통 종기가 생기면 고름이 잡히기까지 상당한 시일이 소요되는 경우가 많다. 그런데 촉농고를 바르면 고름이 빨리 생기도록 해주므로 바로 배농을 할 수 있게 된다. 기록에 따르면 4월 27일 현종의 허벅지에 종기가 보이기 시작해서 촉농고를 발랐고, 5월 7일 종기가 터지면서 고름이 다 나와 상처가 아물고 있고, 5월 19일 진물이 거의 없어지며 새살이 돋았다. 그러니 현종 2년 4월 왼쪽 허벅지에 생긴 종기를 치료하는 데 촉농고가 중요한 역할을 했다고 볼 수 있다.

촉농고의 주재료는 바로 누룩

촉농고라는 약은 중국의 의서에도, 조선의 종합 의서《동의보감》이나 《의방유취(醫方類聚)》에도 등장하지 않는다. 조선 후기, 민간에서 사용되는 치료법들을 모은《주촌신방(舟村新方)》이라는 처방집에 처음 등장하는 약이다.

"제반 종기가 붓기 전에 촉농고를 붙이면 쉽게 고름이 생기면서 잘 터진다. 좋은 누룩과 웅서시를 가루 내어 종기가 부은 곳에 발라준다."

촉농고는 누룩과 웅서시(雄鼠屎 | 수컷 쥐의 똥) 두 가지 약재로 구성된 간단한 처방이다. 촉농(促膿)이란 고름을 촉진한다는 뜻으로, 촉농고는 종기의 초기 단계에 고름이 빨리 생기도록 사용하는 외용제다.

현종에게 내의원 의관들이 촉농고를 썼다는 것은, 왕실 의학이 민간 의학을 받아들인 예가 된다고 하겠다. 지금은 촉농고가 잘 알려져 있지 않지만, 조선 후기 왕실에서는 꽤나 애용되었던 것 같다. 효종 때부터 쓰이기 시작해서 현종 때를 거쳐 영조 때까지《승정원일기》에 되풀이 등장한다. 집중적으로 사용된 시기는 현종 때다.

주촌신방 저자 소장.

한의학에서 보는 누룩의 효능

누룩은 술을 빚는 데 꼭 들어가야 할 발효균이다. 전통 누룩을 만드는 방법은 이러하다. 먼저 통밀을 잘게 부순다. 여기에 지역이나 목적에 따라 보리, 옥수수, 쌀, 콩, 팥, 귀리, 호밀 등을 추가하기도 한다. 잘게 부순 통밀에 물을 골고루 뿌리고서 어느 정도 치댄 다음, 천에 싸서 누룩틀에 넣고 발로 단단히 디디면서 밟는다. 그런 뒤 누룩틀에서 꺼내 따뜻한 온돌방에 켜켜이 쌓아서 발효시킨다. 누룩곰팡이가 잘 뜨도록 중간중간 쌓은 순서를 뒤집어준다. 곰팡이가 뜬 뒤 서서히 수분을 말리면 누룩이 완성된다. 이것이 술을 빚을 때 사용하는 술누룩, 곧 주국(酒麴)이다.

한의학에서 누룩을 쓸 때는 이 술누룩에 약재를 추가하여 약누룩을 만든다. 약누룩을 만드는 방법은 이러하다. 먼저 통밀을 잘게 부수어

누룩 한국가양주연구소, suldoc.com 제공.

가루로 만든 다음 신선한 청호(靑蒿), 창이(蒼耳), 야료(野蓼)라는 약재를 잘게 썰어 넣고 행인(杏仁), 적소두(赤小豆)라는 약재를 가루 내어 넣는다. 이것을 물과 함께 반죽하여 덩어리로 빚고, 납작하게 눌러서 따뜻한 곳에 두고, 볏짚을 덮어 발효시킨다. 표면에 황색 누룩곰팡이가 생기면 작은 덩어리로 잘라서 햇볕에 말린다. 이렇게 만든 약누룩을 약재 이름으로는 신국(神麴)이라고 한다.

현존하는 가장 오래된 본초학 서적인《신농본초경》을 명나라 때 무희옹(繆希雍)이 자세히 풀이한《신농본초경소(神農本草經疎)》라는 책에서는 약누룩에 대해 이렇게 기록했다.

"옛 사람들이 쓴 누룩은 술을 빚는 누룩으로 그 맛은 달고 성질은 따뜻하며 소변이 잘 나오게 하고 비위의 체기를 통하게 하여, 장부의 풍냉(風冷 | 찬 기운)을 흩어지게 한다. 약누룩은 후대에 만들어진 것으로 모두 약용으로 쓰는데 그 효력은 술누룩의 두 배가 된다."

원래는 술누룩을 약재로 사용했으나, 술누룩을 응용하여 약누룩을 만들어서 쓰니 약재로서 효과가 두 배가 되었다는 것이다. 말하자면 식용 누룩이 약용 누룩으로 진화한 것이다.

신국은 발효 작용으로 만들어지는 약재다. 그래서 대표적인 효능은 소화 기능 촉진이다. 소화 불량, 설사, 복부 팽만감, 식중독과 같은 증상에 치료제로 쓰이며, 악성 종기나 나력에도 치료제로 사용되었다.

현종의 나력에 추천한 발효 한약

뒷목에 멍울이 생기다

현종 임금은 여기저기 멍울이 많이 생겨서 고통을 많이 받았다. 재위 초부터 생겼다 낫기를 거듭하다가, 재위 9년에 다시 뒷목 부위에 생기더니 재위 10년에는 턱, 쇄골, 뒷목, 겨드랑이에 이르기까지 여기저기 폭발적으로 멍울이 생겨났다. 현종 9년 2월 10일, 내의원은 임금에게 멍울이 다시 생겼다는 보고를 듣고 놀라 달려왔다.

> "어제 의관에게 전해 들으니 전하의 습담(濕痰)이 쌓여 생기는 멍울이 근래에 다시 생기고 있다 하여 불안하옵니다."
>
> 승정원일기 현종 9년 2월 10일

현종의 고질병이던 멍울이 또 생기고 있다는 보고에 내의원이 놀란 것이다. 임금의 고질병인 이 멍울을 어떻게 치료해야 할 것인가? 의관들은 의논 끝에 한 가지 처방을 임금에게 추천했다.

"어제 이동망 등 여러 어의들과 의논한즉 현삼주(玄蔘酒)가 멍울이 생기는 병에 가장 효과가 좋다고 합니다. 지금 당장 달여서 준비하게 함이 마땅합니다. 주방(酒房)에 분부하여 급히 빚어 오게 함이 어떻습니까?" 승정원일기 현종 9년 2월 10일

닷새 뒤에 임금이 침을 맞은 후 다시 약방의 신하들이 현삼주 진어를 아뢰었다.

상이 침을 맞은 후, 약방의 여러 신하를 인견했다. 이때 상의 목 부분에 멍울이 있었는데 현삼주가 이를 치료하는 데 가장 좋은 것이었다. 영상 정태화가 이를 진어할지 여부를 묻자, 상이 이르기를 "본디 술을 못 마시어 많이 마시지는 못하겠지만 효험이 있을 듯하다."라고 했다. 현종개수실록 9년 2월 15일

현삼주가 자못 효과가 있다

의관들이 추천하는 처방이 현삼주라는 술이라 하자 "본디 술을 못 마시어 많이 마시지는 못하겠지만"이라고 한 것으로 미루어 보면 현종

은 술을 잘 마시는 체질이 아니었던 것으로 보인다. 그럼에도 영의정까지 권하는 처방이기에 매일 약간씩은 복용했던 것 같다.

현종이 얼마 동안이나 현삼주를 복용했는지는 자세히 기록되어 있지 않지만, 《승정원일기》의 기록으로 미루어 보았을 때 현종 9년과 10년에 걸쳐 복용했던 듯하다. 현종 10년에 현종이 직접 현삼주의 효과에 대한 언급한 기록이 있다. 처음 의관들이 현삼주를 추천한 지 1년여가 지난 현종 10년 7월, 현삼주를 조금씩만 올렸기에 효과를 거두기가 쉽지 않았을 것이라 의관이 아뢰자, 현종은 이렇게 말했다.

"멍울이 가을에 생긴 후 현삼주가 자못 효과가 있다."

승정원일기 현종 10년 7월 20일

술을 많이 마시지 못하는 현종이기에 의관들은 현삼주의 효과를 크게 기대하지 않았지만, 오히려 현종은 현삼주를 긍정적으로 평가한 것이다.

실제로 재위 9년 초에서 10년 가을 사이에 현종은 목에 생긴 멍울보다 눈병을 주로 호소했다. 현삼주가 목에 생긴 멍울을 근본적으로 치료하지는 못했지만 상당 기간 악화와 재발을 막아주었던 것으로 보인다.

내의원에서 적극 추천한 이 현삼주는 어떻게 만드는 것일까? 보통 한약은 약재에 물을 붓고 불에 달여서 만들지만 현삼주는 항아리에 발효시켜 만든다. 먼저 현삼(玄蔘)이라는 약재와 찹쌀이나 멥쌀, 그리고 누룩과 물이 필요하다. 현삼을 진하게 달인 물로 찹쌀이나 멥쌀을 찐 다음, 누룩과 섞어 항아리에 넣어서 술을 빚듯이 며칠간 발효시키면 한약 술인 현삼주가 완성된다. 현삼주는 왕실에서 사용된 발효 한약이었던 셈이다.

현삼주 처방은 《동의보감》이나 《의림촬요(醫林撮要)》와 같은 대표적인 종합 의서에는 나오지 않고, 중국 의서에도 등장하지 않는다. 조선 후기에 나온 《의휘(宜彙)》라는 문헌에 처음 등장하는데, 《의휘》는 조선 말기에 금리산인(錦里散人)이라는 사람이 경험한 처방을 기록한

필사본 5권 5책으로 된 《의휘》 제문(題文)에 '신미계춘하한 (辛未季春下澣 | 신미년 3월 하순)'이라 쓰여 있는 것으로 보아 고종 8년(1871)에 만들어진 것으로 여겨진다. 지은이인 금리산인이 누구인지는 밝혀지지 않았다. 서울대학교 약학대학 소장. 출처-왕실도서관 장서각 디지털 아카이브.

책이다. 현삼주도 민간의 경험 처방이었던 것이 궁궐에서까지 사용된 예다.

한의학에서 보는 발효 한약의 효능

《동의보감》에 첫 번째로 등장하는 약이 경옥고(瓊玉膏)다. 생지황즙, 인삼, 복령을 꿀과 함께 단지에 넣고, 큰 솥에 3일간 중탕하여 만든다. 약이 다 만들어지기까지 대단한 정성을 기울여야 하고, 그만큼이나 효과도 좋다. 늙은이를 젊어지게 하고 반신불수 환자를 치료하며 빠진 이가 다시 나오게 한다니, 약효가 좀 과장되었다 하더라도 그만큼 사람의 원기를 보강해준다는 뜻이 될 것이다. 과거에는 부유한 집안에서만 먹을 수 있는 귀한 약이었다. 요즘은 세상이 풍족해져서 마음만 먹으면 한의원에서 쉽게 구할 수 있다.

경옥고에 이어서 두 번째로 등장하는 약이 삼정환(三精丸)이다. 삼정(三精)이란 하늘의 정인 천정(天精), 땅의 정인 지정(地精), 그리고 사람의 정인 인정(人精)을 말한다. 삽주의 뿌리인 창출(蒼朮), 구기자나무 뿌리의 껍질인 지골피(地骨皮), 뽕나무 열매(오디)인 상심(桑椹)이 각각 삼정에 해당한다. 갓 수확한 오디의 즙을 짜서 창출 가루, 지골피 가루와 잘 섞은 뒤 항아리에 넣고 봉한다. 낮에는 햇빛을 받게 하고 밤에는 달빛을 받게 하면서 자연히 끓어오르게 한다. 자연 발효가 되어서 거품이 보글보글 올라오기를 기다리는 것이다. 이렇게 해서 물기가 다 마르면 꿀로 반죽해 환약으로 빚는다. 삼정환의 효능은 몸이 가

벼워지고 장수하게끔 하며 얼굴이 어린아이처럼 젊어지게 한다는 것이다.

《동의보감》에 두 번째로 등장하는 약이 발효 한약인 셈이다. 첫 번째로 등장하는 약은 3일간 중탕해서 만들고, 두 번째로 등장하는 약은 항아리에서 천천히 발효시켜 만드는 것이니, 두 가지 다 지극한 정성을 들여 만드는 약이다.

삼정환 외에도 신선고본주(神仙固本酒)라고 하여 하수오, 구기자, 천문동(天門冬), 맥문동 등을 찹쌀, 누룩, 물과 섞어 술을 빚듯이 빚어내는 약이 있다. 이는 탈모에 쓰는 약이다. 또 오배자(五倍子 ㅣ 오배자면충이 붉나무 잎에 기생해서 생긴 벌레집), 오매(烏梅 ㅣ 덜 익은 푸른 매실을 짚불 연기에 그슬려 말린 것) 등을 역시 항아리에서 술을 빚듯이 발효시켜 만드는 백약전(百藥煎)이라는 약이 있다. 이는 기침과 하혈에 쓰는 약이다. 그리고 상엽(桑葉 ㅣ 뽕나무 잎)과 청호(靑蒿 ㅣ 제비쑥)라는 약재를 달인 물로 흑두(黑豆 ㅣ 검정콩)를 쪄서 이 흑두와 상엽, 청호를 함께 항아리에 담고 따뜻한 곳에서 발효시켜 만드는 두시(豆豉)가 있다. 두시는 해열과 해독의 특효약으로 쓰인다.

발효는 번거롭게 손이 많이 가는 작업이다. 그러나 발효를 하면 항노화, 발모, 해독과 같은 약재의 원래 효능이 배가된다는 것을 알았기 때문에, 힘들이고 정성 들여 약을 발효시켰던 것이다.

현종의 서혜부 종기를 치료한 대황과 용담초

서혜부에 종기가 나다

현종 2년, 임금은 계속되는 눈병으로 괴로워하고 있었다. 그런데 그 와중에 한 가지 병세가 더 추가되었다. 왼쪽 하복부와 다리가 만나는 고관절 서혜부에 멍울이 생긴 것이다.

가뜩이나 눈에 붉은 기가 없어지지 않고 시야도 흐려져서 고통이 이만저만 아닌데 이제는 서혜부 멍울까지 생기니 내의원 의관들도 고민이 많았다. 2월 20일, 의관들은 임금에게 두 가지 약을 올렸다. 하나는 먹는 약인 용담사간탕(龍膽瀉肝湯)이고, 다른 하나는 바르는 약인 대황고(大黃膏)였다.

간경의 **습열** 때문이니 용담사간탕을 써야 한다

현종의 서혜부에 난 멍울은 변독(便毒) 또는 변옹(便癰)이라는 것으로, 생식기 옆 서혜부에 나는 종기를 말한다. 당시 의관들은 이렇게 의논했다.

> "상의 왼쪽 다리 부분에 변독의 기운이 있으며 왼쪽 눈에 붉은 기가 있습니다. 변독과 눈의 붉은 기는 간 경락의 습열(濕熱)이 있어 그러한 것으로 용담사간탕을 드시고 대황고를 변독 부위에 발라서 독기를 없애는 것이 마땅합니다." 　　　　　　　　승정원일기 2년 2월 20일

의원들은 임금의 병을 간의 습열 때문으로 진단했던 것이다. 습열이란 습기와 열기가 결합된 나쁜 기운을 말한다.

2월 20일 올린 용담사간탕이란 처방은 본디 생식기에 생기는 병에 쓰는 약이다. 《동의보감》에 "간에 습열(濕熱)이 있어서 음경이 붓는 것과, 자궁이 빠져나와 헐어서 가려운 것과, 음경이 축축하고 가려우면서 진물이 나오는 것을 치료한다"고 한 약으로, 용담초·시호(柴胡)·택사(澤瀉)·목통(木通)·차전자(車前子 | 질경이 씨) 등을 약재로 쓰는데 이 중 주인공에 해당하는 약재가 바로 용담초다. 용담초는 생식기 주위에 생기는 제반 염증을 치료할 수 있는 약이기 때문에, 현종 2년 서혜부에 난 변독에 용담사간탕을 처방한 것이다.

그리고 대황고라는 약은 제반 종기에 바르는 약으로 대황·황백·당귀, 세 가지 약재로 만든다. 대황은 열을 내리는 작용이 매우 강력

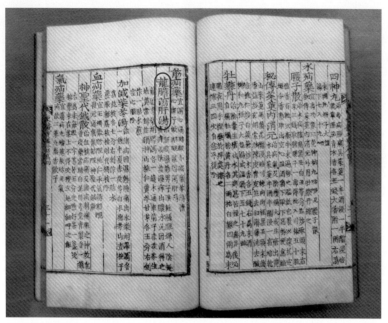

《동의보감》 외형편 권4 전음 근산약 '용담사간탕' 경희대학교 한의학역사박물관 소장.

해서 별명이 장군풀이다.

2월 20일 현종에게 서혜부 종기가 발견되고 이틀 후인 2월 22일에 변독 증세가 줄어들었다는 보고가 올라왔다. 그리고 2월 24일과 25일에 변독이 거의 풀렸고, 2월 26일 대황고를 변독 부위에 다시 발랐다는 기록이 보인다. 현종은 유독 여기저기 종기가 많이 생겼는데 서혜부에 생긴 종기가 다행히 빨리 치료된 것은 용담사간탕과 대황고를 이른 시기에 적절히 활용했던 덕으로 볼 수 있다.

아들인 숙종도 같은 부위에 종기가 났다

현종의 아들인 숙종 임금도 같은 부위에 같은 종기를 앓았다. 숙종 35년 10월 10일, 임금의 왼쪽 난문혈에 습담이 뭉쳐 있는 기운이 보인다는 보고가 올라왔다. 난문혈이란 서혜부에 위치한 혈자리다. 놀란 의관들은 함께 입진하여 임금에게 환부에 대해 여쭈었다.

> "날씨가 차가운 이때에 옥체는 어떠하십니까? 어제저녁 입시했던
> 의관 김유현 등이 전하는 말을 들으니, 왼쪽 난문혈에 습담이 모여
> 서 덩어리가 되었는데 비록 통증은 없으나 때때로 오한이 있다 하여
> 신들이 놀람과 걱정을 이기지 못했습니다. 오늘 여러 의관들과 함께
> 입진해서 진어할 약을 의논하여 정함이 마땅합니다. 하여 감히 문안
> 을 드립니다."   승정원일기 숙종 35년 10월 10일

10월부터 보이기 시작한 서혜부의 멍울은 이런저런 처치 끝에 12월에 곪아서 고름이 터지고, 이듬해 1월 즈음에 회복되었다. 그동안 침과 뜸을 비롯해 여러 처방을 시술했는데, 이때도 용담사간탕이 잠시 동안이지만 사용되었다.

한의학에서 보는 대황과 용담초의 효능

대황(大黃)은 작용이 강력하여 장군풀이라 불린다고 했다.

190

만약 섭취한 음식이 며칠이 지나도록 장 속에서 묵으면서 대변으로 나가지 않는다면 어떻게 될까? 만약 자궁 내막이 충분히 증식되었는데도 몇 달이 지나도록 월경으로 나가지 않는다면 어떻게 될까? 만약 방광에 가득 찬 소변이 하루가 다 지나도록 몸 밖으로 나가지 않는다면 어떻게 될까? 만약 충수염 부위에 잔뜩 쌓인 고름이 배출되지 않고 있다면 어떻게 될까? 만약 출산할 때 태아는 잘 나왔는데 태반이 나오지 않는다면 어떻게 될까?

이러한 상황에 투여되는 처방에 공통으로 들어가는 약재가 바로 대황이다. 대황은 하복부를 흔들어서, 막힌 곳을 뚫고 쌓인 것을 내보내는 작용을 한다. 그렇게 해서 어혈을 움직이고 대소변을 내보낸다. 그래서 임신부는 함부로 복용하면 안 되는 약이기도 하다.

용담초(龍膽草)는 용(龍)의 쓸개[膽]와 같은 풀[草]이라는 뜻이다. 맛이 너무나 쓴 것이 마치 쓸개와 같고, 효험이 곰보다 더 강한 동물인 용과 같다고 하여 용담초라 불린다. 용담초는 간의 열을 풀어주는 약이다. 간에 열이 쌓이면 혈압이 오르고 쉽게 분노하고 쉽게 조급해지며 얼굴색이 붉어지고 눈이 충혈된다. 입이 쓰고 마르며 소변 색깔이 진해지고 변비도 심해진다. 윗배가 답답해지면서 소화가 잘 안 된다. 몸이 가렵거나 종기가 잘 생기고 안색이 검어지며, 비뇨기와 생식기 주위에 염증이 잘 생긴다. 그래서 간의 열을 잘 풀어주는 용담초를 주요 약재로 하는 용담사간탕은 음부 습진, 요도염, 질염, 방광염, 황달 등을 치료하는 데 쓴다.

왕실의 공인 소염제였던 인동차와 우황

왕세자의 뺨에 종기가 나다

숙종 19년 2월 1일, 귀하디귀한 왕세자의 몸이 불편하다는 내의원의
보고가 올라왔다.

> "의관이 전하는 말을 들으니 왕세자께서 왼뺨 부위가 높게 부었는
> 데, 약간 붉은 기가 돌며 만지면 화끈거리는 열감이 있고 눌러보면
> 통증이 있다 합니다. 며칠이 지나도록 가라앉지 않고 있다는데 이는
> 풍열(風熱)[8]이 뭉친 바에 의한 것 같으니 진찰하지 않을 수 없습니
> 다."
> 승정원일기 숙종 19년 2월 1일

---

8 붓고(風) 열나는(熱) 상태를 일으키는 기운.

나이 어린 왕세자, 곧 경종의 왕세자 시절, 왼뺨에 종기가 생기려는 기미가 보였다. 숙종이 어렵게 얻은 아들이었으니 온 궁중이 놀랐을 것이다. 바로 의관들이 모여 왕세자의 상태를 진단하고 처방약을 결정했다. 의관 최성임, 권유, 최유태, 백광현 등은 서로 상의한 후에 이렇게 말했다.

> "소독고를 환처에 붙이고, 금은화차(金銀花茶)를 우황(牛黃)과 함께 마시도록 하고, 녹두죽과 태수(胎水)[9]를 계속 진어하도록 해야 합니다."
>
> 승정원일기 숙종 19년 2월 1일

> "우황은 종기를 앓는 사람에게는 성약(聖藥)[10]이니 인동차(忍冬茶)와 함께 자주 권하여 계속 들도록 하는 것이 지극히 마땅합니다."
>
> 승정원일기 숙종 19년 2월 3일

인동차와 우황을 올리다

다음 왕위를 이을 왕세자에게 병이 생겼다는 보고가 올라오자마자, 그리고 그 병이 종기일 기미가 있음을 알아차리자마자 의관들이 한목

9　태반을 땅 속에 묻은 지 7~8년이 지나 물이 된 것. 《승정원일기》에는 숙종 15년 7월 16일, 훗날 태수로 쓰기 위해 남자아이를 낳은 태반을 의녀들이 걷어와 주방(酒房) 근처 깨끗한 땅에 묻었다는 기록이 있다.

10　효과가 아주 뛰어난 약.

소리로 추천한 것이 바로 인동차(금은화차)와 우황을 함께 먹으라는 것이었다. 우황이 종기를 앓는 이에게 성약이라는 평도 곁들였다. 왕세자의 종기는 빨리 나았을까?

처음 보고가 올라온 것이 2월 1일, 그리고 2월 5일 환부에 고름이 잡혀 배농을 위해 침을 놓았다. 고름은 순조롭게 잘 흘러나왔다. 2월 7일까지 고름이 잘 흘러나왔고, 2월 8일부터 침을 놓은 종기 부위가 아물기 시작했다. 그리고 2월 11일, 환부가 완전히 아물었다고 기록되어 있다.

물론 소독고나 먹는 약인 형방패독산(荊防敗毒散)과 침법이 한데 어우러져 열흘 만에 왕세자의 종기를 완치했지만, 초기에 즉각 투여된 인동차와 우황의 역할이 매우 컸다. 왕세자의 뺨 부위에 생긴 종기는 화농성 이하선염으로 보인다. 귀밑샘에 생기는 종기다.

경종의 팔뚝에 종기가 나다

후에 보위에 오른 경종은 재위 3년 6월 24일에 다시 종기를 맞았다.

> 내의원에서 입진했으니, 임금의 왼쪽 어깨 밑 팔꿈치 바깥쪽에 단단한 멍울이 맺혔고 불그스레한 기운이 어려 있었기 때문이다.
>
> 경종실록 3년 6월 24일

입진했다 물러난 의관들은 모여서 상의한 다음, 다시 입진하여 임금에게 아뢰었다.

"여러 어의와 침의들이 반복하여 상의한바, 지금 이 붉게 생긴 몽우리는 습열이 뭉쳐서 생긴 것으로 보입니다. 인동차에 우황 3푼을 가하여 연이어 올려야 하고, 또한 대황고를 붉게 멍울이 생긴 곳에 발라서 독이 흩어지도록 함이 마땅합니다. 인동차 5첩에 대황고 1제(劑)[11]를 바로 지어 올리겠습니다." 승정원일기 경종 3년 6월 24일

임금의 종기에 의관들이 입을 모아 결정한 처방이 이번에도 인동차와 우황을 함께 먹는 것이었다. 6월 24일 생긴 팔뚝의 종기는 화농이 되고, 침을 놓아 고름을 터뜨리는 종기 치료 과정을 겪은 뒤 그해 8월 25일 무렵 완치되었다.

한의학에서 보는 우황의 효능

인동초의 효능은 4부에서 자세히 설명할 테니 여기서는 우황의 효능에 대해서만 알아보자. 우황(牛黃)이란 소의 쓸개와 쓸갯길에 염증이 생겨서 만들어진 결석을 말한다. 다시 말해 우황은 소의 담석이다. 우황은 심장을 맑게 하여 혼수와 경련을 진정시키는 효과가 있다.

---

11 한약의 분량을 나타내는 단위. 먹는 약일 경우 한 제는 탕약 20첩, 또는 탕약 20첩이 나올 만한 분량의 약재로 지은 환약의 분량을 이른다.

우황 출처-식품의약품안전평가원 생약종합정보시스템.

우황 하면 생각나는 약은 뭐니 뭐니 해도 우황청심원(牛黃淸心元)일 것이다. 우황청심원은 기사회생의 명약으로 알려져 있다. 신라의 문무왕이 우황을 중국에 조공으로 보냈다고 하며, 태조 이성계는 말년에 사경을 헤매다가 우황청심원을 복용하고 살아났다고 한다. 연암박지원이 중국에서 우황청심원과 귀한 서책을 맞바꾸었다고 하며, 홍대용이 북경에 갔을 때 우황청심원을 들고 독일 선교사를 찾아가자 맨발로 뛰어나와 환대해주었다고 한다. 우황청심원은 재료도 귀하고 효과도 뛰어나 인기 만점이었던 것이다.

하지만 진품 우황을 구하기란 쉽지 않다. 진품 우황은 병든 소의 쓸개와 쓸갯길에서 채취하는 것이니, 우황을 얻으려면 먼저 소가 병들어야 하고 그 소를 사람이 죽여야 한다. 그래서 과학자들은 우황의 성분을 분석하여 인공으로 합성한 우황을 만들어냈다. 우황이 그만큼 구하기 힘들지만 또 그만큼 효능이 뛰어나기 때문일 것이다.

민간의 종기 치료

침으로 치료하다

조선시대에 왕실이 아닌 민간에서는 어떻게 종기를 치료했을까? 그
자취를 찾기란 사실 쉽지 않다. 의서들은 그 내용이 의학의 이론과 처
방 위주인 경우가 많아 치료 사례가 풍부하게 기록되어 있지는 않기
때문이다. 몇 군데 문헌에서 그 자취를 찾아볼 수는 있었다. 정조 때
이경화(李景華, 1721~?)가 지은 《광제비급(廣濟秘笈)》, 철종 때 황도연
(黃度淵, 1807~1884)이 지은 《부방편람(附方便覽)》, 고종 때 금리산인
(錦里散人)이 지은 《의휘(宜彙)》, 저자와 저술 연대가 알려지지 않은
《위생신서(衛生神書)》, 허준의 《동의보감》과 《조선왕조실록》에 기록
된 치료 사례를 옮겨본다.

먼저 침을 사용하여 치료한 사례다. 종기 부위에 화농이 진행되어

고름이 잔뜩 쌓이면 이 고름을 침으로 터뜨려서 배출해야 한다. 고름을 터뜨리는 침은 가느다란 호침이 아니다. 고름을 터뜨릴 때는 메스처럼 생긴 넓적한 피침으로 환부를 째야 한다. 고름을 제대로 터뜨리지 못하면 병이 낫지 않는다.

같은 고을에 사는 어떤 남자가 걸음을 걸을 때마다 다리의 장딴지가 시큰거리고 아팠는데 다른 증상은 전혀 없었다. 내가 그 아픈 곳의 색깔을 살펴보니 청록색 고름이 이미 차 있는 것이 아닌가. 주위 사람들이 모두 믿지 않았지만 내가 침과 칼로 환부를 터뜨리자 정말로 고름이 빠져나왔다. 이것이 소위 말하는 깊은 곳에 생긴 종기다.

《의휘》 옹저편

깊은 곳에 자리 잡고 있어서 겉으로는 잘 보이지 않았던 고름을 침으로 터뜨려 치료한 사례다.

고름을 터뜨리는 용도 외에 종기의 뿌리[根]가 빠져나올 수 있도록 침을 쓰기도 했다. 뿌리가 뽑히지 않는 한 종기는 낫지 않기 때문이다.

뿌리가 깊은 종기를 치료할 때에, 쑥 한 주먹만큼을 대나무 통에 넣고 태워서 흘러나오는 즙을 한두 홉 정도 받은 후 여기에 석회를 개어 풀처럼 만든다. 먼저 침으로 환자가 통증을 느끼는 깊이까지 종기 부위를 찌른 다음 이 약을 세 번 정도 넣어주면 종기의 근(根)이 저절로 뽑혀 나온다. 한광이라는 사람이 이 약을 이용하여 신묘한 효험을 보았다. 내가 이 처방을 얻어서 30여 명을 치료해보니 모두

효과가 있었다.   《부방편람》 옹저편

뜸으로 치료하다

침 치료와 더불어 뜸 치료도 주요한 종기 치료 수단이다. 잘 낫지 않는 종기나 오래된 종기를 뜸으로 치료하여 효과를 얻는 경우가 있다.

> 어떤 환자에게 등창이 생겼는데 의사가 치료를 시작한 지 한 달이 지났는데도 증세가 더욱 심해졌다. 장생이라는 사람이 등창 위에 뜸을 떴는데 처음에는 통증을 못 느꼈다. 150장 뜸을 뜨자 통증을 느끼기에 멈추었다. 이튿날 검어진 딱지를 떼어버렸더니 고름이 다 쏟아져 나오고 새살이 벌겋게 살아나면서 다시 아프지 않았다. 이에 고약을 붙여서 하루에 한 번씩 갈아주고 검게 썩은 살을 뜯어내니 한 달 후에 완전히 회복되었다.   《동의보감》 옹저편

'장'이란 뜸을 한 번 태우는 것을 말한다. 보통 뜸을 뜰 때에는 1장, 3장, 9장 등 홀수로 뜸을 뜬다. 그런데 병세가 위중할 때에는 100장씩 뜨기도 한다. 그래서 150장 뜸을 떴다면 한 번 치료할 때 뜸 150개를 태웠다는 것이니 시간이 아주 오래 걸렸을 것이다. 환자가 한 달이 지나도 호전되지 않기에 뜸 치료를 시작했고 무려 150장이나 뜸을 떴더니 악화되던 병세를 돌이킬 수 있었다는 얘기다.

종기가 생긴 환자는 환부에서 통증을 느끼지 못하는 경우도 있다.

이럴 때에는 환자가 통증을 느낄 때까지 뜸을 떠야 한다.

어떤 환자가 평소 술을 좋아했는데 어느 날 뒷목 부위에 작은 종기
가 생겼다. 처음에는 통증도 가려움도 없다가 나흘이 지나자 뒷목의
환부가 감각이 없으면서 뻣뻣해졌고, 부기는 내렸으나 열기로 화끈
거려 밤에 잠을 잘 수가 없었다. 의사가 먼저 뜸 100장을 뜨자 비로
소 통증을 느끼기 시작했다. 그 다음에 황련소독음(黃連消毒飮)을 복
용케 하니 병이 나았다.　　　　　　　　　　《동의보감》 옹저편

　종기가 생긴 곳에 아무런 통증도 감각도 느끼지 못하는 것은 좋은
징조가 아니다. 그래서 뜸을 무려 100장을 떠서 환자가 비로소 통증
과 감각을 느끼게끔 해준 것이다. 황련소독음이란 소염 작용이 있는
약의 한 종류다.

외치법으로 치료하다

환부에 약재를 바르거나 약물로 씻어서 치료하는 경우도 있었다.

어떤 사람이 다리와 배에 충(蟲)으로 인한 부스럼이 생겼는데 오래
도록 낫지 않고 환부가 아물지 않아 진물이 줄줄 흘러나오는 상태가
되었다. 온갖 약이 효과가 없던 중에 마을의 한 사람이 보고서 말하
기를, 이는 선루(鱔漏)라는 병이니 석회 3~4되를 끓여서 연기를 쏘

이고 환부를 씻어주면 홀연히 통증과 가려움이 나을 것이라 했다. 이 사람의 말대로 석회를 써서 서너 차례 치료하니 환부가 아물면서 낫게 되었다. 《위생신서》皮편

곧 석회 끓인 물로 김을 쐬고 환부를 씻어주니 오랫동안 진물이 나오던 환부가 아물면서 나았다는 것이다. 석회란 산화칼슘이나 수산화칼슘을 말하는데 종기, 옴, 나병(문둥병), 사마귀 등에 치료제로 사용했다. 석회 끓인 물로 훈연하거나 세척하여 환부를 치료한 것이다.

환부의 상태에 따라 다른 외용제를 쓰기도 했다.

어떤 사람이 양쪽 다리에 부스럼이 생겼는데 냄새가 심하고 살이 문드러져 가까이 가기가 힘들 정도였다. 밤에 다섯 사내가 사당 아래에서 잠을 잤는데 꿈에 신이 내린 처방을 받았다. 누람자 한 개를 생으로 갈아 가루 낸 후 경분(輕粉)[12]을 약간 섞은 후에 우물물에 개어서 발라주라 했는데 그대로 따라 치료하니 과연 나았다. 《부방편람》足편

마치 전설 같은 얘기인데, 실은 환자의 환부가 썩어가는 상태였음을 짐작할 수 있다. 누람자란 부자(附子)의 작은 덩이를 말한다. 부자는 미나리아재비과에 속하는 바꽃의 덩이뿌리로, 성질이 매우 뜨겁고 독성이 있어 죄인에게 내리는 사약의 재료로도 쓰였다. 하지만 독성

---

12 염화제일수은. 흰색 가루로 물에 잘 녹지 않는다.

을 잘 제거하면 한기를 풀어주고 경락을 잘 돌게 하는 특효약이 된다. 살이 문드러져 지독한 냄새를 풍기는 상태였는데 여기에 양기를 살려주는 부자와 소염 작용을 하는 경분을 함께 발라주니 문드러진 환부가 다시 살아났다는 것이다.

《조선왕조실록》에 기록된 한 치료 사례를 보자.

기건(奇虔)을 개성부 유수(留守)로 삼았다. 기건이 일찍이 제주 목사(牧使)로 있었을 적에 전복을 먹지 않았다. 또 제주가 바다 가운데에 있으므로 사람들이 나질(癩疾)[13]이 많았는데, 비록 부모와 처자식일지라도 서로 전염될 것을 염려하여 사람 없는 땅으로 옮겨두어서 저절로 죽기를 기다렸다. 기건이 관내를 순행하다가 바닷가에 이르러 바위 밑에서 신음 소리가 나는 것을 듣고서 살펴보니, 나병을 앓는 자였다. 그 까닭을 물어 알게 되자 곧바로 구질막(救疾幕)[14]을 꾸미고 나병을 앓는 자 100여 명을 모아두되 남녀를 따로 거처하게 하고, 고삼원(苦蔘元)을 먹이고 바닷물에 목욕을 시켜서 태반을 고치니, 그가 체임(遞任)[15]되어 돌아올 때에 병이 나은 자들이 함께 모여 울면서 그를 보냈다.

문종실록 1년 4월 2일

전복은 제주 사람들이 힘들게 따다 바치는 귀한 해산물이었다. 기

---

13 나병.
14 병자 보호소.
15 벼슬아치의 직책이 바뀌어 다른 벼슬을 맡음.

건은 고생하는 제주 도민들을 위해 일부러 전복을 먹지 않았던 것이다. 또한 나병에 걸린 환자들을 그냥 죽도록 버려두지 않고, 병자 보호소를 설치하여 약을 먹이고 바닷물로 목욕을 시켜서 치료했으니 그 애민 정신은 가히 칭송받을 만했다. 제주 목사의 자리를 떠날 때에 그가 고쳐준 병자들이 울면서 그를 배웅했다고 하니 도민들의 존경을 한 몸에 받았음이 틀림없다.

나병은 살이 썩고 문드러지는 지극한 악성 종기로 볼 수 있다. 이 이야기는 나병에 주로 쓰던 약인 고삼원을 썼을 뿐 아니라 제주도라는 자연 환경을 살려서 바닷물로 목욕시키는 방법을 같이 사용한 민간 치료 사례다.

하법(下法)으로 치료하다

하법이란 소변이나 대변으로 찌꺼기를 배출하는 방법을 말한다. 만약 종기가 요도나 항문 가까운 곳에 생겼다면 하법, 곧 소변과 대변으로 찌꺼기를 배출하는 방법이 가장 빠른 치료법일 것이다. 하복부에 쌓인 독으로 생긴 부스럼을 하법으로 치료한 예가 있다.

한 부인이 배꼽에서부터 아랫배 그리고 요도와 항문까지 쫙 습창이 생겼다. 환부가 가렵고 아팠으며 대변과 소변이 시원하지 못했고, 누런 진물이 나왔고 식사량도 줄었고, 얼굴과 몸에 약간 부기도 있었다. 의사는 악성 부스럼이라고 여겨 뱀장어, 송지(松脂), 황단(黃

丹)[16]과 같은 약을 환부에 발랐는데 열과 통증이 더 심해졌다. 환자에게 물어보니 평소 술과 고기 먹는 것을 좋아한다고 하여 이에 열이 많은 체질로 보고, 약성이 서늘한 마치현(馬齒莧) 4냥[17]을 찧은 후 여기에 청대(靑黛)[18] 1냥을 넣고 다시 찧어서 환부에 골고루 발라주니 곧 열이 줄어들고 통증과 가려움이 모두 사라졌다. 이에 대변과 소변이 나가는 길을 잘 소통시켜주는 팔정산(八正散)이란 약을 하루 세 번 복용시켰는데, 2일째가 되니 증상의 3분의 1이 줄고 5일째가 되니 3분의 2가 줄고 20일이 지나니 나았다. 이는 대개 중초(中焦)와 하초(下焦)[19]에 열독이 쌓여서 그런 것이다. 만약 이 독기가 나가지 않으면 장옹이나 치질이 될 것이니 이에 반드시 주색을 금하고 열독을 일으키는 음식을 금해야 한다. 만약 금하지 못한다면 후에 반드시 치질이 생길 것이다. 《부방편람》 옹저편

환자는 평소 술과 고기를 좋아하여 열이 쌓인 체질이었다. 그런데도 의사가 뱀장어와 같은 성질이 뜨거운 것을 처방하여 더욱 열을 조장했던 것이다. 이에 약성이 서늘한 약을 써서 환부의 열을 식히고, 하복부에 쌓인 열독을 대변과 소변으로 배출시켰더니 환부가 회복되었다. 팔정산이란 대황, 목통(木通 ┃ 으름덩굴의 줄기), 활석과 같이 대소

---

16 송지는 송진, 황단은 납을 가공하여 만든 약재를 말한다.
17 마치현은 쇠비름. 한 냥은 40그램, 넉 냥은 160그램 정도가 된다.
18 마디풀과의 쪽 잎을 가공하여 얻은 가루.
19 가슴 부위를 상초(上焦), 횡격막(가로막) 아래 배꼽 위의 상복부를 중초(中焦), 배꼽 아래의 하복부를 하초(下焦)라 한다.

변을 열어주는 작용을 하는 약재로 구성된 처방으로, 본래는 급성 방광염에 쓰인다. 독기가 하복부에 있으니 팔정산을 써서 대변과 소변 길을 열어주었던 것이다.

비슷한 경우로 장옹(腸癰)을 하법으로 치료한 예가 있다. 장옹이란 지금의 급성 충수염에 해당된다. 충수란 소장의 끝과 대장의 시작 부분을 연결하는 부위(막창자＝맹장)에 있는 작은 돌기를 말하는데, 여기에 생긴 염증을 충수돌기염이라고 하며 흔히 말하는 맹장염이 바로 이것이다. 이 충수에 생긴 염증 찌꺼기를 배설할 수 있는 가장 가까운 통로는 바로 항문이다. 그래서 장옹으로 복통이 시작되면, 약을 써서 피고름을 대변으로 뽑아내는 방법을 썼다.

> 어떤 부인이 배가 아파서 여러 가지 약을 썼으나 효과가 없었다. 그런데 의사가 진찰하고 나서 말하기를, 배가 아플 때에는 반드시 맥이 가라앉고 가늘어야 하는데 반대로 매끈한 느낌이면서 빠르니 이는 장옹이라 했다. 옹저와 악창에 많이 쓰는 운모고(雲母膏)를 알약으로 만들어 한 번에 1냥씩 따뜻한 술과 함께 먹였다. 그러자 피고름이 대변으로 쏟아져 나온 후 장옹이 나았다. 《동의보감》 옹저편

충수에 염증이 생겨 피고름이 쌓인 상태였는데, 운모고라는 약을 복용하자 충수에 쌓인 피고름이 대변으로 쏟아진 후 복통과 장옹이 나았다는 것이다. 운모고는 여러 가지 옹저와 악성 종기에 자주 쓰는 처방이다. 몸속의 노폐물을 배출하는 것 자체가 치료가 될 수 있는 것이다.

동물성 약으로 치료하다

때로는 생물이 가지고 있는 독특한 성분이나 그 성분에 따른 약리 작용을 종기 치료에 이용하기도 한다. 반묘(斑猫)라는 곤충은 '가뢰'라고도 하는데 딱정벌레목에 속하며, 자체에 독성을 약간 가지고 있다. 이를 나력, 곧 멍울이 생기는 종기에 사용했는데, 반묘에 독성이 있기에 산 채로 사용할 수는 없고 계란에 넣고 쪄서 반묘 계란을 만들어 약용했다.

> 어떤 도인이 이 나력의 증상을 앓았는데 계란 7개를 준비한 후 각각 반묘 한 마리씩 속에 넣고 밥 위에 올려서 쪄 익혔다. 매일 공복에 반묘 계란을 한 개씩 복용했는데 이렇게 해서 치료된 사람이 매우 많았다. 살펴보건대 각종 책의 나력 부분 및 본초 책에도 이 처방이 있었다. 다만 체력이 허약한 자의 경우에 치료하지 못할까 두려우니 신중히 살펴서 투여해야 할 것이다. 《의휘》 옹저편

반묘가 가진 독성을 약용하고자 하는데 그 자체로는 독성이 강하여 쉽게 쓸 수 없기에 계란과 함께 쪄서 최대한 중화시켜서 사용한 것이다.

말벌이 지은 집인 노봉방(露蜂房)도 종기의 좋은 치료제로 사용되었다.

> 뿌리가 깊은 종기인 정저(疔疽)로 위독할 때에 이 약을 두 번 먹으면

낫는다. 가벼운 경우는 한 번 먹으면 낫는다. 토봉방(土蜂房) 한 개,
사태(蛇蛻) 온전한 것 한 개를 진흙으로 싸서 불에 구운 후 잘게 가루
낸다. 매번 1돈[20]을 공복에 좋은 술과 함께 복용하면 잠시 후에 뱃속
이 크게 아픈데, 복통이 그치면 그 부스럼이 물로 변하게 된다. 어떤
사람이 오른쪽 첫째 발가락에 정저가 생겼는데 침으로 터뜨린 후에
도 고름이 계속 나오고 오랫동안 낫지 않았다. 그러더니 새끼발가락
에도 고름이 생겨서 터뜨렸고, 또 왼쪽 팔꿈치 안쪽에도 생기고 손
목에도 생겨서 고름을 터뜨렸다. 사지가 모두 아물지 않았는데 이
약을 몇 번 먹고 나았다.   《위생신서》 옹저하편

토봉방이 바로 노봉방이고, 사태는 뱀의 허물 벗은 껍질이다. 반묘
와 노봉방에 대해서는 4부에 자세히 설명하겠다.
   동물성 약재를 이용하여 치료한 또 다른 예를 보자.

어떤 부인이 밥을 먹을 때에 개미[蟻蟲]를 잘못 먹어버렸는데, 그 후
뒷목 아래에 덩어리 하나가 생기더니 맑은 진물이 한 사발 나오고는
부스럼이 오래도록 아물지를 않았다. 천산갑을 가루 내어 부스럼 위
에 바르니 마침내 나았다. 이는 선증(鱓症)이었던 것이다.

《위생신서》 제창편

   천산갑(穿山甲)이란 유린목 천산갑과의 포유류인데, 이 동물의 몸

---

20 4그램.

윗면을 뒤덮은 비늘을 가루 내어 약재로 쓴다. 마치 잉어처럼 생긴 동물인데 땅을 파내기 좋아하는 습성이 있기에 뚫을 천(穿) 자를 써서 천산갑이라고 한다. 자신의 습성처럼 이 천산갑은 막힌 곳을 뚫어주는 효능이 아주 뛰어나다. 그래서 종기에 고름이 생겼는데도 피부가 딱딱하게 굳어서 배농의 통로가 열리지 않을 때 이 천산갑이란 약재를 쓰면, 피부가 말랑해지면서 고름 구멍이 저절로 뚫린다. 그래서 침을 쓰지 않고도 마치 침을 써서 종기를 터뜨린 것과 같은 효능을 얻을수 있다. 산후에 젖이 잘 나오지 않아 유선염이 생기려 할 때도 천산갑을 쓰면 막힌 유선을 뚫는 효과를 얻을 수 있다.

하지만 이 천산갑은 현재 개체 수가 급격히 줄어 멸종 위기에 처한 보호 동물이다. 최근에 천산갑을 밀반출하려다 적발된 경우를 신문에서 종종 볼 수 있었다. 그만큼 이 약재의 효능이 뛰어나다는 얘기도 되겠다.

광물성 약으로 치료하다

동물에서 얻는 약재뿐 아니라 광물성 약재도 종기 치료에 탁효를 보인 경우가 있었다.

어떤 사람이 등창을 앓았는데 등창 부위가 터지고 안으로 꺼져 들어가서 속의 장부가 보일 지경이었다. 온갖 처방을 써봐도 낫지 않았는데, 어떤 의사가 개오동나무 잎을 채취하여 졸여서 고약을 만들어 환부의 안팎에 발라주고, 운모고로 작은 환약을 만들어 4냥을 모두 복용하게 하니 얼마 지나지 않아 나았다. 《부방편람》 옹저편

운모고는 운모(雲母)를 주성분으로 하고, 유산나트륨을 가공하여 얻은 결정체인 염초(焰硝), 야자과의 덩굴식물인 기린갈나무에서 뽑아낸 붉은색 수지 혈갈(血竭), 감람과 식물인 몰약나무에서 채취한 수지인 몰약 등이 들어가 만들어지는 약으로, 악성 종기의 치료약으로 쓰인다. 운모란 화강암을 이루는 한 성분인 규산염을 말하는데, 약용할 때에는 좋은 식초를 뿌려가며 불 위에서 볶기를 일곱 차례나 한 뒤에 사용해야 한다.

앞서 장옹에도 운모고를 써서 피고름을 대변으로 쏟아지게 하여 치료한 예가 있었다. 운모고는 겉에 생긴 종기에도 쓸 수 있고 장부에 생긴 종기에도 쓸 수 있다는 얘기다.

실제로 운모를 비염, 중이염, 아토피에 쓰기도 한다. 이런 경우 일시적으로 비염 환자가 콧물을 더욱 많이 흘리고, 중이염 환자에게 진물이 더욱 많이 나오며, 아토피 환자의 발진이 더욱 심하게 생겼다가 시간이 지난 후 호전되기도 한다. 콧물, 진물, 발진은 모두 배출되는 현상이므로 운모고를 써서 피고름이 대변으로 쏟아진 후 나은 원리와 같은 맥락이라고 보면 된다.

이름 있는 약으로 치료하다

종기 치료에 대표적으로 사용된 처방약들이 있다. 먼저 위(胃)에 문제가 생겼을 때 쓰는 약을 보자.

> 위옹(胃癰)이란 일명 두옹(肚癰)이라고도 하는데, 배꼽 위 상복부의 한가운데인 중완혈(中脘穴) 부위가 은은하게 아픈 것이 이 병이다. 추웠다 더웠다 하는 것이 마치 학질과도 증상이 비슷한데, 썩고 더러운 기운이 위장 중에 모이고 맑은 기운은 아래로 꺼져 폐가 영양을 잃게 되므로 기침을 하거나 피고름을 토하기도 한다. 어떤 마을의 한 사람이 위옹을 앓았는데 오랫동안 고름이 치료되지 않았다. 배꼽 부위가 저절로 터져서 아물지 않고, 음식을 먹으면 배꼽으로 새어 나왔다. 납반환(蠟礬丸)을 복용했는데 겸하여 소의 창자와 돼지의 밥통, 그리고 개의 창자를 함께 복용하니 효과를 보았다.
>
> 《광제비급》 옹저편

이 치료 사례에서 환자가 먹고 나았다는 납반환이란 약은 황랍과 백반, 두 가지 약재로 이루어진 처방이다. 옹저, 등창, 나력, 악창 등 여러 가지 종기에 쓰여 체내 기관의 속막을 보호하고 독을 푸는 작용을 해준다.

황랍은 꿀벌의 집에서 꿀을 짜내고 남은 찌꺼기를 끓여 만든 기름 덩이를 말한다. 꿀을 다 짜낸 벌집을 물과 함께 끓이면 벌집에 있던 황랍 성분이 녹아 나온다.

황랍은 꿀벌이 우리에게 주는 천연의 약재다. 황랍은 꿀벌이 벌집을 지을 때 세균이나 바이러스, 곰팡이가 침범하지 못하도록 막아주는 천연 항생제인데, 이 항생 작용을 이용해 종기 치료제로 쓰는 것이다. 노봉방을 항생 소염 목적으로 사용하는 것과 비슷하다. 《조선왕조실록》에 쓰인 종이에도 방수와 방부를 목적으로 지리산의 황랍을 입혔다고 하니, 사람만 보호하는 것이 아니라 우리의 귀중한 문화유산을 보호하는 데에도 황랍이 쓰였던 것이다.

> 한 사람이 얼굴에 부기가 있고 눈썹과 머리카락이 모두 빠지면서 온몸에 부스럼이 생기기에 사람들이 모두 대풍창(大風瘡)이라 여겼다. 해독의 명약인 자금정(紫金錠)을 술과 함께 4~5알 먹은 후에 부스럼 부위가 모두 아물고 눈썹과 머리카락이 다시 생기니, 이는 실은 은진(癮疹)이라는 병이었던 것이다.　　　　　　　　《위생신서》皮편

대풍창이란 나병을 말한다. 환자의 눈썹과 머리카락이 모두 빠지기에 혹시 나병인가 의심했는데, 자금정이라는 약을 사용하여 나은 것을 보니 은진, 곧 두드러기의 한 종류였다는 내용이다.

자금정은 '만병해독단'으로도 불리는 약으로, 일체 해독의 명약이다. 제반 중독에 해독 작용을 하는데, 오배자라는 약재가 주요 재료로 쓰인다. 오배자는 오배자면충이 붉나무에 기생하면서 만든, 혹처럼 생긴 벌레집이다. 오배자는 오배자면충으로부터 자신을 보호하기 위해 타닌을 분비하고, 그러면서 이 벌레집의 크기가 애초의 다섯 배가 되기 때문에 오배자(五倍子)라 불린다. 맛은 시고 떫으며 성질은 차가

워 지혈과 해독 작용을 한다. 각종 출혈과 종기, 습진 등에 뛰어난 효
능을 나타낸다. 그래서 해독 효과가 좋은 오배자로 은진을 치료한 것
이다.

> 한 남자가 폐옹의 병을 앓아 가래와 고름을 토했는데 가슴과 배가
> 빵빵하게 불러왔고 좌우의 맥이 모두 파도치듯이 크게 몰아치면서
> 맥박 수가 빨랐다. 폐옹에 주로 쓰는 길경탕(桔梗湯)을 위주로 투여하
> 고 소화기의 기운을 보강하는 보중익기탕(補中益氣湯)을 보조로 하여
> 치료했더니 병이 나았다. 《의휘》 옹저편

폐옹이란 폐에 고름이 찬 병을 말한다. 길경탕의 주요 재료인 길경
은 도라지다. 보통 식용하는 도라지는 껍질을 벗겨 떫은맛을 없애고
먹는데 대부분 1~2년 근을 식용으로 쓴다. 하지만 약용하는 도라지
는 껍질을 벗기지 않은 채 사용하며 적어도 4~5년 근 이상을 쓴다.
그래야 약재로서 효과를 제대로 낼 수 있기 때문이다. 4~5년 근 이상
된 도라지는 고름을 배출하는 데 뛰어난 효능이 있고, 야생 도라지일
수록 약효가 더욱 우수하다.

> 한 임신부가 산달에 임박하여 단독(丹毒)의 병을 심각하게 앓았다.
> 먼저 왼쪽 눈꺼풀 위에 고름이 생겨 터뜨렸는데 이후에는 얼굴 전체
> 에도 생겨서 마치 두꺼비 등껍질처럼 되었다. 크기가 작은 것은 낟
> 알 같았고 큰 것은 콩알만 했으며 큰 것은 마치 물집이 잡힌 것처럼
> 보였다. 부득이하게 침을 썼는데 미처 다 낫기도 전에 산기가 느껴

져 분만을 하게 되었다. 그런데 출산 후에 오로(惡露)[21]가 전혀 나오지 않고 발열이 간혹 생겼기에 웅담과 지황즙(地黃汁)을 사용했더니 호전되었다. 음식을 전혀 입에 대지 못하기에 구토를 치료하는 처방인 귤치죽여탕(橘梔竹茹湯)을 2첩 사용하니 단독과 산후의 병이 점차 낫고 음식도 먹을 수 있게 되었다. 《위생신서》皮편

단독이란 부기가 피부에 뚜렷한 경계를 지으며 붉게 올라오는 특징을 보이는 감염성 질환이다. 이 사례는 만삭인 임신부에게 단독이라는 중한 질병이 생겼는데 치료 도중 해산을 하게 되었고, 해산 후 오로가 나오지 않자 이를 어혈의 문제로 보아 웅담과 지황이라는 약재의 즙을 써서 치료한 내용이다.

웅담은 곰의 쓸개를 말하고 지황즙은 현삼과에 속하는 식물인 지황의 신선한 뿌리에서 짜낸 즙을 말한다. 출산과 질병이 겹쳐 위중한 상황이었는데 의사의 신속한 대처로 잘 치료된 것으로 보인다.

국로고(國老膏)라는 약은 현옹(懸癰)의 병을 치료한다. 굵은 감초 1냥을 4치 길이로 자른다. 산 속에서부터 멀리 흘러 들어온 물 한 주발에 감초를 담가 물이 배어들게 한 후 중간 불로 천천히 구워서 마르면 다시 물에 담갔다가 구워서 말리기를 물 한 주발이 다할 때까지 반복한다. 다음 감초를 잘게 썰어서 술 2되에 넣고서 술이 절반으로

---

21 해산 후 질 밖으로 흘러나오는 액체. 주로 혈액, 점액 및 자궁 속막 조직 따위가 섞여 나온다.

졸아들 때까지 달인다. 이 술을 빈속에 각자 주량에 맞는 양만큼 마시는데, 3일에 한 번 마시기를 2~3회 하면 낫는다. 이 약이 현옹을 즉시 사그라지게 하지는 못해도 20일 정도 지나면 반드시 다 사그라지게 해준다. 어떤 사람이 현옹을 앓았는데 이것이 터진 후에 이 약을 2첩 먹었더니 터진 부위가 곧 아물었다. 참으로 좋은 약이다.

《위생신서》옹처하편

현옹이란 항문 주위에 생기는 종기를 말한다. 이 사례에서는 오직 감초 한 가지 약재만이 사용되었다. 감초는 마디가 굵을수록 효과가 좋다. 질 좋은 감초를 술에 진하게 달이면 소염 효과를 내는데, 여기서 술은 경락의 운행을 빠르게 하여 약효가 환부에 빨리 도달할 수 있도록 돕는 작용을 한다. 국로(國老)란 오랫동안 나라의 일에 종사하여 나이와 공로가 많고 덕망이 높은 사람을 일컫는 말인데, 감초를 국로에 비유하여 국로고란 명칭을 붙인 것이다.

한 사람이 토사자(兔絲子)라는 약을 조금 먹었더니 입맛이 두 배로 늘고 기력이 왕성해졌다. 그런데 갑자기 등창이 생겼기에 이틀 동안 금은화(金銀花) 여러 근(斤)[22]의 즙을 내어 마셨더니 종기가 바로 사그라졌다. 대개 토사자는 기를 보하는 작용이 있기에 그런 것이다.

《의휘》옹처편

---

22 1근은 600그램.

이 사례는 자신과 맞지 않는 약을 함부로 먹어서 생긴 등창을 금은화 즙을 복용해 치료한 내용이다. 금은화는 인동덩굴의 꽃을 말한다. 종기를 치료할 때 대표적으로 사용되는 약재로 4부에서 더 자세히 설명하겠다.

3부

치열하게 살다 간 이 땅의 종기 전문의

시대가 종기 전문의를 필요로 하다

의사의 종류

조선시대에 활동한 의사들을 몇 가지 기준에 따라 구분해 볼 수 있다. 먼저 어디에서 활동하느냐에 따라 내의(內醫)와 향의(鄕醫)로 나눌 수 있다. 내의란 궁궐의 내의원에 속한 의관을 말하는 것으로, 주로 왕실 진료를 맡아 보았다. 말하자면 정부 소속 의사인 셈이다. 그리고 향의란 어디에 소속되지 않고서 주로 지방에서 활동한 의사를 말한다. 곧 정부 소속이 아닌 민간의 의사를 말하는 것이다.

또한 신분에 따라 유의(儒醫)와 업의(業醫)로 나누어 볼 수 있다. 유의란 본디 유학을 연구하는 학자인데 더불어 의학의 이치를 연구한 사람을 말한다. 보통 유학자가 의학에 통달한 경우 유의라고 불렀으며 유의는 주로 지식인 계층에 속했다. 업의란 대대로 의업을 가업으

로 하는, 중인층에 속한 의사를 말한다. 중인층은 기술직 관원 계층으로, 역관(통역사)·의관(의사)·산관(算官 | 수학자) 등 지금으로 말하자면 전문직에 종사하던 사람들이다. 이들은 전문 기술을 대대로 가업으로 이어왔고, 이렇게 선대의 의업을 이어받아 생계 기반으로 삼은 사람을 업의라고 불렀다.

실력 있는 의사에게 궁궐은 열린 공간이었다

내의든 향의든, 유의든 업의든 간에 의사라는 직종은 나라에 꼭 필요한 전문직이었다. 그래서 향의 중에 이름을 떨치는 자가 있으면 특채로 채용하여 궁궐로 불러들였다. 양반이든 중인이든 유의든 업의든 간에 의사로서 이름을 날리면, 의과 시험을 거치지 않고서도 궁에 입성할 수 있었다.

내의원의 모든 의관이 그러했던 것은 아니다. 대부분은 시험을 거쳐 채용되었지만, 주로 종기를 치료하는 치종의(治腫醫)의 경우에 특채가 많았다. 치종의란 종기 치료를 전문적으로 하는 의사를 말한다. 유독 치종의 중에 특채가 많았다는 것은 그만큼 치종의에 대한 수요가 컸다는 뜻이다.

의학을 익힌 유의는 많았다. 치법(治法 | 병을 다스리는 방법)을 논할 수 있는 의사도 많았다. 하지만 실제로 환자의 환부를 정확히 찌르고 째고 도려내는 기술을 손에 익힌 전문의는 부족했다. 그래서 실력 있는 치종의에게 왕실의 문은 활짝 열려 있었다. 치종의에게 왕실은 절

대 폐쇄적인 공간이 아니었다.

그것은 여성에게도 마찬가지였다. 세조 2년, 제주 안무사(安撫使)[1]
에게 "제주도 여의(女醫) 중에서 난산과 눈병, 그리고 치통을 치료할
수 있는 자 2~3인을 올려보내라"라는 명이 내려졌다. 성종 19년에는
제주 목사에게 "치아의 병을 잘 고치는 의녀 장덕(長德)은 이미 죽었
으니 치아, 눈, 코 등 여러 아픈 곳을 잘 치료하는 사람이라면 남녀를
불문하고 보내라"라는 명이 내려왔다. 그리고 성종 23년에는 지방의
여의사에게 의녀를 파견해 그 의술을 배우도록 한 일도 있었다.

> 우승지 권경희가 아뢰기를 "제주의 의녀 장덕(張德)은 치충(齒蟲)을
> 제거할 줄 알고 코와 눈 등의 모든 부스럼도 제거할 수 있었는데, 죽
> 을 무렵에 그 기술을 사노비인 귀금(貴今)에게 전해주었습니다. 나라
> 에서는 귀금을 면천(免賤)하고 여의(女醫)로 삼아 그 기술을 널리 전
> 하고자 하여 두 여의로 하여금 따라다니게 했는데, 귀금이 기술을
> 숨기고 전하지 않았습니다. 요즈음 황을(黃乙)이라는 자가 고독(蠱
> 毒)[2]을 잘 다스리는데, 그 기술을 숨기다가 세 차례나 형문(刑問)한 다
> 음에야 밝혔습니다. 여의 분이(粉伊)는 그 기술을 배웠으나 황을만
> 못하니, 이는 그 기술을 다 전하지 않은 것입니다. 청컨대 귀금을 고
> 문하여 물어보게 하소서." 하니, 명하여 귀금을 불러서 묻기를 "여

---

1 변란이나 재난이 있을 때 왕명으로 파견되어 민심을 수습하는 일을 맡았던 임시 관직.
2 뱀·지네·두꺼비 등의 독. 배앓이·가슴앓이·토혈(吐血)·하혈(下血)·부종(浮腫) 등을 일
   으키며, 미치거나 실신하여 죽을 수도 있다.

의 두 사람으로 하여금 따라다니게 했는데 네가 기술을 숨기고 전해 주지 않으니, 틀림없이 그 이익을 독차지하고자 함이 아니냐? 네가 만약 끝까지 숨긴다면 마땅히 고문을 가하면서 국문할 터이니 다 말하여라." 하자, 귀금이 말하기를 "제가 일곱 살 때부터 이 기술을 배우기 시작하여 열여섯 살이 되어서야 완성했는데, 지금 제가 마음을 다해 가르치지 않는 것이 아니고 그들이 익히지 못할 뿐입니다." 했다.

성종실록 23년 6월 14일

제주 의녀인 장덕은 치통과 부스럼을 잘 치료하기로 이름을 드날렸고, 제자인 귀금 역시 그 의술을 이어받았기에 나라에서는 귀금에게 면천이라는 특혜를 내리고 의녀 두 명에게 그 의술을 전수하도록 했던 것이다. 이처럼 왕실은 여성 의사에게도 그 눈과 귀와 문호를 열어놓고 있었다.

치종의는 지금의 외과의사와 같다

의사 중에서도 치종의는 매우 전문적인 기술을 갖추어야 한다. 치료 중에 조금만 침을 깊이 찔러도 장부를 손상시킬 수 있다. 이것이 두려워 침을 너무 얕게 찌르면 독기를 모두 뽑아내지 못해 병을 오래 끌수 있다. 너무 크게 절개하면 나중에 아물 때 시간을 오래 끌 수 있다. 그렇다고 너무 작게 절개해버리면 깊은 곳의 썩은 피와 고름이 빠져나오지 못한다.

《국조인물지(國朝人物志)》 구한말의 학자 안종화(安鍾和)가 쓴 책으로 명의 백광현, 조광일을 비롯해 조선 건국 때부터 철종 때까지 활동한 주요 인물의 행적을 담았다. 출처-http://www.kobay.co.kr.

《이향견문록(里鄕見聞錄)》 조선 후기 유재건이 향리에 묻혀 있던 하층 계급 출신의 뛰어난 인물 308명의 행적을 쓴 책이다. 명의 백광현, 피재길, 이동, 조광일에 관한 기록이 담겨 있다. 출처-한국민족문화대백과사전.

치종의는 살을 째고 썩은 피고름을 짜내야 했다. 때로는 썩은 살을 도려내고 썩은 뼈를 끄집어내야 했다. 그냥 두면 독기가 퍼져 환자가 죽을 수도 있었다. 마치 지금의 외과의사가 메스를 들고서 살을 가르듯이, 치종의는 피침(鈹針)이라는 수술용 침을 들고서 썩은 살을 갈라냈던 것이다. 이제 이 땅에서 치열하게 살다 간 종기 전문의 몇몇의 발자취를 살펴보자.

김순몽, 천민에서 실력파 의료인의 전형이 되다

노비 출신이 당대 최고 유의의 눈에 띄다

김순몽(金順蒙)은 노비 출신이었다. 미천한 신분인 그가 의학과 인연을 맺게 된 것은 당시 내의원 제조였던 허종(許琮)을 통해서였다.

허종이 누구인가? 세조 때부터 성종 때에 이르기까지 탄탄대로를 거치면서 우의정까지 오른 사람이다. 1467년 함경도 호족 이시애가 일으킨 반란을 평정하여 적개공신(敵愾功臣) 1등에 책록되었고, 1491년에는 여진족 우디거의 침입을 격파하여 우의정에 올랐다. 참으로 문무를 겸비하여 문예와 국방에 큰 공을 남긴 관료였다.

당시 조정에서는 의학, 역어, 천문학 등 잡학을 권장하고자 했다. 특히 의학은 사람의 생사에 관계된 것이므로 인재를 키우는 데 특별히 공을 들였다. 허종은 문무를 겸비했을 뿐만 아니라 의학에도 조예가 깊었다. 곧 그는 유의(儒醫)였던 것이다. 허종은 문무에다가 의학까지 겸비한 당대 최고의 지식인이자 관료였다.

허종은 내의원 제조가 되고 나서 의학을 널리 배울 만한 사람을 선출했다. 그는 신분을 따지지 않고 의학을 배울 총명한 사람들을 뽑아 심력을 다해 가르쳤다. 그 제자들 중에서 가장 뛰어났던 이가 바로 김순몽이다.

오를 수 없는 계단에 오르다

당대 최고의 유학자이자 유의였던 허종의 교육을 받은 김순몽이 본격적으로 의사로서 활동한 기록이 보이는 것은 중종 때다. 중종 11년(1516), 김순몽은 내의원 제조에 오르게 된다.

내의원 제조가 어떤 자리인가? 궁중에서 의료와 약(藥)에 관한 일을 전담하는 내의원은 의관과 의녀로 구성되지만, 그 지휘와 감독은 정승이나 판서 중에서 의학을 깨우친 사람이 맡는다. 그래서 최고 감독관인 도제조(都提調)는 보통 정1품 정승이 맡고, 그 아래 제조(提調)는 정2품 판서, 그 아래 부제조(副提調)는 정3품 관리가 맡는다. 아무리 김순몽의 의술이 뛰어나다고는 하나 노비 출신 의관을 내의원 제조에 앉힌다는 것은 상상치도 못할 파격적인 인사 발령이었다. 이러한 파격이 가능했던 것은 그만큼 그의 실력이 모두가 인정할 만큼 탄탄했기 때문일 것이다.

파격은 여기서 그치지 않았다. 중종 12년, 김순몽은 대비의 질병 치

료약을 담당하는 시약의원(侍藥醫員)이 되고, 그 공을 인정받아 당상
관(堂上官)에 오르게 된다.

당상관은 또 어떤 자리인가? 조정에서 정사를 논의할 때 대청 아래
서 있지 않고 대청 위에 올라앉을 수 있는 자리다. 대청 위냐 아래냐
는 물리적으로는 얼마 차이 나지 않는 간격이지만, 정3품 통정대부(通
政大夫) 이상 되어야 넘어설 수 있는 신분적인 벽을 상징한다. 당상관
은 임금과 함께 국가의 중대사를 논하고 의결에 참여할 수 있었다. 따
라서 국정을 결정하는 최고급 관료 집단을 뜻하는 당상관은 주로 양
반이 독점했다.

중종은 바로 이 당상관에 김순몽의 이름을 올린 것이다. 이는 파격

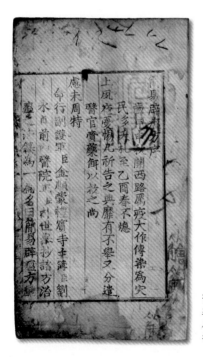

김순몽이 저술에 참여한 《간이벽온방(簡易辟瘟方)》
조선 중종 때 전염병의 치료법을 모아 엮은 책으로 박
세거, 김순몽, 유영정 등이 편찬했다. 보물 1249호, 가
천박물관 제공.

중에 파격인 인사 단행이었다. 당시 중종의 신임이 어느 정도였는지 가히 짐작할 만하다.

끊임없는 양반들의 질시

이쯤 되면 양반들이 가만있을 리 없었다. 계속되는 파격 인사를 두고 잇따라 이의를 제기했다. 중종 11년 김순몽을 내의원 제조에 임명하라는 명을 두고서 양반들은 그를 헐뜯기 시작한다.

> "내의원 관원인 김순몽이 의술에 정통했는지는 알 수 없지만 일찍
> 이 듣기로는 재상이 치료를 청하여 부르면 반드시 가지만 비천한 관
> 원이 치료를 청하면 가지 않고, 누가 그 집까지 찾아가도 나와보지
> 않고 대답도 하지 않는다고 합니다. 그의 소임은 진실로 병을 치료
> 하고 사람을 살려야 하는 것인데 조정에서 마땅히 죄로 다스려야 하
> 거늘 어찌 도리어 동반(東班)³에 올릴 수 있겠습니까?"
>
> 중종실록 11년 12월 1일

김순몽에 대한 흠집 내기를 시작한 것이다. 하지만 중종은 반발을 무시하고 인사 발령을 강행했다.

---

3 '문반(文班)'을 달리 이르던 말. 궁중의 조회 때, 문관은 동쪽에, 무관은 서쪽에 벌여 선 데
  서 나온 말이다. 양반(兩班)이란 무반(武班)과 문반(文班)을 아울러 이르던 말이다.

"김순몽이 내의원 제조로 천거된 것은 그의 의술이 정통한 까닭으로 이는 공적인 일이다. 더러 누가 불러도 가지 않는 것은 사적인 일이다. 어찌 사적인 일 때문에 공적인 일을 폐하고 결정을 바꾸겠는가?" 중종실록 11년 12월 1일

중종 12년 당상관에 오를 때는 더욱 항의가 빗발쳤다.

"대비의 시약의원인 김순몽에게 한 자급을 더하여 당상관이 되었습니다. 이제 대비께서 안녕하신 것은 진실로 기쁘고 경사스러운 일입니다. 그러나 천한 무리에게 물건으로써 상을 주는 것은 옳지만 어찌 당상관으로써 상을 줄 수가 있겠습니까?" 중종실록 12년 7월 13일

"김순몽 등은 모두 비천한 노예의 무리로서 외람되이 과분한 상을 제수받아 엄연히 공경(公卿)⁴의 자리에 있습니다. 제도를 한번 잘못 시행하면 인심이 복종하지 않고 조정이 존엄해지지 못하며 국력의 위태로움이 곧 닥쳐올 것이니 신(臣)은 조정을 위하여 애석하게 생각하나이다. 청컨대 명을 되돌려 조정을 깨끗하게 하소서."
중종실록 12년 7월 27일

양반들은 김순몽이 자신들과 함께 당상관에 오르면 나라가 당장이

---

4 본래는 3공, 곧 3정승과 9경, 곧 의정부의 좌우참찬(左右參贊), 육조(六曹)의 판서, 한성부 판윤(漢城府判尹)을 아울러 이르는 말. 아주 높은 벼슬을 가리킨다.

라도 망할 것처럼, 천한 무리니 비천한 노예의 무리 같은 표현을 써가
며 격하게 반발했다. 이러한 질시와 모멸 속에 김순몽은 얼마나 서러
웠을까?

병에 걸리면 너도나도 김순몽을 찾다

그러나 김순몽의 실력이 자타가 공인할 정도였음은 확실해 보인다.
특히 김순몽은 종기 치료에 능통했다. 그의 명성은 조정뿐 아니라 전
국에서 드높았다. 중종 14년, 경상도 관찰사가 장계를 보내어 의원 김
순몽을 보내달라고 청했다. 장계의 내용인즉슨 이러했다.

> 경상도 관찰사 한세환이 장계를 올리기를, "진주에 있는 진천군 강
> 혼이 안종(眼腫)을 앓고 있는데, 의원 김순몽에게 치료받고 싶어하며
> 또 약재를 보내주기를 바랍니다."라고 했다. 중종실록 14년 3월 24일

중종반정에 참여하여 정국공신 3등으로 진천군에 봉해졌던 강혼이
진주에 내려가 있었는데, 눈 주위에 종기가 생기자, 당시 종기 치료로
명성을 드날리던 김순몽이 직접 와서 치료해주기를 청한다는 것이다.
경상도에 있을 수많은 의원들을 제쳐두고 내의원의 이름난 명의를 보
내달라는 것이다. 이 장계에 대한 조정의 답은 이러했다.

"김순몽을 보내야 하겠으나 이 사람은 종기를 잘 치료하므로 구급

을 요하는 일이 있을 때 김순몽이 아니면 안 되니, 내의원 안팎의 의

사 중에서 종기 치료에 정통한 자를 속히 보내도록 하고, 구하는 약

도 아울러 조제하여 보내라." 중종실록 14년 3월 24일

　지방에서는 김순몽을 보내달라, 중앙에서는 보낼 수 없다고 한 것

이다. 의술로 인정받아 당상관까지 오른 사람이니 도성 내외의 관료

들에게서 얼마나 많은 치료 요청을 받았을지 가히 짐작이 된다. 김순

몽의 행적에 대해, 19세기 초 김려(金鑢, 1766~1822)[5]가 편찬한 야사

총서인《한고관외사(寒皐觀外史)》에서는 이렇게 전한다.

　　의사들 중에서 종기를 잘 치료하는 사람으로 김순몽이 있다. 성종

　　때부터 침과 약으로 효과를 본 이가 몇 천 명인지 셀 수가 없다. 중종

　　이 특별히 정3품 통정대부로 올려주었다.

5　조선 후기의 학자. 호는 담정(藫庭). 집안이 노론계의 비중 있는 명문으로 당쟁의 화를 많
　이 당했다. 15세에 성균관에 들어가고 26세에 생원이 되는 등 인재로 촉망을 받았다.
　1797년(32세), 문인들이 모여 서학(천주교)을 이야기하고, 서해에 진인(眞人)이 나타나 새
　로운 세상을 준비하고 있다는 유언비어를 퍼뜨렸다는 이른바 강이천(姜彝天)의 비어 사건
　(飛語事件)에 얽혀 부령으로 유배되었다. 유배지에서 가난한 농어민과 가까이 지내면서
　고통 받는 사람들에 대한 이해와 애정을 품게 되었다. 1799년 유배지에서 필화를 당해 저
　서가 대부분 불탔다. 1801년(36세)에 진해로 유배지를 옮겨 그곳의 어민들과 가까이 지내
　면서, 정약전의《자산어보(玆山魚譜)》보다 11년 빠른 우리나라 최초의 어보《우해이어보
　(牛海異魚譜)》를 지었다. 1812년 벼슬길에 올라 1817년 연산현감을 거쳐 함양군수로 있던
　중 일생을 마쳤다. 저서《담정유고(藫庭遺藁)》12권과 자신과 주위 문인들의 글을 다듬은
　《담정총서(藫庭叢書)》17권,《한고관외사(寒皐觀外史)》,《창가루외사(倉可樓外史)》등을 남
　겼다.

미천한 노비의 신분에서 시작하여 당대 최고의 유의에게 발탁되고, 오로지 실력으로써 왕의 신임을 얻어 정3품 통정대부에 오르기까지 그의 삶이 얼마나 치열했을지 짐작된다.

임언국, 한국의 편작 한국의 파례

어머니의 종기가 그를 의사의 길로 인도하다

임언국(任彦國)은 전라도 정읍 출신이다. 그가 의학에 본격적으로 입문하게 된 계기는 바로 어머니의 종기였다. 그는 지극한 효자였다. 어머니가 종기를 앓자 온갖 약을 다 써보았으나 모두 효과가 없었다. 그러던 중 어머니의 종기를 치료할 수 있는 의술을 그에게 전수해줄 한 사람을 만나게 되었다.

정읍 내장산에 내장사라는 사찰이 있는데, 조선시대에는 이 내장사를 영은사라고 했다. 영은사에 머물던 한 노승이 종기를 치료할 수 있는 침법을 임언국에게 전수해주었다. 임언국이 바로 이 침법을 어머니에게 시술했더니, 그렇게 오랫동안 백약을 써도 낫지 않던 종기가 마침내 나았다.

임언국은 이 침법을 더욱 연구하고 연마하여 많은 이들을 고쳐주었다. 종기뿐 아니라 다른 여러 질병을 앓는 환자를 만나도 그에 맞는 의술을 펼쳐, 많은 이들을 낫게 했다.

어느 날 임언국은 이웃을 지나다가 어느 집에 초상이 난 것을 보았다. 환자가 있는 집이었는데, 환자가 그만 죽은 것으로 알고 온 식구가 염습을 준비하고 있었다. 임언국이 환자를 자세히 살펴보고는 침을 조심스럽게 시술했다. 그러자 죽은 줄 알았던 환자가 다시 깨어나는 것이 아닌가?

이 소문은 삽시간에 퍼졌다. 정읍의 어느 의사가 죽은 사람을 다시 일으켜 세웠다더라! 달리는 말보다 더 빠른 것이 입소문이라고 하지 않는가? 이 소문은 정읍을 넘고 전라도를 넘어 한양 조정까지 알려졌다. 조정에서는 가뜩이나 종기 때문에 골치가 아프던 차였는데, 전라도의 어느 의원이 신기(神技)에 가까운 의술을 지녔다고 하니 마땅히 불러올리려 했다. 조정에서는 임언국에게 역마를 보내 한양으로 초청했다. 이제 임언국은 전국구 유명 인사가 되어 정읍 땅에서만 머무를 수 없게 된 것이다.

서울로 진출했지만

임언국은 나라의 부름을 받고 낯선 서울로 올라왔다. 시골 사람이 아는 사람 하나 없는 서울에 올라와서 처음부터 승승장구했던 것은 아니었다. 처음에는 변변한 관직도 없이 얼마 안 되는 급료와 겨울옷을 받았을 뿐이다. 그러다 보니 생계를 잇기 힘들 정도로 가난했다. 나중에 혜민서(惠民署)의 작은 벼슬이 주어지고, 그곳에서 여러 환자를 고쳐 의술을 검증받게 된다. 여기서 임언국은 의술을 마음껏 펼쳐 보였다. 백성들뿐 아니라 사대부와 부인들의 여러 난치병을 치료했고, 남다른 효과를 얻은 경우가 많았다. 여기서 임언국이 많은 지지자들을 얻게 된 것으로 보인다.

저렇게 의술이 뛰어난 사람이 혹시나 서울을 떠나면 어떡하나, 생계가 어려울 정도로 가난하다던데 서울 생활을 견디지 못하고 다시 정읍으로 돌아가 버리면 어떡하나, 그의 놀라운 의술에 혜택을 입은 관료들은 이것을 걱정했고, 예조에서는 그에게 넉넉한 녹봉이 지급되는 관직을 제수하도록 청하기도 했다. 일례로 정사룡(鄭士龍, 1491~1570)⁶의 저서인《호음잡고(湖陰雜稿)》에서 그가 임언국에 관해 올린 계(啓 | 관청이나 벼슬아치가 임금에게 올리는 말)의 내용을 볼 수 있다.

임언국이 침을 사용하여 종기를 치료하는 묘법은 근래에 없던 바입니다. 뭇 백성뿐 아니라 사대부와 부인의 치료하기 어려운 질병도 치료했는데, 역시 남다른 효과가 많았습니다. 고로 그에게 관직을 주어서 오래도록 도성에 머물 수 있도록 하기를 청하니, 이것이 어찌 단지 본인만의 뜻이겠습니까. 여러 대신들의 뜻도 이와 같습니

---

6 조선 전기의 문신. 자는 운경(雲卿), 호는 호음(湖陰). 1507년(17세)에 진사가 되고, 1509년 별시문과에 병과 4위로 급제했다. 벼슬이 사간을 거쳐 부제학, 예조판서, 공조판서, 대제학에 이르렀고, 해마다 동짓달에 중국에 보내는 사신인 동지사(冬至使) 직을 세 번 맡아 명나라에 다녀왔다. 1563년 사화를 일으켜 사림을 제거하려던 이량(李樑)의 일당이라 하여 삭직당했다. 중국에 다녀와서《조천록(朝天錄)》을 남겼으며, 문장과 글씨에 능했다.

다. 임언국은 평소 유학을 공부했는데 누차 과거를 보았으나 중용되지 못하여 고향에서만 기거하고 다닐 뿐이었습니다. 근래에 임언국이 이조에서 일정한 봉급을 받는 것도 아니고 또 음재(蔭才)[7]에도 응시하지 않으므로 그를 병조로 옮겨 등용토록 계를 올렸습니다. 임언국이 비록 이 관직을 천박하다 여기지 않지만, 그 녹봉이 매우 적으니 어찌 자급(自給)하면서 도성에 오래도록 머물 수 있겠습니까? 전의감에는 의학교수가 두 명 있는데 이미 10여 년 동안 임기를 채워서 보직을 옮겨줄 것을 여러 번 청했다고 하니, 만약 이 자리에 결원이 생긴다면 꼭 임언국을 채용하도록 하소서.

여러 관료들이 뜻을 같이하여 청원하기를, 임언국이 계속 서울에서 살 수 있도록 일단 관직을 주었다가 나중에 전의감(典醫監)[8] 의학교수직에 결원이 생기면 꼭 임언국을 채용해달라 했던 것이다. 그가 사대부들 사이에서도 상당한 신뢰와 지지를 얻고 있었음을 짐작할 수 있다.

이제 조정에서도 그의 진가를 알아보기 시작했다. 임언국의 의술이 얼마나 대단한 경지인지, 제대로 된 의인(醫人) 한 명의 가치가 얼마나 대단한지를 알게 되었다. 조정은 이제 임언국이라는 시대의 명의를 제대로 활용하기로 결정했다. 그래서 종기를 전문으로 치료하는 의료기관을 설립하게 된다. 말하자면 국립종기전문치료센터가 되는 셈이었고 이 전례 없는 기관의 이름은 '치종청(治腫廳)'이었다. 임언국은 이 치종청의 의학교수로 임명된다.

치종청은 조정의 신하든 민간의 백성이든 종기로 고통 받는 사람은 누구나 가서 치료받을 수 있는 곳이었다. 나라에서 치종청까지 설치하면서 임언국에게 치료를 맡긴 것은 그만큼 그의 의술에 대한 확실한 믿음이 있었기 때문이다. 예상대로 치종청은 연일 환자로 미어터졌다. 헤아릴 수도 없이 많은 병자들이 멀리서 말을 타고 오기도 하고 소가 끄는 수레를 타고 오기도 했다. 치종청 설립 효과는 대박이었던 셈이다.

임언국은 전의감 직장(直長)[9] 자리를 얻고, 또 개성부(開城府) 월령의(月令醫)[10] 직책도 받았다. 또한 조정에서는 그에게 후진 양성에도 힘을 기울이도록 했다. 이렇게 치종청에서 활동하기를 5~6년, 그가 치료하여 살려낸 사람의 수가 만여 명에 이르렀다.

---

9 사옹원·내의원·군자감 등 여러 관청에 두었던 종7품직.
10 전의감이나 혜민서 소속의 의사가 왕실 밖의 사람들에게 의료를 제공하던 제도로, 1개월을 주기로 의원들이 서로 교대하면서 진료한다는 뜻에서 월령의라는 이름이 붙었다.

동시대 동아시아에 없던 독창적 침법

임언국이 종기 치료를 위해 구사했던 침법은 앞 시대의 의사들이 구사하던 침법과는 사뭇 달랐다. 또한 같은 시대 중국에서도 시행된 적이 없었던 임언국만의 독창적인 침법이었다. 같은 시대 중국에서 이름을 날리던 종기 치료의로 설기(薛己, 1486~1558)와 진실공(陳實功, 1555~1636)이 있다. 설기는 종기 치료에 침법을 거의 구사하지 않았고 주로 먹는 약으로 치료했다. 그리고 진실공은 환부에 세 군데 품(品) 자 모양으로 찌른 후 뜨거운 대나무 부항을 붙여서 피고름이 빠져나오도록 하는 침법을 구사했다. 하지만 임언국이 구사한 침법은 훨씬 과감한 절개술이었다.

그는 메스와 비슷하게 생긴 피침으로 환부를 가로로 길게, 그리고 세로로 길게 종기의 뿌리가 있는 깊이까지 과감히 절개했다. 이렇게 해서 썩은 피가 제대로 다 빠져나오도록 한 것이다. 절개 후에는 소금물에 환부를 담그거나 소금물로 씻어주면서 소독을 했고, 소염 항생제에 해당하는 천금누로탕에 섬회를 더하여 계속 복용토록 했다.

그의 침법은 말하자면 십(十) 자형 절개법이다. 한의원에서 흔히 볼 수 있는, 아주 가는 호침으로 경혈을 자극하는 침법이 아니다. 그의 행적을 놓고 동시대 사람인 안위(安瑋, 1491~1563)[11]는 조선의 편작(扁

---

11 조선 전기의 문신. 자는 백진(伯珍). 1521년(31세) 별시문과에서 병과로 동생과 함께 급제, 벼슬길에 올랐다. 1539년 사헌부 집의가 된 뒤 소세양과 함께 당시 세도가인 윤임을 탄핵하다가 1542년에 충주 목사로 좌천되었다. 이때 근검절약하며 당시 기근으로 어려워진 농촌 구황에 힘썼고, 그 실적이 뛰어났다. 명종이 즉위하여 윤임 일파가 몰려나면

鵲 ǀ 중국 고대의 전설적인 명의)이라 할 만하다고 칭송했다. 또한 일본의
사학자인 미키 사카에(三木榮, 1903~1992)[12]는 임언국의 독창적인 관
혈적(灌血的) 치료법(피를 쏟아지게 하는 치료법)을 소개하면서 서양의 파
레(Ambroise Paré)와 견줄 만한 인물이라고 극찬을 아끼지 않았다.

파레는 16세기 프랑스의 의사로 르네상스 시대의 가장 유명한 외
과의사이며, 근대 외과학의 아버지라고 불리는 사람이다. 임언국이
활동했던 시기도 16세기이므로 한국 외과학의 걸출한 선조였으니,
과연 파레와 비견할 만하다.

의료인 한 사람의 천문학적인 가치

임언국의 의술이 끊어지지 않게끔, 치종청에서는 젊은 의관들을 후학
으로 두어 그에게 가르침을 받도록 했다. 하지만 어찌된 일인지 시간
이 흐를수록 임언국의 의술은 점점 정밀해졌지만 후학들의 배움은 매
우 느렸다. 후학들이 임언국의 의술을 충분히 이어받기도 전에 그만
그가 사망하고 만다. 그가 어떤 원인으로 사망했는지는 기록이 없어
알 수 없다. 하지만 임언국이라는 걸출한 인물이 있었기에 설립과 운

서 발탁되어 청홍도 관찰사, 병조참의, 전라도 관찰사를 거쳐 형조참판, 병조판서에 이
르렀고, 오랫동안 국방에 힘썼다.

12 일본의 의학사가. 일본에서 의과대학을 졸업한 뒤 한반도로 건너와 의사로 재직하면서
조선의학사 연구에 몰두했다. 대표적인 저서로 《조선서적고(朝鮮書籍考)》, 《조선의서지
(朝鮮醫書志)》, 《조선의학사及질병사》 등이 있다.

영이 가능했던 치종청은 그의 사망으로 크게 흔들리게 된다. 그가 치종청에서 활동한 시간은 겨우 5~6년 정도였다. 당시 그의 죽음은 온 나라의 큰 슬픔이었을 것이다.

치종청이라는 의료 기관·제도는 여전히 존재했지만 임언국이 사망한 후 치종청은 예전만큼 힘을 발휘하지 못했다. 왜 후학들이 그의 의술을 충분히 이어받지 못했을까?

아마 조선 사회에서 치종의, 곧 종기를 치료하는 의사는 사람들이 매우 꺼리는 직업이었기 때문일 것이다. 고름을 짜내고 썩은 피를 뽑아내야 하는 종기 치료는 의료 분과 중에서 가장 기피되는 분야였다. 그런데 임언국은 중인 출신이 아니었다. 그는 양반 출신 유학자였다. 유학자였던 그가 어머니의 종기 치료를 계기로 사람들이 가장 꺼리는 치종의의 일을 마다하지 않았다는 사실은 그의 성품을 짐작하게 해준다. 비록 사람들이 꺼리는 직업이지만, 그리고 치종청에서 하루 종일 종기 환자들의 피고름과 싸우는 것은 매우 고단한 일이었겠지만, 어떤 사명감이 그를 지탱해주었을 것이다. 하지만 임언국 같은 의사가 흔하겠는가? 아마도 후학들이 적극적으로 그의 치종술을 이어받지 못한 것은 이러한 사회적인 배경 때문이었으리라고 추측해본다.

임언국이 사망한 뒤 치종청은 폐지된다. 치종청을 이끌 수 있는 임언국만 한 의사가 없었기 때문이었다. 세월이 흘러 선조 때에 영남 사람 진매(陳枚)가 종기를 잘 치료한다는 명성을 얻게 된다. 이제 드디어 제2의 임언국을 찾은 것이다! 임금은 치종청을 다시 설치하고 진매를 서울로 불러올려, 치종청의 의학교수직을 제수했다. 임언국이 그리했던 것처럼 진매 역시 백성들의 종기를 치료하고 후학을 가르치는 일

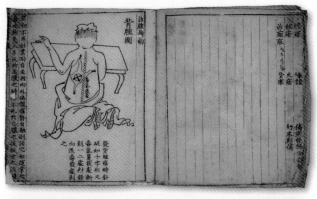

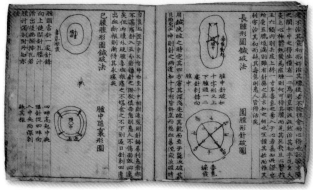

임언국의 저서 《치종지남》의 내용 일부 출처-와세다대학도서관 고전적 총합 데이터베이스(早稻田大学図書館 古典籍総合データベース).

을 이어나갔다.

후대까지 드리워진 그의 영향

임언국의 치료 방법은 《치종비방(治腫祕方)》과 《치종지남(治腫指南)》이라는 문헌에 기록되어 후세에 전해졌다. 그리고 그의 침법은 침구학의 대가인 허임(許任)에게 영향을 미친다. 《동의보감》에도 그의 의론(醫論) 일부가 등장하고, 조선 후기 여러 경험방서에도 임언국의 의론이 언급된다.

16세기 조선 중기에 활동한 임언국의 종기 치료술이 19세기 조선 후기까지 면면히 이어진 것이다. 조선의 의료계에 임언국이 미친 충격과 그 발자취는 정말 심대한 것이었다.

윤후익, 신하들의 질시와 임금의 총애를
한 몸에 받다

인조 때 등용되다

윤후익(尹後益)의 이름이 기록에 처음 등장한 때는 인조 16년(1638)이
다. 당시 내의원의 침의(鍼醫)가 부족해서 침술이 정교한 자가 있으면
급료를 주고 채용해야 한다는 계가 올라온다. 이 채용 대상자 명단에
윤후익의 이름이 처음 등장한다.

> 내의원의 도제조와 제조가 계를 올리기를, "서울 안 침의의 수가 부
> 족하므로 그 침술이 정미로운 자를 골라 내의원에 채용하지 않을 수
> 없습니다. 한양에 거하는 윤후익과 충주에 거하는 반충익 등의 침술
> 이 자못 정미롭다고 하니 급료를 주어 채용함이 어떠합니까?"
>
> 승정원일기 인조 16년 5월 1일

윤후익은 한양에 사는 의원이었는데, 침술이 뛰어나기로 자못 이름이 있었기에 누군가의 천거를 받아 내의원에 특채되었던 것 같다.

임금의 종기와 습창을 치료하여 당상관에 오르다

내의원에 입성한 뒤 윤후익은 실력을 유감없이 발휘해 인정을 받았다. 그래서 때로는 최명길과 같은 관료에게, 혹은 청나라 대통관(大通官ㅣ 사신단과 동행하는 통역관)에게, 혹은 청나라 칙사에게 윤후익을 보내 치료하게끔 청하는 계가 계속 올라왔다.

> 내의원 도제조가 계를 올려 말하기를, "바야흐로 지금 한양 땅 침의 중에 침술이 윤후익보다 더 정미로운 자가 없습니다. 듣기에 여역(癘疫)[13]이 돌고 있다고 하니 부득이하게 침의 중에서 선별하여 보내는 일로 윤허를 받고자 합니다."　　　　승정원일기 인조 17년 12월 24일

> 도감이 계를 올려 말하기를, "역관이 와서 말하기를, 청나라 대통관이 침뜸을 맞아야 할 일이 있어서 도감이 침의를 보내주기를 기다린다 합니다. 침술이 정미로운 자를 골라 빨리 보내달라고 하니 치종교수인 윤후익을 보냄이 어떨지 감히 아뢰옵니다."
>
> 　　　　　　　　　　　　　　　　　승정원일기 인조 23년 2월 22일

13　전염성 열병을 통틀어 이르는 말.

이 밖에도 윤후익에 관한 기록이 여러 군데 등장하며, 한양 땅 침의 중에 윤후익보다 나은 자가 없다, 침술에 매우 정미로운 윤후익을 보내겠다, 다른 의원보다 윤후익의 침술이 더 낫다는 등의 표현이 보인다. 당시 윤후익이 여러 의관들 중에서도 얼마나 인정받고 신임받고 있었는지를 알려주는 일이라 하겠다.

현종 1년(1660), 윤후익은 임금의 종기를 고치는 데 큰 공을 세웠다. 당시 현종은 머리 왼쪽에 종기가 난 상태였다. 또한 눈병과 다리 부위의 습창까지 겹쳐 고생이 이만저만 아니었다. 이때 윤후익은 머리 왼쪽 종기에 침을 놓고, 또 다리의 습창에는 산침(散鍼)이라는 침법을 써서 임금의 병을 치료한다. 그 공으로 그는 당상관의 위치에 오르게 되었고, 이듬해 현종 2년에는 삭녕현감 관직까지 제수받았다.

신하들의 끊임없는 탄핵

그런데 무슨 이유에서였는지 윤후익은 대신들과 극도로 사이가 나빴던 것으로 보인다. 현종 3년 윤후익은 고양군수 신분이었다. 대신들은 고양군수 윤후익이 굶주린 백성들을 마음대로 토목 공사에 징벌하고 사사로이 영리를 취했다면서 파직할 것을 청했다. 4월 21일부터 시작된 파직 상소는 같은 해 9월 4일까지 총 24회나 이어졌다.

"고양군수 윤후익은 경망스러워 수령답지 못하고, 양성현감 김해는 우둔하고 어리석어 일에 어둡고, 영평현령 심추는 바보같이 무식하

기만 하니, 모두 파직하소서." 현종실록 3년 8월 4일

윤후익의 파직을 윤허하지 않던 현종은 결국 9월 4일 그를 고양군
수에서 파직했고, 대신 바로 다음날인 9월 5일 부호군(副護軍)에 임명
했다. 부호군은 본래 오위도총부에 속한 종4품 무관직인데, 조선 후
기에는 보직이 없는 문·무관이나 공신에게 예우차 제수하기도 하던
벼슬이다.

2년 후 현종 5년 6월 21일, 임금은 윤후익을 다시 삭녕현감에 임명
했다. 그러자 6월 24일, 그를 파직해야 한다는 상소가 바로 올라오기
시작했다.

간원이 아뢰기를, "전일 도목정사(都目政事)[14] 때 의관 윤후익을 삭녕
현감으로 특별히 제수하는 명이 있었는데, 신들이 삼가 생각건대 옳
지 못하다고 여겨집니다. 윤후익은 사람됨이 경망하고 일을 처리함
이 뒤죽박죽인지라 여러 차례 기전(畿甸)[15]의 읍을 맡았었지만 다스
리는 모양을 제대로 이루지 못했습니다. 그런데 어찌 다시 목민관의
임무를 주어 민생에 폐해를 거듭 끼칠 수 있겠습니까? 더구나 삭녕
은 비록 기전의 고을이라고는 하지만 거리가 자못 멀어 서울을 왕래
하는 데 민폐가 우려되니, 체차(遞差)[16]를 명하소서." 했으나 상이 따
르지 않았다. 현종실록 5년 6월 24일

---

14 이조·병조에서 벼슬아치의 치적을 심사하여 면직, 승진 등을 결정하던 인사 제도.
15 경기도 지방 일대를 이르던 말.
16 관리의 임기가 차거나 관직에 부적당하다고 판단해서 그 자리에 다른 사람을 임명하는 일.

이러한 상소가 연이어 일곱 차례나 올라오자, 윤후익은 임금에게 부담을 주기 싫었던지 스스로 물러났다.

큰 사건은 현종 6년에 일어났다. 무슨 죄를 지었는지 윤후익은 어사에게 탄핵을 당했고, 현종 5년 12월 28일 의금부에 하옥되었다. 이듬해 현종 6년 윤후익에게 내려진 벌은 장형(杖刑) 70대와 도형(徒刑) 1년 반이었다.

조선시대에 죄인에게 내리던 형벌은 태형(笞刑)·장형(杖刑)·도형(徒刑)·유형(流刑)·사형(死刑), 다섯 종류였다. 가벼운 죄에 해당하는 태형은 회초리로 죄인을 때리는 것으로, 10대부터 50대까지 등급이 있었다. 장형이란 곤장으로 볼기를 치는 것으로, 60대부터 100대까지 등급을 나누어 집행했다. 도형이란 비교적 중한 죄인에게 내리던 것으로, 죄인을 가두어놓고 1년부터 3년까지 등급을 나누어 소금을 굽거나 쇠를 다루는 등 힘든 일을 시키는 형벌로, 지금의 징역형과 비슷하다. 유형이란 유배를 보내는 것이고, 사형이란 생명을 앗아가는 것을 말한다.

윤후익에게 내려진 장형 70대와 도형 1년 반은 상당히 무거운 형벌에 해당한다. 1년 반 동안 도형을 받는 것은 특히나 치명적인 일이었을 것이다. 이것이 아마 윤후익의 인생에 가장 큰 시련이 아니었을까 한다.

현종은 특단의 조치를 내렸다. 현종에게 윤후익은 절대 없어서는 안 될 의관이었다. 현종은 병치레가 잦았기에 뛰어난 실력을 갖춘 의관이 임금의 곁을 떠나는 것을 윤허할 수 없었다. 그래서 현종은 도형 대신 속전(贖錢)을 거두라는 명을 내린다. 곧 도형을 무르는 대신 윤후익의 재산을 몰수하라는 것이다. 대신들은 다시 들고일어났다.

> 간원이 전 삭녕현감 윤후익에게 도형에 준해 속전을 거두게 한 명을
> 철회할 것을 청했다. 〔……〕 상이 답하기를, "후익은 참으로 죄가 있
> 기 때문에 잡아다 문초하고 의율(擬律)[17]하여 조금도 용서하지 않았
> 다. 그런데 나의 질병을 놓고 말하자면 그가 혈(穴)을 의논하는 것이
> 다른 의관보다 우월하다. 이 때문에 도형 대신 속전을 거두라는 명
> 을 내렸으니, 단지 서울 안에 머무르게 두어 약을 의논하는 데에 참
> 석하게 하기 위함이다."
>
> 현종실록 6년 1월 11일

대신들은 반드시 윤후익이 도형을 받는 꼴을 보고 싶었던 것 같다.
속전으로 도형을 대신하라는 명이 1월 9일 내려지자마자 1월 11일부
터 27일까지 모두 여덟 번이나 명의 철회를 청하는 상소를 올렸다. 하
지만 현종은 끝내 허락하지 않았다. 병이 잦았던 현종에게 윤후익은
꼭 필요한 사람이었기 때문이다.

윤후익과 관료들 간의 갈등은 현종 8년 다시 한 번 폭발한다. 윤후
익이 중신을 모욕했다면서 대사간이 그의 파직을 청했다.

> 대사간 강백년, 정언 윤진이 아뢰기를, "의관 윤후익이 내놓고 중신
> 을 면전에서 모욕했는데 듣는 자들이 모두 놀랐습니다. 이는 조정의
> 기강이 해이하고 명분이 엄하지 못해서 일어난 일입니다. 이런 자를

---

17 법규를 구체적인 사실에 적용함.

그냥 놔둔다면 뒷날을 징계할 수 없습니다. 파직하고 추궁하소서."

했다.

현종실록 8년 4월 19일

윤후익과 중신 간의 갈등의 골이 깊어진 끝에 윤후익이 직언을 내뱉었던 모양이다. 이번에는 현종이 대신들의 손을 들어주어 윤후익의 관직을 파했다. 중신들은 당시 의관들이 임금을 치료하여 조금이라도 효험이 있으면 교만하게 굴고 마치 사대부인 양 군다고 멸시했다. 이러한 분위기에서 윤후익이 하고 싶은 말을 거침없이 내뱉었던 것이 아닐까 짐작된다.

임금의 끊이지 않는 총애

윤후익과 관료들이 끊임없이 갈등을 빚는 중에도 현종은 변함없이 윤후익을 총애하며 가까이 두었다. 그는 임금의 질병 치료에 참여해 공을 세울 때마다 크고 작은 상을 받았다.

현종 1년 종기를 치료하여 당상관에 오른 것을 시작으로, 현종 3년 삭녕현감, 과천현감을 거쳐 고양군수에 올랐다. 현종 6년 윤후익이 의금부에 하옥되고 도형을 선고받았던 바로 그 시기에도 임금은 그에게 부호군 벼슬을 내리고 품계를 올려주었다. 현종 6년, 7년, 8년, 10년, 임금의 온양 온천행에도 윤후익은 꼬박꼬박 동행했다. 윤후익에게 관직을 제수하거나 말을 내리는 등 크고 작은 상을 내린 기록이 실록의 여러 곳에 나타난다.

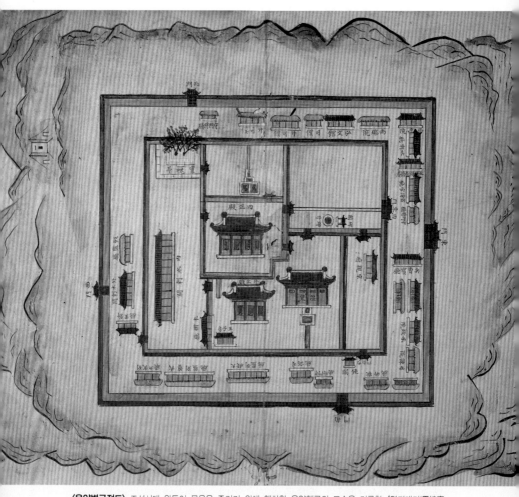

〈온양별궁전도〉 조선시대 왕들이 목욕을 즐기기 위해 행차한 온양행궁의 모습을 기록한 《영괴대기(靈槐臺記)》에 실려 있다. 조선의 왕 중에서 온양행궁을 가장 많이 찾은 왕이 현종이었다. 규장각한국학연구원 제공.

임금으로부터 받은 마지막 상

현종 10년, 임금은 다시 큰 종기로 고생하게 된다. 8월 23일부터 심해지기 시작한 턱 아래 종기가 11월 17일 더욱 악화되었다. 여러 의관들은 모여 침으로 종기를 터뜨릴지 여부를 의논했다.

턱에 자리 잡은 종기는 크기가 작은 병만 했고 익은 부분은 색깔이 몹시 붉었다. 이에 약의(藥醫)들은 하루이틀 더 기다려야 한다고 하고, 침의(鍼醫)들은 당장 종기를 터뜨려야 한다 하여 의견이 일치되지 않았다. 조정 대신들은 의원들의 말을 가벼이 믿고서 경솔하게 침을 댈 수 없다고 했기에 분위기는 매우 살벌했다. 약방의 여러 신하들도 얼굴에 핏기가 없어질 정도로 긴장한 상태였다. 이에 현종은 버럭 화를 냈다.

> "길가에 집을 지으면 3년이 되어도 이루어지지 않는다고 했다. 의원들이 이렇게 많으니 의논이 어떻게 일치되겠느냐? 고름 따는 것을 지체하다가 만일 두통이나 오한이 있게 되면 어쩌려고 하느냐? 속히 침놓을 기구를 갖추고 오도록 하라!" 　현종개수실록 10년 11월 17일

이에 의관이 침놓을 채비를 하고 입시하자 임금이 겉옷을 벗었다. 종기를 침으로 째려고 하는데 임금의 얼굴색이 변했다. 앞서 여러 의원들과 대신들이 침을 놓아서는 안 된다고 말한 까닭에 임금의 마음에 의심이 일었기 때문이다.

이런 살벌한 분위기에서 침을 손에 잡은 의관이 바로 윤후익이었

다. 윤후익은 차분히 임금의 종기를 침으로 절개했다. 고름이 거의 한 되나 쏟아졌다. 의심하던 임금도 비로소 얼굴빛이 온화해졌다.

"오늘 종기 부위가 몹시 당겼기 때문에 침으로 딸 생각을 정한 것이 다. 종기를 따버리고 나니 마음이 아주 시원하여 매우 기쁘다."

현종개수실록 10년 11월 17일

임금이 이렇게 말하자 도제조 이하 여러 의관들이 기쁜 마음에 자신들도 모르게 소리를 질렀다.

종기가 완전히 치료된 후 현종 11년 8월 16일, 여러 의관들이 상을 받았다. 침을 잡았던 윤후익 역시 상을 받았는데, 이날의 기록이 윤후익이 직접 등장하는 마지막 기록이다.

백광현, 마의에서 신의로

그는 시장 통의 비렁뱅이 소년이었다

백광현(白光玹)은 인조 3년(1625)에 태어났다. 키가 크고 몸집이 우람했으며 인상이 순하고 눈빛에 광채가 있었다. 그런데 집안이 워낙 가난하여 행색은 항상 초라했다. 어릴 때는 제대로 된 옷이 없어 누더기 옷을 대충 걸치고 다녔고, 갓을 쓰기는 했으나 항상 낡고 찢어진 상태였다. 게다가 집에 먹을 것이 떨어지면 시장 통을 기웃거리며, 이 사람 저 사람에게 구걸하거나 돈을 빌리고 다녔으니 사람들에게 업신여김을 받기 일쑤였다. 그러나 아이들이 발로 차고 때리고 욕하고 희롱해도 백광현은 그저 웃어넘길 뿐이었다.

마의(馬醫)가 인의(人醫)가 되다

본래 무관 집안의 자손인 백광현은 장성하여 임금과 궁궐을 호위하는 우림위(羽林衛)에 들어갔다. 군대에 소속되었으므로 말 타기와 활쏘기 연습을 늘 해야 했다. 그러던 중 그만 달리는 말에서 떨어져 크게 다치게 되었다. 이때 생긴 부상으로 고생하다가, 어느 유명한 의사에게서 치료를 받고서야 회복되었다. 이 일을 계기로 백광현은 스스로 의사가 되어 사람을 살리는 일을 하겠노라는 뜻을 품었다.

그는 활터에서 연습하다가 짬이 나면 항상 주머니에서 침을 꺼내 침술을 연마했다. 동료 궁사들은 침으로 사람을 죽일 양이냐고 놀리기 일쑤였지만, 그럴 때마다 백광현은 사람을 죽이려는 것이 아니라 고치려고 하는 것이라 답하며 묵묵히 수련을 이어갔다.

군대에 소속되어 있다 보니 가장 가깝게 접할 수 있었던 환자는 바로 말이었을 것이다. 그는 주로 침을 써서 말의 병을 치료했으며, 경

말침과 침통 말에게 사용하는 침과 그것을 보관하는 침통. 한국마사회 마사박물관 제공.

험이 쌓일수록 그의 의술은 더욱 정밀해졌다.

　이제 그는 사람의 종기를 치료하는 데까지 의술을 넓히게 된다. 말이든 사람이든 다 같은 생명체가 아닌가? 말을 치료하면서 갈고 닦은 의술을 사람의 종기에 적용해보았는데, 과연 효과가 있었다. 백광현은 이제 말을 치료하는 의사에서 사람을 치료하는 의사로 전업하게 되었다.

인의(人醫)가 신의(神醫)가 되다

종기를 앓는 사람이 있다는 얘기를 들으면 백광현은 바로 달려가 치료해주었다. 백성들의 집을 다니면서 환자를 보면 볼수록 더욱 다양한 종기를 접하게 되었고, 경험이 쌓이면 쌓일수록 종기에 대한 그의 지식도 점점 쌓이고 침술도 더욱 발전하게 되었다.

　하지만 그가 처음부터 환자를 모두 살려낸 것은 아니었다. 초반에는 간혹 지나치게 과도한 침법을 구사하여 환자가 사망한 경우도 있었다. 하지만 그의 치료로 효험을 보고 살아난 사람이 점점 많아지면서, 백광현의 치료를 받기 위해 몰려오는 환자가 나날이 늘어났다.

　그러던 중 그를 더욱 유명하게 만들어준 사건이 일어난다. 시장 사람 중 한 사람이 다리를 절뚝거리는 병을 앓게 되었다. 그는 백광현의 유명세를 듣고서 그를 찾아와 치료를 간절히 청했다. 백광현은 이 사람을 정성껏 치료했고, 놀랍게도 치료를 시작한 지 단 하루 만에 절뚝거리던 사람이 똑바로 걸어다닐 수 있게 되었다. 보는 사람마다 놀라지 않을 수 없었고, 이 소문은 삽시간에 온 고을로 퍼졌다. 절름발이를 단 하루 만에 멀쩡하게 걷게 해주다니? 사람인가, 신인가? 백광현은 이제 세상 사람들에게서 신의(神醫)라고 불리기 시작했다.

조선 땅에 신이 내린 의사가 있다는 소문은 조정까지 들어가고, 현종 4년(1663)에 백헌(白軒) 이경석(李景奭, 1595~1671)[18]이 백광현을 내의원에 천거하기에 이른다. 마침내 그가 내의원 의관으로 활동을 시작한 것이다. 이때 그의 나이 39세였다.

삶과 죽음을 정확히 예언하다

그는 병이 앞으로 변화할 과정이나 예후를 정확하게 예측했다. 숙종 임금이 배꼽에 종기를 심하게 앓은 적이 있었다. 종기 주변의 색깔이 자흑색이고 만지면 말랑말랑한 상태였다. 보통 종기는 초기에 붓고 딱딱하다가 어느 정도 화농이 되어 고름이 충분히 잡히면 종기 난 부위가 말랑말랑해지게 된다. 이렇게 환부가 말랑말랑해지면 침으로 종기의 꼭대기 부위를 절개하여 고름을 뽑아낸다.

숙종의 배꼽 종기가 말랑말랑해지자 여러 의관들이 일제히 이제 침

---

18 조선 중기의 문신. 1613년(19세)에 진사시, 1617년(23세)에 문과 급제했으나 북인이 주도하는 인목대비 폐비론에 반대하다 급제를 취소당했다. 1623년(29세) 인조반정 후 알성문과에 급제해 벼슬길에 올랐다. 1636년 병자호란이 일어났을 때 도승지로 국왕을 보필했는데, 인조가 청나라에 무릎을 꿇고 굴복하여 전쟁이 끝나자 청나라의 요구에 따라 굴욕적인 삼전도비(三田渡碑)의 비문을 쓰면서, 글을 배운 것을 후회했다고 한다. 대제학, 이조판서를 거쳐 우의정, 좌의정, 영의정까지 올랐다. 일생 동안 청백리로 살았다. 그의 이념과 정책은 숙종 때의 소론으로 연결된다. 문집《백헌집》을 남겼다.

으로 종기를 터뜨려야 한다고 주장했다. 그러나 백광현 혼자서 반대했다. 이는 고름이 잡힌 상태가 아니므로 침법을 써서는 절대 안 된다고 저지했다. 그럼 어떻게 치료할 것이냐는 물음에 백광현은 뜸법을 써야 한다고 답했다.

"배꼽의 맞은편 혈에 뜸을 뜨면 사흘 후에 반드시 황색 기운이 오른편에 나타날 것이고, 그러면 전하의 병은 저절로 나을 것입니다!"

임금은 백광현의 말을 믿어보기로 했다. 침으로 절개하고 고름을 짜내는 고통스러운 시술을 받지 않고도 사흘 동안만 뜸을 뜨면 낫는다니, 한번 시험해보기로 했다. 그의 말대로 뜸을 떴더니 사흘 뒤 과연 황색 기운이 배꼽 오른쪽을 둘러싸면서 나타났다. 숙종 임금은 매우 놀라며 "백광현은 가히 신(神)이로다." 하고 감탄했다.

백광현이 워낙에 유명하다 보니 관료들이 치료를 청하는 경우도 허다했다. 어느 날 정내교(鄭來僑, 1681~1759)[19]의 외삼촌이 입술에 종기가 나서 백광현에게 치료를 청했다. 직접 환자의 상태를 확인하고 나서, 백광현은 이렇게 말했다.

"이틀만 일찍 부르지 그러셨습니까? 이제는 너무 늦어서 어찌해 볼 도리가 없으니 어서 장례 치를 준비를 하도록 하십시오. 오늘 밤을 넘기지 못할 것입니다."

환자가 오늘 밤 당장 죽는다는 의사의 대답이 절망스러웠겠지만,

---

19 조선 후기의 시인·문장가. 자는 윤경(潤卿), 호는 완암(浣巖). 한미한 선비 집안 출신이지만 시문에 특히 뛰어나, 당대 사대부들이 그를 귀중하게 여겼다. 1705년 역관으로 통신사의 일원이 되어 일본에 갔을 때 독특한 시문의 재능을 드러내 더욱 명성을 얻었다. 저서로 《완암집(浣巖集)》 2책 4권이 전한다.

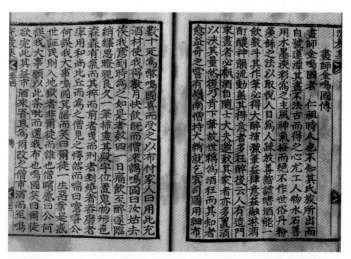

워낙에 유명한 의사이기에 가족들은 믿지 않을 수도 없었다. 과연 밤이 되자 환자는 백광현의 말대로 사망하고 말았다. 이렇게 그는 병의 예후와 생사를 정확히 예측했다고 한다.

자신의 목숨을 담보로 왕대비의 뒷목을 과감히 절개하다

백광현은 내의원에 입성한 뒤로 현종과 숙종 때에 걸쳐 30여 년 동안 왕실에 질병이 생길 때마다 치료에 참여하여 공을 쌓았다. 현종의 뒷목에 생긴 종기, 효종의 비이자 현종 때에는 대비였던 인선 왕후의 발제(髮際 | 머리털이 자라는 경계)에 생긴 종기, 숙종의 후두(喉頭)에 생긴 종기, 배꼽에 생긴 종기 등을 치료했고 공로가 있을 때마다 품계가 올

라갔다.

그중 인선 왕후의 발제에 생긴 종기를 거침(巨鍼)으로 절개하여 치료한 것은 아마 당시 왕실이 발칵 뒤집혔을 대단한 일로 짐작된다. 대비의 뒷목 부위에 생긴 큰 종기를 치료하려면 고름이 무르익었을 시점에 큰 침으로 종기의 뿌리까지 깊숙이 절개해 들어가야 했다. 그런데 만약 실패한다면? 왕실의 최고 어른인 대비의 몸에 칼을 대고서 치료해내지 못한다면 목숨을 잃을 수도 있었다.

발제의 종기를 큰 침으로 절개해야 나을 수 있다는 백광현의 말을 듣고 현종은 깊은 고심에 빠진다. 결국 고민 끝에 현종은 어머니의 종기에 칼을 대는 침술을 허락했다. 마침내 백광현이 인선 왕후의 발제종 부위를 절개하고자 손에 든 거침을 환부로 가져가는데, 그 순간까지 갈등하던 현종이 손을 들어 백광현을 제지하고자 했다. 그러나 백광현은 과감히 대비의 종기 부위를 절개했다.

백광현이 쓴 침법은 환부를 내 천(川) 자 형태로 절개하는 것이었다. 발제종의 뿌리가 있는 곳까지 천 자 형태로 4치(약 12센티미터)가량을 절개했다. 지켜보는 이들의 심장을 오그라들게 했을 과감한 침술은 성공적으로 끝났다. 인선 왕후는 쾌유했다.

아무리 당대의 명의였다지만 목숨을 담보로 한 침술을 치르면서 긴장하지 않을 수 없었다. 백광현은 집안사람들에게 이 일로 십년은 감수했노라고 말했다고 한다.

백광현은 이렇게 공로를 세울 때마다 상을 받고 품계가 올라 종6품 강령현감, 포천현감, 정2품 지중추부사(知中樞府事)[20]를 거쳐서 종1품 숭록대부(崇祿大夫)[21]의 자리까지 올랐다. 물론 내의원 의관 중 가장 예우받는 자리인 어의도 되었다. 시장 통을 떠돌며 구걸하고 다니던 소년이 오로지 의술 하나를 연마하여 의원이 오를 수 있는 가장 높은 자리에 올랐던 것이다.

환자의 귀천보다 병의 경중을 먼저 따지다

이렇게 높은 벼슬에 올랐으면서도 백광현은 교만하지 않았다. 관직이 점점 올라가 신분이 상승되었고, 또 나이도 들어 점차 노쇠해졌지만, 누구든지 병자가 요청하면 귀천을 따지지 않고 어떠한 핑계도 대지 않고 찾아가 정성껏 치료했다. 백광현을 모셔 가려는 고관대작들의 마차와 말이 집 앞에 줄을 서도 그는 진료의 순서를 정할 때 오로지 병의 경중만을 기준으로 삼았다. 관복을 갖춰 입고서 시장을 지나갈 때에도, 가난한 거지아이라 할지라도 달려와 병을 고하면 반드시 말에서 내려 진찰하면서 터럭만큼이라도 싫어하는 낯빛을 보이지 않았다. 그의 성품이 어떠했을지 짐작할 수 있지 않은가?

---

20 중추부의 정2품 무관 벼슬. 중추부는 현직이 없는 당상관들을 예우하기 위해 배속하는 관아로, 일정한 업무나 실권이 없었다.
21 종1품 상(上)의 문무관 품계.

백광현도, 어느 누구도 피해 갈 수 없는 죽음을 맞이하게 된다. 그가 병들어 죽음을 앞두고 있다는 소식을 듣고 임금은 수시로 사람을 보내 안부를 묻고, 약재를 내렸다. 왕비도 수시로 음식을 하사했다. 하지만 그는 숙종 23년(1697) 73세 나이로 사망하고 만다. 백광현의 부고를 듣고서 왕과 왕비는 지극히 애석해했고, 어느 신하에 대한 부의금보다 많은 금액을 하사했다고 한다.

백광현이 사망한 뒤 아들인 백흥령(白興岭), 백흥성(白興聲)과 제자인 박순(朴洵)이 그의 업을 이어받았다. 이들도 종기를 꽤 잘 치료한다고 인정받았으나, 백광현의 자손이나 제자 중 누구도 백광현의 신묘함에는 미치지 못했다. 그래서 백광현의 죽음 이후 백성들은 이렇게 탄식했다고 한다.

"이제 세상에 백광현이 없으니, 아! 종기에 걸린 나에게는 이제 죽음만이 있을 뿐이구나!"

문맹자 피재길, 최고의 고약을 만들다

아버지의 유산

피재길(皮載吉)은 의사 집안에서 태어났다. 그의 아버지는 종기 치료를 업으로 삼았고, 여러 가지 약재를 배합하여 종기를 치료하는 고약을 잘 만들어냈다. 그런데 피재길이 어렸을 때 아버지가 돌아가셨기에 피재길은 아버지의 의술을 이어받을 길이 없었다. 다행히 그의 어머니가 아버지 곁에서 보고 들었던 몇 가지 처방을 기억해서, 피재길은 몇 가지 고약 만드는 법을 배울 수 있었다.

피재길은 의서를 읽을 줄 몰랐다. 단지 집안에 전해 내려오던 고약 몇 가지를 만들 줄만 알았다. 그는 약재를 이리저리 모아 끓여서, 고약을 만들어 팔아서 생계를 유지했다. 의서를 읽을 줄 몰랐기에 의사라 자처하지도 않았다. 그런데도 그의 고약은 자못 효험이 있었기에,

소문을 들은 여러 사대부가 그를 불러 고약을 시험해보았고, 상당한 효험을 보았다.

정조 임금을 만나다

때는 정조 17년(1793) 여름이었다. 궁궐의 내의원은 임금의 병이 낫지 않아 고심하고 있었다. 정조 임금의 머리에 난 절종(癤腫 | 부스럼)이 오랫동안 낫지 않았다. 내의원 의관들이 머리를 맞대고 여러 약과 침을 다 시험해보았지만 점점 더 심해지기만 했다. 처음에는 머리 부위에만 있던 것이 점점 퍼져서 얼굴로 내려오고, 더욱 퍼져서 턱까지 자리를 잡아버렸다. 계절은 푹푹 찌는 한여름인 데다가 종기의 고통까지 더해져 연일 임금의 잠자리는 고통스럽기 그지없었다.

신하들은 매일같이 알현하여 임금의 안부를 물었다. 그러던 중 한 신하가 피재길의 이름을 임금에게 고했다.

"어느 지방에 어느 의원이 있는데 그 사람이 만드는 고약이 여러 종기에 효과가 좋다고 하니 그를 불러 시험해보심이 어떻습니까?"

이제 내의원 의관들에게만 치료를 맡기기도 힘든 상황이 아닌가? 임금은 피재길을 바로 궁으로 불러올리라고 명했다.

《이계집(耳溪集)》 조선 후기의 문신 홍양호의 시문집. 이 책의 〈피재길소전(皮載吉小傳)〉에 피재길에 관한 기록이 있다. 기록역사박물관 제공.

내의가 고치지 못한 병을 고치다

피재길은 임금의 명을 받고 한양으로 올라왔다. 지방에서 고약을 팔며 생활하던 이가 갑작스레 어명을 받아 궁궐에 들어오게 되었으니, 피재길로서는 모든 것이 어리둥절할 수밖에 없었을 것이다.

마침내 어전에 나아갔을 때, 피재길은 미천한 신분이라 감히 고개를 들어 임금의 얼굴을 쳐다보지도 못하고 벌벌 떨며 식은땀을 흘렸다. 옆에 앉아 피재길의 모습을 보던 여러 내의원 의관들은 몰래 그를 비웃었다. 정조 임금은 피재길에게 가까이 다가와 살펴보라고 명했다.

"두려워하지 말라. 가까이 다가와 환부의 상태를 진찰하라. 네가 가진 재주를 모두 발휘해보아라."

임금의 말에 힘을 얻어 피재길은 임금의 환부를 살펴보았다. 그리고 이 종기를 치료할 수 있는 처방이 있으니 시험해보겠다고 했다.

피재길은 물러나 약을 만들기 시작했다. 약의 주재료는 웅담이었고, 그 밖에 몇 가지 약재를 함께 배합하여 고약을 완성했다. 완성된 고약을 임금에게 올리자, 이미 오랫동안 종기로 고통 받아온 정조는 이 고약을 바르면 며칠이면 나을 수 있겠는가 바로 물어보았다. 피재길은 하루면 통증이 그칠 것이고 3일이면 아물 것이라고 대답했다.

임금은 반신반의하며 고약을 환부에 발랐다. 그런데 하루가 지나자 정말 종기의 고통이 씻은 듯이 사라지는 것이 아닌가! 그리고 정말로 3일 후에 임금의 종기는 깨끗이 아물었다. 이에 임금은 이렇게 명했다.

"피재길이 올린 약을 바르니 전날까지 느꼈던 고통이 잠시 후에 사라졌다. 오늘날 이렇게 대단한 재주를 가진 자가 숨어 있는 줄은 몰랐도다. 이 의사는 가히 명의(名醫)라 할 수 있고 이 약은 가히 신방(神方)이라 할 수 있도다. 이 노고를 갚을 길을 의논하도록 하라."

이에 신하들은 피재길을 우선 내의원의 침의(鍼醫)로 임명하고 6품의 품계를 내릴 것을 청했다. 임금은 이를 윤허하고, 그를 나주 감목관(監牧官)에도 임명했다.[22] 이 정도면 그야말로 이름 없던 시골 의원의 인생 역전이 아니겠는가? 이제 피재길의 이름은 온 나라에 퍼졌고, 그의 웅담고는 신묘한 처방으로 세상에 전해지게 되었다.

---

22 감목관은 지방의 목장 업무를 담당하던 종6품 관직인데, 조선시대에는 교통·운수·군사 면에서 말이 매우 중요했으므로 말 사육과 관리를 중시 여겼다.

정조 임금과의 이별

세월이 흘러 정조 24년, 때는 역시 여름이었다. 6월 초부터 나기 시작한 정조 임금의 종기는 회복될 기미를 보이지 않고 악화되기만 했다. 임금은 다시 피재길을 불러들인다. 피재길은 다시 임금의 종기를 진찰하게 되었다.

그런데 임금의 병세는 이미 심각한 고비를 넘기고 있었다. 등에 난 종기가 심한 통증을 일으켰고, 고름이 빠져나오지 못한 상태였으며, 뒷목에서 등까지 여기저기 연적만 한 크기로 부어오르고 있었다. 이미 피재길이 손을 써보기 어려운 상태였던 것이다.

정조 임금은 결국 6월 28일 종기로 말미암아 숨을 거둔다. 지방에서 고약을 팔며 생계를 연명하던 피재길에게 6품 관직을 내려주었던 사려 깊던 임금과 이별하게 된 것이다.

임금이 승하하면 치료에 참여했던 의관들은 임금을 살리지 못한 벌을 받아야 했다. 피재길 역시 임금의 치료에 참여했기에 국문을 받고 무산으로 유배를 떠나야 했다. 그리고 3년 뒤인 순조 3년(1803)에야 유배에서 풀려날 수 있었다.

고대의 현자가 환생하여 비밀리에 전한 신비로운 처방

비록 피재길은 의서도 읽지 못하는 까막눈이었지만 그가 만든 고약은 그 어느 처방보다 강력한 효과를 발휘했다. 이는 조선 후기 의학의 한 특징을 대변해준다. 화려한 의론은 갖추지 못했을지라도 실질적인 효과가 있는 처방이기만 하면, 민간 의학이라도 왕실에서는 적극 수용했던 것이다. 임진왜란 이후 실제적인 효과를 중요시하는 경험 의학이란 풍토가 번졌던 것과 같은 맥락으로 이해할 수 있다.

정조가 세상을 떠난 뒤 피재길에게 죄를 물었던 신하는 그가 글자를 읽지 못하고 약재의 기본 성질인 한열평독(寒熱平毒 | 찬 성질과 더운 성질, 독성이 있고 없음)조차 전혀 식별하지 못한다는 것을 알고서 깜짝 놀랐다. 그런데도 그가 만든 몇 가지 고약이 온갖 종기에 기이한 효험을 내는 것을 알고서 더욱 깜짝 놀랐다. 어떻게 저렇게 무식한 사람이 저렇게 대단한 약을 만들어낼 수 있단 말인가? 사람들은 이렇게 평했다.

"피재길이 만든 고약은 전에 본 적이 없던 기이한 병에도 귀신같이 잘 듣는다. 이는 글을 모르는 피재길이 할 수 있는 일이 아닌데도 그가 하고 있다. 게다가 그의 처방은 어느 의서에도 나오지 않는 것이다. 어쩌면 고대의 현자가 환생하여 지금 의사들 속에 숨어 있다가 피재길에게 비밀리에 그 신묘한 처방을 전해준 것이 아니겠는가?"

실은 피재길이 아니라 피재길의 집안에 대대로 내려오던 그 의술이 대단한 것이었다고 평가받아야 할 것이다. 아버지가 일찍 사망하는 바람에 피재길은 집안의 의술을 온전히 물려받지 못했다. 그저 몇 가지 고약 만드는 법을 배웠을 뿐인데 그 고약에 그렇게 뛰어난 효능이 있었던 것이다. 그렇다면 피재길의 능력이 대단하다기보다는 조선 후기 어느 의사 집안에서 보유하고 있던 그 의술이 신묘했다고 평가하는 것이 옳을 것이다.

이동, 사람의 몸에서 나오는 것을
약재로 이용하다

마부의 의술이 집주인의 의술보다 더 뛰어나다

이동(李同)은 조선 후기에 활동했던 의원이다. 사실 그의 정확한 이름은 알려져 있지 않고, 단지 자(字)가 동(同)이라 하여 이동이라고 불렸다. 그는 낫 놓고 기역 자도 모를 정도로 문맹이었지만, 종기를 잘 치료하는 명의로 당대에 이름을 떨친 사람이다.

이동은 젊었을 때 가난해 몸을 의지할 데도 없었다. 그래서 임국서(林國瑞)라는 의원의 마부로 들어갔다. 임국서는 예로부터 전해 내려오는 책이란 책은 다 갖추고 있었고, 평생 의서를 읽으면서 의원으로 활동했다. 이동은 까막눈이라 의서 한 권 제대로 읽은 적이 없지만, 임국서가 지나가다 한두 마디 툭툭 내던지는 단서만 듣고 스스로 깨쳐서 의술을 익혔다.

임국서는 이동이 무식하고 배운 바도 없는데 어떻게 제대로 된 의술을 펼치겠느냐고 무시했지만, 그 스스로는 평생토록 의술이 뛰어나다는 평을 듣지 못했다. 반대로 이동은 종기를 잘 치료하기로 점차 이름을 떨치게 되었다.

그만의 독특한 약재 철학

그가 사용한 약재는 여느 의원들과 달랐다. 물론 침과 뜸을 기본적인 치료 도구로 사용했다. 그런데 그 밖에도 사람의 몸에서 나는 일체의 것들을 약재로 사용한 것이 독특했다. 예를 들어 손톱, 머리카락, 소변, 대변, 침, 때와 같은 것을 모두 약재로 이용했다. 때로는 풀, 나무, 벌레, 물고기 등도 사용했는데, 모두 한 푼 이하의 값싼 것들이었다.

사람들이 보기에 하도 기이해서, 다른 의원들이 쓰는 보통 약재를 두고 왜 그런 희한한 재료를 쓰는지 그에게 물어보곤 했다. 그때마다 이동은 "사람의 몸에 이미 좋은 약재를 갖추고 있는데 무엇 때문에 번거롭게 바깥에서 재료를 구하겠는가?"라고 대답했다.

기침 소리만으로 폐농양을 진단해내다

어느 날 이동이 어느 집에 가서 주인과 얘기를 하고 있었다. 그런데 방 안에서 기침소리가 잇따라 들려왔다. 이동은 가만히 그 기침 소리를 듣고서는 집주인에게 말했다.

"지금 저 기침 소리는 보통 기침 소리가 아닙니다. 분명히 오장육부 속의 종기인 내옹(內癰)이란 병이 생긴 것이고, 저 기침 소리는 장부 속에 이미 고름이 가득 차 있는 사람이 내는 소리입니다."

이 말을 들은 집주인은 깜짝 놀랐다.

"저 사람은 내 누이입니다. 내 누이는 지금 건강한데 무슨 병이 있다는 말입니까?"

"기침 소리를 들어보니 이미 장부 안에서 종기가 많이 곪아 있는 상태입니다. 며칠만 더 지나면 이미 치료할 수 없는 상태가 될 것입니다."

깜짝 놀란 집주인은 일단 누이를 이동에게 보이기로 했다.

이동은 누이를 진찰하고 침을 놓았다. 옆구리 갈비뼈 사이에 침을 놓으니 잠시 후 환자는 격한 기침을 시작하고는 속에 쌓여 있던 고름을 몇 되나 토해냈다. 고름을 다 토해낸 후 그녀의 기침도, 장부 안에서 썩고 있던 종기도 깨끗하게 나았다.

이 환자가 앓았던 병은 폐농양이 아니었을까 추측된다. 구토로 고

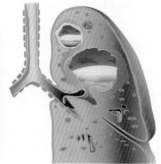

폐농양

름이 나왔다면 식도와 이어진 위(胃)에 문제가 있거나 기도와 이어진 폐에 문제가 있는 것이다. 그런데 이렇게 기침이 주증상이면서 장부 내에서 고름이 쌓이는 이른바 내부 종기, 곧 내옹에 해당하는 것은 바로 폐농양이다.

정조 임금의 치질을 치료하다

이동의 유명세는 궁궐까지 도달한 모양이다. 정조 임금이 일찍이 치질을 앓았다. 내의원 의관들이 제대로 치료를 못한 때문이었는지 이동은 궁궐로 불려가 정조 임금의 치질을 치료하게 되었다. 민간의 의사가 궁궐로 불려간 것을 보면 이동이 당시에 꽤나 유명한 의사였음은 분명하다.

환부가 환부이다 보니 이동은 엎드려서 치질 부위를 살펴보아야 했다. 갓 때문에 시야가 가려 갓을 벗고 환부를 살피고자 엎드리니 정조 임금이 껄껄껄 웃었다. 이동의 머리카락이 빠져서 거의 반탈모 상태라 상투를 틀어 올릴 수가 없었기 때문이다. 상투가 있어야 할 자리가 휑하니 대머리 상태이니 이를 본 정조가 웃었던 것이다. 임금은 이동에게 탕건을 내려주어 머리를 덮도록 했다.

치질 치료는 순조롭게 잘 끝났다. 그 공으로 정조는 호조의 돈 10만 냥을 내렸다. 의서도 제대로 읽지 못하는 민간의 의원이 내의원 의관들도 못한 치질 치료를 해냈다는 것은 매우 상징적인 사건이었다. 피재길이 웅담고로 정조 임금의 얼굴 종기를 치료한 것과 궤를 같이하

는 일로, 민간의 자생적인 의학이 중앙의 왕실에서 인정을 받았다는
의미다. 이동의 성공 소식과 또 큰 상급을 받았다는 소식을 들은 백성
들은 모두 자신의 일처럼 기뻐하고 영광스러워했다고 한다. 이는 관
료 의학을 뛰어넘은 민간 의학의 승리이자 백성들의 승리로 받아들여
졌기 때문이 아닐까?

의사는 뜻을 얻어야 한다

이동의 치료법이 워낙 뛰어난 효과를 보이니 그의 치료법을 따라하는
사람들이 생겼다. 그들은 이동이 쓰는 약재를 그대로 따라 써보았다
가 만약 잘 안 들으면 이내 그를 비난했다고 한다. 이에 대해 《호산외
사(壺山外史)》에 이동의 생애를 기록한 조희룡(趙熙龍, 1789~1866)[23]은
이렇게 평했다.

> 대부분의 의사들은 의서들을 집집마다 가득 쌓아놓고서 증세에 따
> 라 책을 찾아보고 처방을 내린다. 옛 책을 따라 그대로 시술하는 데
> 도 천하의 병이 여전히 그대로 있는 것은 무엇 때문인가? 증세는 같
> 아도 병이 다르고 병은 같아도 증세가 다른 것이니 병의 치료 여부

---

23 조선 후기의 화가. 자는 치운(致雲), 호는 우봉(又峰)·석감(石憨)·철적(鐵笛)·호산(壺山)·
    단로(丹老)·매수(梅叟). 추사 김정희의 문하생이라고 전해진다. 《석우망년록(石友忘年
    錄)》이라는 자서전적인 저술과, 미천한 계층 출신으로 학문·문장·서화·의술·점술에
    뛰어났던 사람들의 행적을 기록한 《호산외사(壺山外史)》를 남겼다.

《호산외사》 조선 후기의 문인이자 화가인 조희룡이 엮은 인물 전기집. 이동의 전기가 실려 있다.
출처-http://bookseum.hwabong.com.

는 오직 의사가 뜻(意)을 터득하여 이 뜻에 따라 의술을 시행하는 여하에 달려 있다. 만약 옛 의서에서 말하지 않는 증세가 있다면 의사 된 자는 장차 어떻게 치료한단 말인가?

이동은 싸디싼 쇠오줌, 말똥, 북가죽으로써 그 비싼 지유, 단사, 천마, 청지의 쓰임을 대신했으니 신기하도다. 의(意)는 넓게 응용하기가 어렵고 넓게 응용하는 것은 이치에 맞기가 어렵다고 했는데 의사는 반드시 그 뜻을 얻어야만 일국의 명의가 될 수 있을 것이다.

문인이었던 조희룡은 이동이 넓게 의술을 적용할 줄 알았던 것은 바로 그가 뜻(意)을 터득했기 때문이라고 인정했다. 질병은 다양하기 그지없기에 의서에서 그 모든 질병을 다 기록할 수가 없다. 이동이 가장 값싼 재료로 의서에도 기록되지 않은 수많은 질병을 치료할 수 있었던 것은 바로 그가 의사로서 '뜻'을 터득했기 때문이다. 이는 현대의 의사들에게도 필요한 덕목이 아닐까?

조광일, 오직 가난한 자들만 치료하다

태안에 은둔한 침의 달인

조광일(趙光一)은 가난한 집안에서 태어났다. 집안이 가난하여 이리저리 떠돌아다니다가 태안의 합호(合湖) 서쪽 기슭에 정착하게 되었다. 조광일은 다른 특별난 재주는 없었다. 하지만 침술만큼은 뛰어나다는 명성을 얻었다. 그래서 그는 스스로 침은(鍼隱)이라는 호를 지었다. 아마 침의 은자(隱者), 곧 침술의 숨은 달인이라는 뜻이 아닌가 싶다.

주머니 속의 침으로 사람을 살리다

그의 의술은 예로부터 내려오는 처방이나 탕약을 따르는 것이 아니

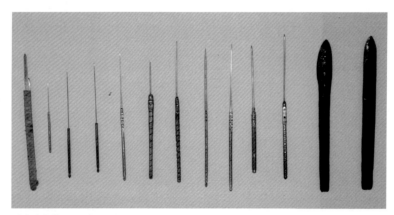

여러 가지 침 경희대학교한의학역사박물관 소장.

라, 주로 침을 사용하는 것이었다. 특히 종기를 침으로 치료하는 기술
이 뛰어났다. 항상 작은 가죽 주머니를 지니고 다녔는데, 그 안에는
구리나 쇠로 만든 침 10여 개가 들어 있었다. 긴 것, 짧은 것, 둥근 것,
모난 것 등 다 다른 모양이었다. 이 침들로 지독한 종기를 터뜨리고,
상처를 치료하고, 어혈을 풀고, 풍기를 소통시키고, 절름발이와 꼽추
를 일으켜 세웠다. 그가 침으로 치료해 바로 효과가 나지 않는 경우가
거의 없었다고 한다.

가난한 자, 힘없는 자들의 편에 서다

어느 날 조광일의 오두막 앞을 어느 노파가 죽을힘을 다해 기어와, 문
을 두드렸다. 노파는 이렇게 애원했다.
  "저는 어느 마을에 사는 아무개의 어미입니다. 제 아들이 병들어

거의 죽게 되었으니 제발 목숨을 살려주십시오."

노파는 한눈에 봐도 가난한 행색이었다. 아마 조광일이 침으로 병을 잘 낫게 한다는 소문을 듣고 먼 길을 찾아온 듯 보였다. 보통 의원이었다면 초라한 행색에 치료비라도 받을 수 있을까 싶어 이런저런 핑계로 왕진을 거절할 수도 있었을 것이다. 하지만 조광일은 잠시도 주저 없이, 조금도 귀찮은 기색 없이 흔쾌히 자리에서 일어나 병자의 집으로 향했다.

또 어느 비 내리는 날이었다. 비 때문에 길은 진창이 되었는데, 조광일이 나막신을 신고 어딘가로 서둘러 가고 있었다. 그를 알아본 한 지인이 어디를 그렇게 급하게 가느냐고 묻자 조광일은 이렇게 대답했다.

"어느 마을에 사는 아무개의 아버지가 병이 났는데, 지난번에 내가 침을 한번 놓았는데도 아직까지 차도가 없다고 하기에 오늘 다시 가서 침을 놓으려고 합니다."

이 말을 듣고 지인이 이렇게 물었다.

"도대체 그대에게 무슨 이득이 되길래 매번 이렇게 몸소 수고롭게 합니까?"

그러자 조광일은 대답하지 않고 그저 웃으며 가던 길을 재촉했다.

이러한 일화들이 조광일에 대해 말해주는 바는, 바로 그가 가난한 자들의 편에 있었다는 것이다. 침으로 종기를 터뜨리고 고름을 뽑아내는 것은 보통 번거로운 일이 아니다. 게다가 부잣집이나 권세 있는 집도 아니고 가난하고 힘없는 백성들의 왕진 요청에 언제나 흔쾌히 따라나섰으니, 치료비를 제대로 못 받는 일도 허다했을 것이다. 그럼에도 조광일이 가난한 자, 힘없는 자들의 병을 기꺼이 치료하고자 했던 것은 백성의 고통과 설움을 누구보다 잘 알았기 때문이었다.

나만은 고관 현작들의 병을 치료하지 않으리라

조광일이 마음만 먹었다면 얼마든지 권세 있는 집이나 부잣집을 다니면서 재산을 모았을 수도 있다. 그런데 오히려 조광일은 보통 의사들과는 정반대 행보를 보였다. 그는 지위가 높은 벼슬아치의 집에는 아예 발을 디딘 적이 없었다. 고관 현작(高官顯爵)들의 왕진 요청에는 응하지 않았다. 오로지 그는 돈 없고 힘없는 백성들의 병만 치료했다.

당시 의술은 천한 기술로 여겨졌고, 또 백성들이 다니는 여항(閭巷)24은 추잡한 곳으로 불렸다. 그런데 조광일은 침술로 명성을 얻었음에도 오히려 추잡하게 여겨지는 여항을 다니면서 돈 없는 백성들의 병을 치료해주었다.

그는 세상의 의원들이 자신의 의술을 믿고 교만하게 구는 것을 경멸했다. 서너 번 청해야 겨우 치료 요청에 응하는 그들의 태도를 미워했다. 그것도 부잣집의 요청에만 응할 뿐 가난한 집이라면 백 번을 청해도 온갖 핑계로 자리에서 일어서지 않는 그들의 행동을 비난했다.

그래서 조광일은 굳이 자신이 가지 않더라도 권세 있는 집에는 다른 의원들이 다닐 것이므로, 자신은 오직 가난한 백성들만을 치료하고자 했던 것이다. 이는 권세 있는 집만 다니려는 세상의 의원들에 대

---

24 백성의 살림집들이 모여 있는 곳.

《희조질사》 이경민이 지은 평민 전기집. 조광일에 관한 기록이 있다. 출처─왕실도서관 장서각 디지털 아카이브.

한 무언의 질책이었다.

이승에서 환자 만 명을 고치리라

침통을 쥐고 여항의 백성 사이에서 의술을 베푼 지 10여 년이 지났을 때에 조광일은 이렇게 말했다.

"제가 침통을 쥐고 사람들 속에 돌아다닌 지 10년이 넘었는데, 하루에 여러 명, 한 달에 수십 명을 살려냈고, 지난 세월 동안 살려낸 사람이 적어도 수백 수천 명은 될 것입니다. 제 나이 이제 마흔이니, 다시 수십 년을 그렇게 한다면 만 명은 살려낼 수 있을 것입니다. 그러면 저는 제가 할 일을 다하는 것입니다."

가난한 백성 만 명을 살려낸다면 자신이 해야 할 일을 마치는 것이라니 의사로서 소신에 찬 발언이 아닐 수 없다. 사람들은 흔히 한 가지 능력이라도 있으면 권세와 이익 사이에서 무엇이든 취하려고 하지만, 조광일은 의술이 뛰어나도 명예나 돈을 구하지 않았고, 또 의술을 베풀되 보답을 바라지도 않았던 것이다. 현실에서 정말 만나기 힘든 의사가 조선 후기 태안 땅에서 살다 간 것이다.

조광일의 인품에 감동한 이경민(李慶民, 1814~1883)[25]은 그의 행적을 《희조질사(熙朝軼事)》에 기록하면서 이렇게 평했다.

"조광일은 의술을 널리 폈으되 보답을 바라지 않고, 궁하고 권세 없는 사람들의 급함을 우선으로 삼았으니, 남보다 훨씬 어진 사람이다. 나는 사람이 '천 명을 살리면 반드시 음보(陰報)의 녹(祿)[26]을 먹으리라.'라는 말을 들었는데, 조광일은 이 나라에서 훗날 보답이 있으리라."

---

25 조선 후기의 문신. 자는 원회(元會), 호는 운강(雲岡). 빈한한 집안에서 태어나 벼슬이 첨지중추부사에 이르렀다. 청렴 고결한 선비로 시국이 어려워지자 벼슬을 버리고 향리에서 은둔 생활을 했다. 편저로 《희조질사》가 있다.
26 음보(陰報)란 눈에 보이지 않는 보답. 녹은 벼슬아치가 받는 녹봉을 뜻하는데 여기서는 복록(福祿)을 의미하는 것 같다.

4부

조선 의학이 종기와 싸운 방법

종기 치료에 꼭 필요한 무기

종기의 일생

종기가 생기면 먼저 환부가 붓는다. 환부를 만져보면 뜨끈뜨끈 열이 느껴지고, 색깔도 주위보다 붉어진다. 그리고 통증도 느껴진다. 이것이 종기가 생겼을 때 나타나는 증상이다. 시간이 조금 더 지나면 종기가 생긴 곳에서 누런 고름이 잡히기 시작한다. 고름이 차오를 대로 차오르면 종기를 짜서 고름을 터뜨린다. 고름이 다 나오면 이제 새살이 돋는다. 새살이 다 차오르면 종기가 완전히 나은 것이다.

　종기가 생기는 것은 독기(毒氣)가 맺혔기 때문이다. 독기는 열독(熱毒)일 수도 있고 한독(寒毒)일 수도 있다. 열독이든 한독이든 독기는 흐르지 못하고 고인 데서 생긴다. 흐르는 물은 절대 썩지 않지만 고인 물은 반드시 썩는다. 사람의 몸도 마찬가지다. 혈기가 잘 돌지 못하기 때문에 독기가 맺히는 것이다. 외부에서 침입한 독기이건 자신의 몸에서 생긴 독기이건 간에, 고여 있기 때문에 독기가 증식하는 것이다.

독기는 몸속의 노폐물일 수도 있고 몸 안팎의 세균일 수도 있다. 노폐물과 세균은 아주 친한 사이다. 웅덩이에 괸 썩은 물에 세균이 증식하고, 땀이 잘 차는 축축하고 냄새나는 발에 무좀 균이 활개를 치듯이, 혈기가 잘 돌지 못해 고이고 썩은 부위에 세균이 자리를 잡는 것이다. 세균이 증식하면 백혈구가 세균을 죽이기 위해 치열한 싸움을 벌인다.

이 과정을《동의보감》에서는 이렇게 설명한다.

"혈기가 경맥을 잘 흐르지 못하고 머물러 있으면 피가 잘 돌지 못하고, 피가 잘 돌지 못하면 기(氣)도 잘 돌지 못하고 막히게 된다. 이와 같이 혈기가 잘 돌지 못하면 열이 난다. 그리고 열이 심하게 계속 나면 살이 썩는데, 살이 썩으면 고름이 생긴다."

고름이 생긴다는 것은 살이 썩었다는 것이고, 나쁜 독기가 다 곪았다는 것이다. 썩은 조직의 찌꺼기와 백혈구가 죽인 세균의 시체가 고름이 된다. 고름이 생기기까지 소요되는 기간은 종기의 종류에 따라 단 며칠이 될 수도 있고 심지어 몇 달이 될 수도 있다.

그런데 아직 환부에 고름이 생기기 전이라면 어떻게 치료해야 할까? 곪지 않도록 빨리 염증을 없애는 방향으로 치료해야 한다. 만약 고름이 충분히 쌓여 있다면 어떻게 해야 할까? 빨리 고름을 터뜨려 배출해야 한다. 고름이 잘 터진 후에는 어떻게 해야 할까? 새살이 잘 돋아나도록 하는 방향으로 치료해야 한다.

그런데 아직 충분히 고름이 생기지도 않았는데 종기를 째서 터뜨리면 어떻게 될까? 이는 절개할 시기를 잘못 잡은 것으로 멀쩡한 살에 상처만 입히는 꼴이다. 만약 고름이 충분히 생겼는데도 터뜨리지 않고 시간을 끈다면 어떻게 될까? 이렇게 되면 독기가 내부로 더 깊이 들어갈 수도 있다. 만약 고름을 터뜨렸지만 충분히 다 빼내지 못했다면 어떻게 될까? 환부는 아물지 않고 고름만 계속 흘러나오는 상태가 될 것이다. 만약 고름이 잘 배출되었는데 살이 아물지 않는다면 어떻게 될까? 아물지 못한 붉은 살갗에서 쓰라린 통증이 계속 느껴질 테니 새살이 잘 생기도록 조직을 회복시키는 치료를 빨리 해야 한다.

이렇게 종기의 단계별로 가장 적절한 시점에 가장 적절한 치료 방법을 써야 한다. 만약 엉뚱한 방향으로 치료한다면 종기는 잘 낫지 않은 채 시간만 흘러가고, 환자의 고통은 커지기만 할 것이다.

항생제가 필요할 텐데?

웅덩이에 괸 물에서 세균이 번식하면서 썩듯이, 세균은 축축한 곳을 좋아한다. 혈기가 흐르지 못하고 엉켜서 부어 있는 환부는 세균이 증식하기 딱 좋은 조건이다. 그래서 세균의 증식을 막는 항생제가 필요하다.

'항생제(抗生劑, antibiotics)'라는 용어는 서양 의학에서 유래했다. 미생물의 발육과 번식을 저해하거나 차단하는 물질로 만든 약제가 항생제다. 그런데 페니실린도 없던 조선시대에는 어떻게 세균을 죽였을까?

소염제도 필요할 텐데?

종기는 결국 염증의 일종이다. 염증의 '염'은 불탈 염(炎) 자다. 염증이란 마치 불이 활활 타오르는 것과 같은 형상을 뜻한다. 소염제(消炎劑, antiphlogistics)란 마치 소화기로 불을 끄듯이 염증을 제거하는 작용을 하는 약제를 말한다. 그래서 종기를 치료하려면 소염제도 필요하다.

지금이야 병원만 가면 쉽게 처방받을 수 있는 것이 소염제다. 스테로이드제가 바로 흔히 쓰이는 소염제의 한 종류다. 그런데 스테로이드제가 없던 조선시대에는 어떤 방법으로 소염을 했을까?

조선시대 항생법과 소염법

결론부터 얘기하자면 종기 치료에 필요한 항생제와 소염제는 모두 자연 속에 있었다. 조선시대에는 페니실린도 없고 스테로이드제도 없었지만, 세균의 증식을 막고 염증을 없애기 위해 독기를 풀어주고 열을 꺼주는 나름의 방법이 있었던 것이다. 그 모든 재료는 자연에서 구했다.

항생과 소염의 목적으로 사용된 한의학의 모든 방법을 이 짧은 지면에 다 나열할 수는 없지만, 몇 가지 대표적인 예를 들어 그 치료 원리를 알아볼 수는 있다. 이제 종기에 대처한 조선 의학의 대표적인 무기들을 만나보자.

각종 약물을 이용한 뜸 소염법

700℃의 마법

어느 한의과대학의 연구센터에서 한창 실험이 진행 중이다. 원뿔 모양 쑥뜸에 온도 측정을 위한 탐침이 촘촘히 박혀 있다. 채취하여 말린 지 3년 넘은 쑥으로 만든 원뿔 모양 쑥뜸이 서서히 타 들어간다. 탐침으로 측정되는 쑥뜸 속의 온도가 컴퓨터 화면에 그래프로 나타나고 있다. 쑥뜸의 내부 온도는 점점 상승해서, 쑥뜸이 3분의 2 이상 타 들어가자 어느덧 700℃를 가리켰다.

그렇다. 뜸은 인체에 열기를 전달한다. 환부에 뜸을 뜨면 엄청난 열에너지가 인체로 전달된다. 뜸의 열기 덕에 피부 조직이 물러지면서 헐거워지고, 평상시에는 침투될 수 없는 쑥의 성분이 피부를 통과하여 환부로 침투된다. 그리고 혈관과 림프관이 넓어지면서 환부에서 엄청난 움직임이 시작되는 것이다.

수많은 의서에서 종기의 초기에 뜸을 뜨라고 말한다. 때로는 5장, 때로는 30장, 때로는 100장씩 환부에 뜸을 뜨라고 했다. 종기의 초기에 뜸을 떠서 염증의 기세를 먼저 꺾어놓으라는 뜻이다. 그런 뒤 침법을 쓰든 외용제를 바르든 다음 단계의 처치로 넘어간다.

흐르는 물은 썩지 않고 구르는 돌은 이끼가 끼지 않는다

소염제란 염증을 치료하거나 방지하는 약을 말한다. 염증이란 외상이나 세균의 침입과 같은 외부적인 요인에 의해, 혹은 인체의 균형이 깨어져 발생하는 내부적인 요인에 의해 특정 부위에 열이 나고, 붓고, 벌게지고, 통증이 생기는 상태를 말한다. 염증이 생기면 고름이나 진물 같은, 혈관이나 림프관에서 스며 나온 구정물(삼출액)이 환부에 고이게 된다. 종기 역시 이러한 염증 반응을 보이는 질병이다.

염증 부위에는 몰려온 혈액, 림프액, 손상된 조직, 세균의 시체, 바이러스 파편 등이 뒤엉켜 있다. 이 상태로는 염증이 치료되지 않는다. 손상된 조직은 회복하고, 세균과 바이러스의 시체는 빨리 배출해야 염증이 그친다.

그러기 위해서는 새로운 혈액이 계속 흘러와서 조직을 회복하고, 림프액이 계속 흘러와서 진물과 고름을 실어 날라야 한다. 다시 말해 고여 있는 상태에서는 염증이 치료되지 않는다는 것이다. 계속해서 흘러오고 흘러가야 염증이 치료된다. 이러한 움직임을 가능하게끔 해

주는 것이 바로 뜸의 열에너지다. 결과적으로 뜸법은 전체 염증 기간
을 단축하는 효과가 있다.

얼음을 데워서 녹이듯이

종기의 종류 중에 석옹(石癰)이라는 것이 있다. 옹(癰)은 지름이 넓은
화농성 종기다. 석옹은 종기의 상태가 마치 돌처럼 단단한데 화농되
지도 않고, 더 이상 변하지도 않는 상태에서 계속 정체되어 있는 것을
말한다. 석옹은 종기 부위의 염증 산물이 뒤엉켜, 마치 얼음이 얼어버
린 것처럼 딱딱하게 굳어 있는 상태다.

　　이 상태에서 혈액과 림프액이 다시 흘러오고 흘러가게 하려면, 환
부에 열기를 가해주어야 한다.
《의방유취(醫方類聚)》[1]에서는 석
옹에 뜸을 100장 뜨라고 말한다.
100장에 달하는 뜸으로 강한 열
에너지를 투입해야 환부의 움직
임이 다시 일어날 수 있는 것이다.

쑥뜸을 뜨기 위해 불을 피우는 도구
출처-사이버한의약체험관.

최단 시간에 최소량을 써서 최장 깊이로 약재 성분을 투입하라

내복약은 복용 후 소화관에서 분해, 소화, 흡수되어 혈관의 흐름을 따라 환부에 도달하기까지 시간이 필요하다. 외용제는 간편하게 환부에 바를 수 있는 장점이 있지만 피부의 진피층을 뚫고 침투되기가 쉽지 않다. 뜸의 장점은 약재를 최소량만 써서, 뜸의 열기를 통해 짧은 시간에 피부 깊숙이 약재 성분을 침투시킬 수 있다는 것이다.

바닷가에서 자란 쑥을 채취하여 말린 지 3년이 지난 뒤 가루 내어 원뿔 모양으로 빚은 것을 애주(艾炷)라 하고, 이 애주로 뜸을 뜨는 것을 애주구(艾炷灸)라 한다. 쑥이 가진 효능 중 하나가 바로 살균 작용이다. 그리고 혈액 순환이 활발해지도록 혈행(血行)을 돕는 작용도 한다. 쑥이 이러한 살균, 활혈(活血) 작용을 하는 정유(精油) 성분을 가장 많이 함유하는 시기가 바로 채취 후 3년이 되었을 때이다. 그래서 3년 된 쑥을 사용하는 것이 가장 효과가 좋다.

뜸을 뜰 때, 살균 효과가 있는 마늘을 깔고 애주를 올리는 것을 격산구(隔蒜灸)라고 한다. 냉기를 풀고 순환을 돕는 효과가 있는 부자를 가루 내어 술과 섞어서 동그랗고 납작한 떡 모양으로 빚은 다음, 그 위에 애주를 올리면 부자병구(附子餅灸)라고 한다. 종기 구멍에서 오래도록 진물이 나오는 것을 치료해주는 두시를 가루 내어 술과 섞어서 동그랗고 납작한 떡 모양으로 빚은 다음 그 위에 애주를 올리면 두시병구(豆豉餅灸)라고 한다. 어혈을 없애는 효과가 있는 굼벵이를 깔

---

1   세종 때 국가사업으로 간행된 종합 의서. 모두 266권으로, 1445년에 완성되었다.

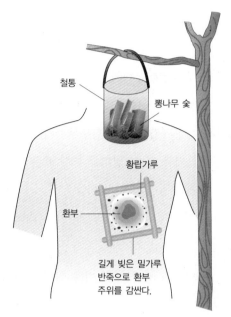

철통

뽕나무 숯

황랍가루

환부

길게 빚은 밀가루
반죽으로 환부
주위를 감싼다.

황랍구법

고 애주를 올리면 제조구(蠐螬灸)라고 한다. 부종을 가라앉히는 효과
가 있는 자리공 뿌리를 깔고 애주를 올리면 이를 상륙근구(商陸根灸)
라고 한다. 그리고 해독과 새살 촉진 효과가 있는 황랍을 깔고 이 위
에서 숯불로 온기를 가하면 이를 황랍구(黃蠟灸)라고 한다.

　이렇게 약재와 뜸을 결합하여 뜸법을 시행하면, 최소량의 약재만으
로 빠른 시간에 환부 깊이 약재 성분을 침투시킬 수 있어 뜸법의 효과
가 배가된다. 어떤 종류의 종기인가, 그리고 어떤 상태의 종기인가에
따라 가장 적절한 약재를 골라 뜸을 뜨면 전체 치료 기간을 단축할 수
있다. 뜸은 가장 흔해 보이는 치료법이면서 가장 광범위하게 응용되
었던 소염법이다.

가장 가까운 출구로 내보내는 배설 소염법

염증에는 반드시 찌꺼기가 생긴다

결막염 환자가 흘리는 눈물, 비염 환자가 흘리는 콧물, 중이염 환자가
흘리는 진물, 폐렴 환자가 내뱉는 가래, 장염 환자가 쏟아내는 설사,
질염 환자가 분비하는 냉(대하)……. 이것들의 공통점이 무엇일까?

비록 부위는 다르지만 무슨무슨 '염'이라 불리는 염증 상태에서는
어떤 형태로든 생기게 마련인, 염증의 찌꺼기라는 점이다. 결막염의
찌꺼기는 눈물로, 비염의 찌꺼기는 콧물로, 중이염의 찌꺼기는 진물
로, 폐렴의 찌꺼기는 가래로, 장염의 찌꺼기는 설사로, 그리고 질염의
찌꺼기는 냉으로 배출된다.

부위가 다르다 보니 배출되는 통로도 다르다. 결막염의 찌꺼기는
눈으로, 비염의 찌꺼기는 코로, 중이염의 찌꺼기는 귀로, 폐렴의 찌꺼

기는 기도를 통해 입으로, 장염의 찌꺼기는 대장을 통해 항문으로, 질염의 찌꺼기는 질로 배출된다. 부위는 다르지만 한 가지 공통점은 바로 염증이 생긴 곳에서 가장 가까운 출구로 배출된다는 것이다.

이 종기라는 것도 염증이다. 고름이 생기는 화농성 염증이 바로 종기라고 했다. 종기의 찌꺼기는 고름이다. 찌꺼기란 반드시 청소해야 할 대상이다. 종기의 찌꺼기인 고름은 반드시 배출되어야 한다는 말이다. 때로는 넓게, 때로는 깊게 자리를 잡고 있지만 이것이 완전히 배출되어야만 종기가 제대로 나을 수 있다. 완전히, 깨끗하게 배출되어야만 염증 상태가 끝나 '소염'이 되는 것이다. 곧 배출 자체가 소염의 중요한 방법이 된다.

찌꺼기가 다 나가야 소염이 된다

종기의 고름이 나가지 않는 상태로는 절대로 종기가 나을 수 없다. 염증의 종료, 곧 소염이 되려면 고름이 깨끗이 나가주어야 한다. 피부에 난 종기라면 피부로 배출되면 된다. 오장육부에 난 종기라면 오장육부와 연결된 입이나 항문, 요도 등으로 배출되면 된다. 어느 통로로 배출되어야 할지 원칙은 간단하다. 바로 종기가 난 부위에서 가장 가까운 출구로 배출되면 되는 것이다.

만약 폐에 난 종기인 폐옹이라면 기도와 구강을 통해 고름을 토해내야 한다. 만약 대장에 난 종기인 장옹이라면 항문을 통해 대변으로 고름을 배설해야 한다. 그 밖에 피부에 난 갖가지 종기들은 모두 피부로 고름을 짜내야 한다.

　만약 고름이 나가지 않으면 염증의 상태를 계속 유지하게 된다. 고름이 쌓인 부위가 계속 아프고 화끈거리는 등 불편한 증세가 계속된다. 배출이 늦어지면 급성 염증은 점차 만성 염증으로 빠지게 된다. 난치병이라 불리는 여러 가지 질병이 왜 난치인지 들여다보면, 바로 배출이 제대로 되지 않았기 때문인 경우가 많다. 배출될 통로가 막혀 있거나, 배출될 통로가 너무 멀거나, 혹은 약을 써서 인위적으로 배출을 틀어막고 있기 때문에 난치가 되곤 한다.

윗몸의 병은 토법으로 배출해야

토법(吐法)이라 함은 인체 상부에 있는 통로로 배출하는 것을 말한다. 특히 코나 입으로 배출하는 경우를 토법이라 부른다. 토법을 잘 이용하여 치료한 예를 들어보자.

　약 천년 전에 장자화(張子和)란 의사가 있었다. 스무 살쯤 된 남자 환자가 오랫동안 기침과 객혈을 앓아, 끈적끈적하고 역겨운 피가래를 계속 뱉어내고 있었다. 가을과 겨울에는 조금 좋아졌다가 봄과 여름이 되면 심해지는데, 몸이 추웠다 더웠다 하면서 저물녘에 발작하는 것이 마치 학질과도 같고, 자면서도 땀을 물 흐르듯 흘리는 상태였다. 여러 의사들이 이런저런 약을 먹여 보았으나 다 소용이 없었다. 땀을 그치게 하는 약도 써보고 가래와 기침이 나오지 못하게끔 틀어막는 약도 써보았으나 모두 효과가 없었다.

그런데 장자화는 이전의 의사들과는 정반대되는 방법을 썼다. 가래와 기침을 진정시키는 약이 아니라 오히려 가래를 확 토해내도록 하는 약을 썼던 것이다. 그가 썼던 약은 독성산(獨聖散)이란 처방이다. 이는 과체(瓜蔕)라는 약재가 주성분으로, 과체란 덜 익은 참외 꼭지를 말한다.

환자가 앓았던 병은 폐옹으로 추측된다. 기침, 객담, 발열 증세가 보이며 끈적이고 냄새가 심한 피가래를 토해냈다고 하는 것으로 보아 폐옹으로 추측되며, 이는 지금의 폐농양에 해당한다. 폐농양이란 폐에 염증이 생겨 폐 내부에 고름주머니가 생기는 질병이다.

여러 의사들이 폐옹의 고름을 배출할 생각은 하지 않고 땀을 그치게 하거나 오히려 기침을 나오지 못하게 하는 식의, 겉으로 나타난 증세만 억누르는 대증약(對症藥)을 썼으니 그 병이 나을 리 없었던 것이다. 장자화는 오히려 고름을 확 토해내도록 하는 약을 썼기에 이 병을 고칠 수 있었다.

과체라는 약재는 병이 가슴 이상의 부위에 있을 때 사용하며, 주로 구토를 유발하는 효과가 있다. 콧속의 물혹이나, 점막이 증식해 혹처럼 튀어나온 폴립을 없애는 작용도 한다. 과일을 먹고 체하여 가슴이 매우 답답할 때도 사용한다. 음력 7월에 저절로 떨어진 참외의 청색 꼭지를 써야 제대로 효과가 난다. 강력하게 구토를 유발하므로 주의해서 써야 하는 약이기도 하다.

인체 상부에 생긴 염증의 찌꺼기는 상부의 통로로 배출하는데, 인체 상부에서 배출 가능한 통로는 기도, 식도와 연결된 구강이다. 구강으로 염증 찌꺼기를 배출하는 것이 가장 빠른 소염법이다.

아랫몸의 병은 하법으로 배출해야

하법(下法)이란 인체 하부에 있는 통로로 배출하는 법을 말한다. 곧 대변이나 소변 등으로 배출하는 경우를 하법이라고 한다. 하법을 어떻게 이용하여 병을 치료할 수 있는지 보자.

약 400년 전 진실공(陳實功)이라는 중국의 유명한 의사가 한 부인의 장옹을 치료했다. 환자는 얼마 전 유산을 했는데, 보통 유산을 하면 하복부에 어혈이 생긴다. 그런데 어떤 이유에서였는지 어혈이 제대로 배출되지 못하고 충분히 몸조리도 못한 상태에서 일을 너무 빨리 시작하게 되었다. 아랫배가 붓고 아팠지만 꾹 참고 견뎠다. 대변이 잘 안 나가고 소변도 시원하지 않고 입이 건조하고 목구멍이 마르며 가슴이 답답하고 잠을 잘 수가 없었다. 의사가 와서 치료해도 복통은 점점 심해지기만 했다. 이에 부인은 진실공을 찾아가 어찌할지 물어보았다.

진실공은 환자에게 복통이 있는데 맥이 빠르고 힘이 있으므로, 이는 단순한 복통이 아니라 장옹으로 이미 장 내에 고름이 생긴 것이라고 말했다. 그리고 의이인탕(薏苡仁湯)이라는 처방에 대황을 추가해 환자에게 복용시켰다. 그러자 환자가 대변을 보기 시작하는데, 고름이 대변으로 몇 사발이나 쏟아졌고 이후 복통이 완전히 사라졌다.

장옹이란 지금의 급성 충수염이다. 충수염이 진행되면 화농이 되어 충수에 고름이 차게 된다. 진실공이 치료한 부인은 충수염으로 고름이 찬 상태였던 것이다.

의이인탕이란 의이인(薏苡仁 ㅣ 율무쌀), 동과자(冬瓜子 ㅣ 박과의 덩굴식

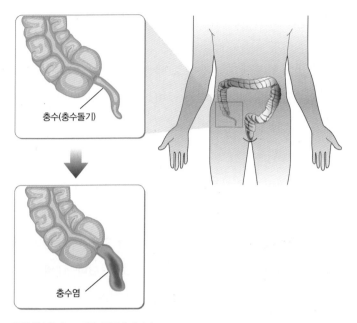

급성 충수염 참조-대한의학회 홈페이지.

물인 동아의 씨), 도인(桃仁 Ⅰ 복숭아씨), 목단피(牧丹皮 Ⅰ 모란 뿌리의 껍질)로 구성된 처방으로, 장옹으로 인한 복통을 치료하는 약이다. 그리고 대황이란 어혈이 막힌 것을 대소변으로 뚫어주는 약으로, 오래되고 막힌 것을 빨리 밀어내고 새로운 것을 생기게 하는 것이 마치 난세를 평정하고 편안한 세상이 오게 해주는 장군과 같다고 하여 별명이 장군풀이기도 하다.

충수에 가득 찬 고름을 배출할 수 있는 통로는 대장과 연결된 항문이다. 대변으로 고름을 쏟아내고 나면 복통을 상당히 가라앉힐 수 있다. 어떠한 질병이든 인체 하부에서 생긴 염증이라면 대변이나 소변으로 염증 찌꺼기를 배출해버리는 것이 가장 유효한 소염법이다.

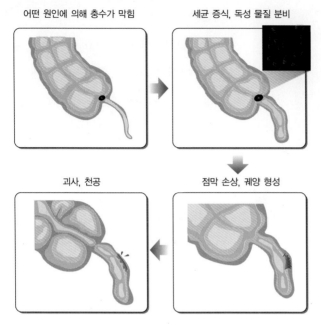

급성 충수염의 발생 기전 참조-대한의학회 홈페이지.

피부의 병은 피부로 배출해야

피부에 생긴 찌꺼기는 피부를 통해 배출하는 것이 가장 빠른 방법이다. 피부에 종기가 나서 고름이 생기고 찌꺼기가 쌓여 있다면, 피부에 배출 통로를 뚫어서 찌꺼기가 나가도록 하는 것이 치료 방법이다. 이 배출 통로를 열어주는 데에 중요한 도구가 있으니 바로 침(針)이다.

종기 치료에 사용되는 침은 여느 침과 다르다. 요즘 쓰는 침은 대부분 바늘보다도 더 가는 호침(毫鍼)이지만, 종기의 고름을 뽑아내는 데 쓰는 침은 메스처럼 넓고 납작한 피침(鈹針)이다. 고름이 절정에 이르렀을 때 종기의 꼭대기 부분을 잘 가려내서 피침으로 찔러 환부를 절

피침 경희대학교한의학역사박물관 소장.

개한다.

《동의보감》에 이런 치료 사례가 등장한다. 어떤 여자가 양쪽 허벅다리에 습선(濕癬 | 진버짐)이 생겼다. 허벅지에 생긴 습선이 무릎까지 퍼졌는데, 가렵고 아프며 긁으면 누런 진물이 나오는 상태였다. 의사들이 여러 약을 써도 효과가 없었다. 그런데 환자를 살핀 한 의사가 이것은 습독(濕毒)이 혈맥에 퍼진 것이므로 침을 놓지 않을 수 없다고 하고는 침으로 환부 100여 곳을 인정사정없이 찔러 피와 진물이 빠져나오도록 했다. 그리고 끓인 소금물로 환부를 깨끗이 씻으라고 했다. 이렇게 하기를 네 차례, 환자의 병은 드디어 낫게 되었다.

습선이란 피부에 하얀 각질, 곧 인설(鱗屑)이 생겨서 가려워 긁으면 긁은 곳에 진물이 나오는 피부질환을 말한다. 습진이나 건선(乾癬 | 마른버짐)과 유사하다.

여기서 알 수 있는 것은 피부 근처에 생긴 찌꺼기는 피부로 배출하는 것이 가장 빠른 방법이라는 것이다. 찌꺼기는 어떠한 경우에도 틀어막아서는 안 된다. 피부 근처에 생긴 진물이나 고름은 피부로 배출하는 것이 가장 빠른 소염법이다.

부항으로 뽑아내는 소염법

염증의 찌꺼기를 뽑아내라

모든 염증에는 찌꺼기가 생기고, 피부 근처에 생긴 종기의 찌꺼기는 피부로 배출되어야 한다고 했다. 종기의 찌꺼기는 고름이나 진물, 혹은 썩은 피다. 이러한 찌꺼기를 없애는 방법으로 빨아내는 법, 곧 석션(suction)도 있었다. 무슨 기계도 없고 심지어 부항총도 없던 조선시대에 어떻게 부항을 하고 석션을 했을까?

균의 서식처를 없애면 균이 살지 못한다

우리의 몸은 조금만 순환이 원활하지 않아도 나쁜 균이 와서 번식을 한다. 고인 물이 썩는다고 하지 않았는가? 종기 부위에 몰려온 고름과 진물과 썩은 피를 적절한 시기에 뽑아내는 것이 환부를 썩지 않게 하는 좋은 방법이다.

자연계를 살펴봐도 마찬가지다. 흐르는 물에는 오염된 물을 붓더라도 물이 흘러가면서 저절로 정화가 된다. 하지만 고인 물은 반드시 썩는다. 고인 물에서는 나쁜 균이 번식하고 썩은 냄새가 나게 된다. 집에 햇볕이 들지 않아 눅눅하고 음습한데 청소도 잘 하지 않으면 금세 곰팡이가 피는 것과 마찬가지다.

종기 부위에 쌓인 피고름을 뽑아내지 않으면 균이 거주할 수 있는 좋은 조건이 형성된다. 피고름이 쌓이면 염증이 그치지 않을 뿐더러 감염균 번식까지 이어진다.

대나무 부항법

조선시대에도 부항을 했다. 비록 지금과 같은 부항컵이나 부항총은 없었지만 다른 도구를 사용했다. 우선 대나무가 있었다. 대나무 줄기의 마디와 마디 사이를 자르면 한쪽 끝은 마디로 막히고 다른 쪽 끝은 빈 속이 보이는, 컵처럼 생긴 통이 된다. 종기 부위에 피고름이 가득 차서 뽑아내야 할 시점이 되었을 때 이 대나무 부항법을 썼다.

먼저 종기 부위를 피침으로 절개한다. 그리고 잘라놓은 대나무 통을 끓는 물에 넣고 끓여 충분히 뜨거워졌을 때, 얼른 꺼내 종기 부위에 갖다 붙인다. 그러면 순간적으로 기압 차이가 형성되어 대나무 통

속은 진공 상태가 되고, 종기 부위 아래에 고여 있던 피고름은 대나무 통 속으로 빨려 나오게 된다. 이것을 대나무 부항법, 다른 말로 자죽통법(煮竹筒法)이라고 한다.

단지 부항법

사기그릇을 이용하는 방법도 있었다. 부항을 뜰 때 쓰는 사기그릇을 부항단지라고 한다. 단지 바닥에 목화솜을 풀로 붙인다. 그리고 종기 부위를 피침으로 절개한 다음 이 단지를 붙인다. 그런데 아무런 처치 없이 단지만 붙이면 기압 차가 생성되지 않으므로 흡입력이 생기지 않는다. 그래서 단지 바닥에 붙여두었던 목화솜에 불을 붙이고 이 불이 꺼지기 전에 종기 부위에 붙인다. 불이 타면서 산소가 소모되면 순간적으로 단지 내부는 진공 상태가 되고, 종기 부위 아래에 고여 있던 피고름이 단지 안으로 빨려 나오게 된다. 이것을 단지 부항법, 다른 말로 부단지법(附丹知法)이라고 부른다.

거머리 석션법

대나무 통이나 단지를 이용할 뿐만 아니라, 사람이 입으로 직접 종기의 피고름을 빨아낼 수도 있었다. 이는 참으로 힘들고 고된 일이 아닐 수 없다. 그래서 생물체를 이용하여 피고름을 빨아내는 방법을 사용했다.

피를 가장 잘 빨아 먹는 생물체가 바로 거머리다. 살아 있는 거머리를 배가 고프게 한 상태에서 종기의 환부에 올린다. 배고픈 거머리는 열심히 환부의 피고름을 빨아 먹고, 배가 불러야 살갗에서 떨어진다. 이렇게 거머리로 하여금 피고름을 흡입하게 하는 방법을 기침법(蜞鍼法)이라고 한다.

찜질로 하는 온열 소염법

염증에는 온열 찜질인가, 한랭 찜질인가?

염증의 '염'은 불탈 염(炎) 자를 쓴다고 했다. 마치 불타는 것처럼 붉고 화끈거리는 것이 염증이다. 이러한 염증을 잠재우기 위해 찜질을 한다면 뜨거운 찜질을 해야 할까, 차가운 찜질을 해야 할까? 이 점에 대해 우리 선조들은 뜨거운 찜질 쪽에 손을 들어주었다. 한랭 찜질을 하는 경우도 있었지만 드물었고, 대부분 온열 찜질을 했다. 열이 오르는 염증에 왜 뜨거운 찜질을 했을까? 따뜻해야 순환이 잘 되고 약재 성분이 잘 침투하기 때문이다.

성종 임금에게 추천한 뜨거운 기와 찜질법

기와는 진흙을 높은 온도로 구워서 만드는 건축 자재다. 건축 자재인 기와가 때로는 의료 도구로도 쓰였다.

성종 25년(1494), 임금은 한 달여 전부터 설사와 기침, 목구멍이 마르는 증세로 고생하고 있었다. 그리고 배꼽 아래에 종기로 추정되는 작은 덩어리도 생겨서 통증을 느끼고 있었다. 내의원 제조는 성종의 상태를 진찰한 후 성종과 똑같은 증세를 앓았던 광양군(廣陽君) 이세좌(李世佐, 1445~1504)²를 불러 어떻게 치료했는지 알아보고자 했다. 이에 입궐한 광양군 이세좌는 기와를 불에 구워 환부를 문지르고 찜질하는 방법을 썼다고 임금에게 아뢰었다.

기와를 불에 구워 종기 부위를 찜질하는 방법이 이세좌가 개발한 독특한 방법은 아니다. 의서에서는 종기가 생겼을 때 환부를 불에 구운 기와로 찜질하라고 말한다. 꼭 종기가 아니라 통증을 가라앉히는 데도 기와 찜질법을 사용했다.

정창(疔瘡)이란 종기가 있다. 뿌리가 좁고 깊이 박힌 종기를 말한다. 종기의 모양이 좁고 깊은 형태여서 고름이 잘 배출되지 않을 뿐더러 병의 진행도 느려, 종기 중에서도 잘 낫지 않는 난치에 속한다. 정창에는 기왓조각을 불에 구워 찜질을 계속하면 종기의 독이 잘 소산(消

---

2 조선 전기의 문신이다. 1477년(33세) 식년문과에 급제하여 벼슬길에 올랐다. 부제학, 도승지, 대사헌 등을 거쳐 한성부 판윤, 호조판서, 이조판서, 예조판서를 역임했다. 연산군 10년(1504) 갑자사화 때, 연산군의 생모 윤비가 폐위될 때 온 힘을 다하여 막지 않고 윤비에게 사약을 전했다 하여 자진하라는 명을 받고 목매어 죽었다.

散)된다고 했다. 독이 소산된다는 것은 바로 염증의 소멸, 곧 소염이 된다는 것이다. 이러한 기와 찜질은 타박상에 사용되기도 했다.

또 기와 찜질에 약재를 더하기도 했다. 유방의 종기, 곧 화농성 유선염이 생기면 총백(蔥白 | 파뿌리)을 환부에 올리고 그 위에 기와를 얹고는 또 그 위에 뜨거운 잿불을 올려서, 두 시간 정도 땀이 나도록 찜질을 한다. 정창에도 역시 총백에 불에 구운 기왓조각을 올리기도 한다.

기와는 자연에서 질 좋은 진흙을 채취해 틀에 넣고 일정한 모양으로 빚은 다음, 가마에서 높은 온도로 구워서 만든다. 예전에 아궁이 앞에서 두 다리를 벌리고 쭈그리고 앉아 불을 지피며 부엌일을 하던 우리의 어머니들은 자궁병에 잘 걸리지 않았는데, 이는 아궁이의 진흙에서 나오는 원적외선이 피부 깊숙이 전해졌기 때문이라는 설이 있다. 진흙을 재료로 만든 기와를 구워서 환부에 찜질하는 것이나, 아궁이에 불을 지피면서 하복부에 저절로 열을 쏘이는 것은 그 효과와 이치가 같다고 볼 수 있다.

백자청화수자문(壽字紋) 불돌 기와 대신 불돌을 데워서 헝겊으로 싼 후 환부를 찜질하기도 한다. 한독의약박물관 제공.

치루에는 뜨거운 벽돌 찜질법

기와뿐 아니라 벽돌을 이용하는 찜질법도 있다.

항문의 질환 중 치루(痔漏)가 있다. 치루란 항문 주위에 생긴 종기, 곧 항문 주위 농양이 치료되지 못하고 계속 진행되어 항문 주위에 터널처럼 관이 생겨버린 것을 말한다. 이 관을 통해 고름이 흘러나오기도 하고, 배변 시에는 대변이 흘러나오기도 한다. 치루는 환부가 완전히 겉으로 드러난 것이 아니고 기다란 관이 속으로 뚫려 있는 것이라 치료도 잘 안 되고 재발도 쉽다. 이러한 치루의 치료를 위해 벽돌 찜

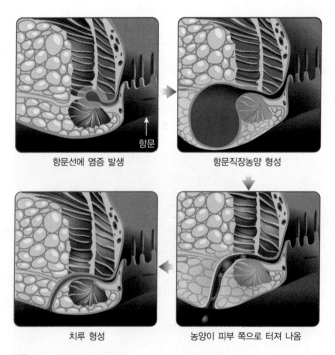

항문선에 염증 발생   항문직장농양 형성

치루 형성   농양이 피부 쪽으로 터져 나옴

치루 참조-대한의학회 홈페이지.

질법을 사용했다.

벽돌 찜질법의 구체적인 방법은 이러하다. 모려(牡蠣ㅣ굴의 껍데기를 구워서 말린 것), 옻, 웅황(雄黃ㅣ천연 비소 화합물), 유황, 사향 등을 가루 내어 대추씨만 한 알약을 빚는다. 이 알약을 한 번에 한 알 항문 깊숙이 삽입한다. 그 다음 새로 구운 벽돌을 불에 달군 뒤 식초에 담가 살짝 식힌 다음, 한 개씩 헝겊에 싸서 항문 부위에 올려 찜질을 한다. 벽돌이 식으면 새로 달군 벽돌로 바꾼다. 이렇게 하면 치루 부위에 쌓여 있던 온갖 썩은 것들, 나쁜 것들이 빠져나오면서 치루가 낫는다.

아물지 않는 환부에는 뜨거운 콜라겐 찜질법

때로는 종기 부위가 시간이 오래 지나도 아물지 않아 속을 썩인다. 고름도 다 나가고 터진 부위만 아물면 되는데, 이게 아물지 않으면서 만성화하는 경우가 있다. 새살이 생기질 않고 있으니 아직 종기가 다 나은 것이 아니다. 염증이 아직 끝나지 않았다는 것이다. 이런 경우에는 피부가 잘 아물도록 하는 약재를 환부 깊이 침투시켜야 한다. 이를 위해 피부의 주된 구성 성분인 콜라겐을 약재로 사용했다.

조선시대에 무슨 콜라겐을 썼을까? 하지만 조선시대에도 콜라겐을 약재로 사용했다. 즉,

당나귀 가죽을 끓여서 농축해 만든 아교 출처-사. 이버한의약체험관.

콜라겐이 풍부하게 들어 있는 동물의 피부를 끓여 추출하여 약재로 사용한 것이다. 우교증법(牛膠蒸法)이 그 방법이다.

우교란 소의 가죽을 몇 날 며칠 고아서 우러난 액체를 건조하여 얻어지는 덩어리를 말한다. 우교(牛膠)라고도 하고 우피교(牛皮膠)라고도 한다.

우교증법은 이렇게 한다. 우교 한 덩어리를 물에 넣고 끓여서 물이 끈적끈적해지면 종이에 두텁게 펴 바른다. 이 종이를 아물지 않은 환부 위에 올리고, 진한 식초 끓인 물에 삶은 부드러운 천으로 환부를 찜질한다. 이렇게 하면 오래도록 아물지 않던 환부에 새살이 돋으면서 마침내 염증이 온전히 그치고 종기가 다 낫게 되는 것이다.

쓸개를 이용한 분해 소염법

쓸개를 둘러싼 의문의 연쇄 살인 사건

선조 40년(1607) 5월, 연쇄 살인 사건에 관한 소문이 전국을 발칵 뒤집었다. 훈련도감의 포수가 무리를 지어 다니면서 사람들을 죽이고 쓸개를 빼내 약재로 쓴다는 소문이었다. 듣기만 해도 등골이 오싹한 이 소문에 백성들은 어린아이들이 집 밖으로 나가지 못하도록 했고, 길을 다닐 때는 칼이나 창을 몸에 지니고 다녔을 정도였다. 진위가 파악되지 못한 소문이 점점 널리 퍼져, 급기야 공포에 질린 사대부와 백성들은 길에서 자취를 감추고 농사를 손에서 놓아버리기까지 했다.

사태가 이 정도로 번지자 포도대장을 파직하라는 상소가 올라왔다. 사람을 죽여서 쓸개를 빼낸다는 소문이 돈 지가 오래되었는데, 이를 대수롭지 않게 여기고 아무런 조치를 취하지 않아 인심이 극도로 흉흉해진 데 대한 책임을 지고 물러나라는 것이다. 임금은 사람을 죽이고 쓸개를 빼내는 흉악한 무리를 당장 잡아들이도록 하고, 이 무리를 잡아오는 백성에게는 특별한 상을 내리도록 했다. 당시 인심이 얼마나 흉흉했을지 대략 짐작이 된다.

쓸개가 창질에 좋다

사람의 쓸개 때문에 백성들이 공포에 휩싸인 것은 이번이 처음이 아니었다. 이미 명종 21년(1566)에 사람의 쓸개를 얻으려고 거지들을 살해한 기록이 보인다.

당시 도성에는 주색을 즐기다가 음창(淫瘡)에 걸린 자가 많았다. 음창이란 문맥상 성관계에 의해 발생하는 일체 성병을 말하는 것으로 보인다.

성병에 걸린 사람은 무척이나 곤혹스러웠을 것이다. 그래서 이에 쓸개가 효과 있다는 의관의 말이 퍼지자, 돈 있는 사람들은 엄청난 돈으로 사람을 매수해 살인을 사주하고 쓸개를 가져오도록 시켰다.

가장 쉬운 대상은 걸인들이었다. 그래서 도성 내의 동활인서, 보제원, 홍제원과 종루 근처에 모여 살던 걸인들이 4~5년 사이에 자취를 감추게 되었다. 걸인들이 사라지자 이제 쓸개를 얻으려고 평민들에게까지 손을 뻗쳤고, 여염집의 아이가 살해당하는 일까지 생겼다.

참혹한 사태는 선조 9년(1576)에도 일어났다. 간과 쓸개가 창질(瘡疾), 곧 부스럼에 좋다 하여 흉악한 무리가 어린아이들을 유괴, 살해

했다. 사람을 나무에 묶어 쓸개를 취하는 일도 벌어졌으므로 나무꾼들이 나무를 하러 산에 오를 수가 없을 지경이었다.

쓸개의 성분이 무엇이길래?

도대체 쓸개가 무엇이길래 이렇게 온 나라에 난리법석이 났을까? 이러한 연쇄 살인 사건이 여러 차례나 벌어진 것은 정말 참담한 일이 아닐 수 없다. 하지만 뒤집어 말하면 그 정도로 쓸개의 효능이 뛰어나다는 얘기도 된다.

쓸개는 간에서 분비하는 쓸개즙을 농축해서 십이지장으로 흘려보내는 곳으로, 쓸개즙은 보통 하루에 700~1200밀리리터 정도 분비되고, 쓸개(주머니)에 최대 40~70밀리리터 정도를 저장할 수 있다. 쓸개즙은 음식물의 소화 흡수를 돕는 담즙산이 80퍼센트, 세포막을 형성하고 신경 전달과 효소 작용에 중요한 역할을 하는 인지질(燐脂質, phospholipid)이 16퍼센트를 구성하고 그 밖에 콜레스테롤이나 불그스름한 색소 물질인 빌리루빈 등으로 이루어진다.

이 중 담즙산에는 지방 분해 효소를 비롯한 여러 가지 분해 효소가 들어 있다. 그리고 담즙산의 중요한 기능이 바로 간을 깨끗하게 청소하는 것이다. 간에서 해독 작용이 이루어지고 나면 간세포 사이사이에 노폐물이나 독성 물질 같은 찌꺼기가 쌓이게 된다. 또한 간염이나 지방간 같은 간질환 때문에도 간세포가 파괴되면서 찌꺼기가 쌓인다. 이렇게 간에 낀 찌꺼기를 분해하고 청소해주는 것이 바로 담즙산이다. 담즙산에 든 여러 분해 효소의 작용으로 간의 찌꺼기를 청소할 수 있는 것이다. 게다가 간은 워낙 재생력이 강하기 때문에, 간에 쌓인 찌꺼기가 청소되면 간세포도 잘 재생된다.

그리하여 한의학에서는 쓸개즙이 간기(肝氣)를 맑게 하고 쓸개를 이롭게 하며 장(腸)을 잘 통하게 하고 해독하며 부기를 내린다고 했다. 또한 종기나 정창, 고름이 나오는 증세를 치료하여 염증을 없애고 열을 내리며 어혈을 없앤다고도 했다.

이렇게 찌꺼기를 없애주어 몸을 깨끗하게 해주는 효능 때문에 쓸개 즙은 여러 피부질환과 간염이나 담석, 요로 결석, 결막염, 당뇨, 타박 상 등에 약으로 쓰였다.

약용했던 동물의 쓸개

쓸개의 효능이 아무리 좋다고 한들 실록의 기록처럼 사람의 쓸개를 취할 수는 없다. 약재로 사용한 쓸개는 주로 동물의 것, 곧 곰, 돼지, 개, 닭의 쓸개 등이었다.

동물의 쓸개는 종기 치료에 주요한 소염제로 사용되었다. 먼저 개 의 쓸개인 구담(狗膽)은 나력의 치료제로 쓰였다. 나력(瘰癧)이란 경부 결핵성 림프절염으로, 결핵균이 목의 림프선에 자리를 잡아 점차 화 농이 되고 환부가 터져 고름과 진물이 계속 흐르는 상태로 변하는 피 부병이다. 뱀의 쓸개인 사담(蛇膽) 역시 나력의 치료제로 사용되었다.

양의 쓸개인 양담(羊膽)은 얼굴에 생기는 종기인 면포(面皰)에 사용되었다. 소의 쓸개인 우담(牛膽)은 손가락에 생기는 종기인 대지(代指)의 치료제로 사용되었다. 곰의 쓸개인 웅담(熊膽)은 나력, 그리고 천형이라 불리는 대풍창(大風瘡), 곧 나병의 치료제로 사용되었다.

돼지쓸개인 저담(猪膽)은 성병인 매독의 치료제로 쓰였고 대지, 정창, 염창(臁瘡 ┃ 하지궤양), 독창(禿瘡 ┃ 머리에 희거나 붉은 반점이 생기고 머리털이 빠지는 백선) 등 여러 피부질환에 사용되었다. 이 밖에도 여러 동물의 쓸개가 여러 질병에 소염제로 사용되었다.

금색과 은색이 함께 어우러진 꽃이 약이다

금은화에 얽힌 전설

옛날 한 고을에 사이좋은 부부가 살고 있었는데 어찌된 일인지 결혼한 지 몇 년이 지나도록 아이가 없었다. 삼신할미에게 열심히 기도를 하던 중 쌍둥이를 낳을 것이라는 꿈을 꾸었고, 얼마 후에 정말 예쁜 쌍둥이를 얻게 되었다. 큰딸의 이름을 금화, 작은딸의 이름을 은화라 지었다. 두 자매는 사이좋게 잘 자랐다. 그러던 중 언니 금화가 갑자기 열병을 얻어 앓아눕고 말았다. 고열과 발진으로 괴로워하는 언니를 간호하던 은화 역시 그만 병이 옮아 함께 앓아누웠고, 그만 두 쌍둥이는 세상을 떠나고 말았다. 죽기 전 두 자매는 이런 유언을 남겼다.

"우리가 죽으면 세상에 이런 열병으로 죽는 사람이 없도록 열병을 치료하는 약초로 다시 태어날 거예요."

금화와 은화를 묻은 무덤 위에서 이름 모를 싹이 돋더니, 점점 자라 무덤 주위를 가득 메운 덩굴이 되었다. 그 덩굴에서 너무나 아름다운 흰 꽃과 노란 꽃이 피어났다. 때마침 마을에 쌍둥이 자매가 앓았던 것과 똑같은 열병이 돌았다. 자매가 죽기 전 남긴 유언이 떠오른 마을 사람들이 무덤 위에 핀 꽃을 달여 환자에게 먹였더니, 씻은 듯이 병이 나았다. 이때부터 이 꽃을 금은화(金銀花)라고 불렀다.

금은화에 얽힌 또 다른 전설이 있다. 옛날 중국 안탕산(雁蕩山)에 그 이름이 임동(任冬)이라고 하는, 약초 캐는 노인이 있었다고 한다. 어느 해 마을에서 눈이 충혈되고 온몸에서 고름이 나오는 괴질 피부병이 유행했다. 많은 사람들이 이 괴질에 걸려 신음했으나 고칠 수 있는 약을 찾지 못하고 있었다.

임동 노인이 이 병의 약초를 찾고자 안탕산 백이봉을 올랐으나 한 달이 지나도록 감감무소식이었다. 임동 노인의 쌍둥이 딸인 금화와 은화는 아버지의 뜻을 이어 괴질에 듣는 약초를 찾고자 안탕산을 올랐다. 그런데 기이한 일이 생겼다. 약초를 찾으려고 안탕산의 봉우리와 동굴을 헤매고 다니는 금화와 은화의 발자국에서 푸른 덩굴이 자라나는 게 아닌가? 이 덩굴에서 금빛과 은빛 꽃이 피어나더니 덩굴과 꽃이 말하기 시작했다.

"괴질을 고치려면 우리를 끓여서 먹어야 해!"

덩굴과 꽃의 외침은 안탕산 봉우리마다 울려 퍼졌고, 마침내 온 산이 이 함성으로 가득 차게 되었다. 이 소리를 들은 마을 사람들이 모두 산으로 올라가 이 덩굴과 꽃을 잘라서 끓여 먹었더니, 곧바로 열이 내리면서 피부병이 깨끗이 나았다.

마을 사람들은 임동 노인과 그 쌍둥이 딸을 기리는 마음에 그 덩굴을 인동(忍冬)이라 부르고 꽃을 금은화(金銀花)라 불렀으며, 그 뒤로 고름이 나오는 피부병이나 전염병을 치료하는 약으로 썼다고 한다.

전설이 말해주는 효능

전설은 전설일 뿐이다. 하지만 금은화에 얽힌 전설에서 그 효능에 관한 부분은 진실이다. 금은화는 실제로 고열과 발진을 동반하는 전염병이나 고름이 나오는 피부병에 훌륭한 치료제다.

금은화란 이름은 낯설지 모른다. 하지만 인동초라는 이름은 한 번쯤 들어봤을 것이다. 수년 전 세상을 떠난 한 전직 대통령의 별명이 바로 인동초 아니었던가? 이파리 몇 개로 모진 겨울의 추위를 참고 견디며 인고의 시간을 보낸 후, 봄을 맞아 기품 있는 꽃을 피워내는 것이 바로 인동초다. 초여름이 되면 꽃이 피는데 처음에는 흰색으로 피었다가 2~3일이 지나면 노란색으로 변해서, 마치 한 그루에 흰 꽃과 노란 꽃이 함께 피어 있는 것으로 보이기 때문에 금은화라 불린다.

인동초는 우리나라 야산이나 들 어디서나 자란다. 땅이 황폐하고 척박해도 잘 죽지 않고 무성하게 번식한다.《조선왕조실록》에도 경기도, 충청도, 경상도, 전라도, 강원도 등지에서 인동초의 꽃인 금은화가 약재로 생산된 기록이 보인다. 또한 우리 선조들은 겨울을 잘 참고 견딘 후 봄에 피어나는 금은화의 기개를 높이 평가했다. 그래서 금은화는 벽화나 기와의 무늬로 쓰였고, 또 3품 관료가 입는 관복의 관대에도 금은화 무늬가 새겨졌다.

금은화는 한약의 페니실린이라 불릴 정도로 그 효능이 뛰어나다. 해열, 해독, 소염 작용을 하며 종기가 생겼을 때 고름을 배출하는 작

인동무늬 수막새 국립경주박물관
제공(허가번호 경박201205-967).

용도 한다. 그래서 온갖 종기·악창·이질·나력에 소염제로 쓰이고, 대장염·인후염·편도선염·결막염 같은 여러 염증성 질환에도 치료 제로 사용된다.

금은화술을 마시면 종기가 낫는다

금은화는 달여서 약액을 복용할 수도 있고 가루 내어 복용할 수도 있다. 혹은 짓찧어 환부에 바를 수도 있다. 금은화로 차를 우려내거나 술을 담가 마시기도 했다.

금은화술 만드는 법을 소개하면, 먼저 금은화를 생으로 채취해 사기그릇에 넣고 짓찧는다. 여기에 술을 약간 붓고 잘 섞은 후 종기가 생긴 환부에 넓게 펴 바른다.

혹은 금은화 덩굴을 채취하여 나무 공이로 잘 찧어서 물 두 사발을 붓고 감초와 함께 끓인다. 물이 절반으로 줄어들면 여기에 무회주(無灰酒) 곧 아무것도 섞지 않은, 농도가 진하고 좋은 청주를 한 사발 붓고 다시 끓인다. 10여 차례 거품이 인 다음 맑은 액만 걸러서 복용한다. 찌꺼기는 환부에 발라준다. 대소변이 시원하게 소통되면 약력이 제대로 도달한 것이다. 말린 덩굴을 쓰기도 하는데 생것의 효력과 속도에는 미치지 못한다.

혹은 금은화의 덩굴 부위만 가져다 찧고 그것에 뜨거운 술을 부어두었다가, 즙을 짜서 복용하기도 한다. 큰 화농성 종기나 등창, 화농성 유선염을 치료하는 효과가 있다.

여러 가지 약탕기 출처−사이버한의약체험관.

금은화술은 종기가 난 부위가 어디든 모두 신묘한 효과를 발휘한다고 의서에 전한다.

금은화가 주인공이다

실제로 의서를 펼쳐보면 많은 종기 질환에 금은화가 주요한 약재로 사용되었음을 알 수 있다.

먼저 금은화산(金銀花散)이라는 처방이 있다. 등창이나, 악창(惡瘡) 곧 오래도록 잘 낫지 않는 악성 종기가 생겼을 때 고름을 배출하고 통증을 그치게 하는 데 쓰는 처방이다. 금은화와 감초를 4:1 비율로 섞어 가루 내어 달여서 그 약액을 마신다.

회독금은화산(回毒金銀花散)이라는 처방도 있다. 뒷목 근처 뇌와 인접한 부위에 뿌리가 깊게 내리는 뇌저(腦疽)라는 종기나, 종기의 색깔이 검게 변하면서 병세가 위급해지는 상황에 응급으로 쓰는 처방이다. 금은화와 황기와 감초를 2:4:1 비율로 섞어 아가리가 좁은 항아리에 담고 술을 부은 다음, 단단히 밀봉한 채로 중탕을 한다. 등잔불을 세 번 태우는 동안 중탕한 다음, 꺼내 맑은 액만 복용한다. 그리고 환부를 이불로 덮어 따뜻하게 하면, 검게 푹 꺼져 있던 종기 부위가 점점 밝아지고 솟아오르면서 음증(陰證)이 양증(陽證)으로 바뀌고, 이제 치료의 희망이 보이게 된다.

그리고 인동환(忍冬丸)이라는 처방도 있다. 이는 뼈까지 종기가 퍼지는 것을 예방하기 위해 사용했다. 인동초를 항아리에 넣고 무회주를 부은 다음 은은한 불로 하룻밤을 달인다. 그리고 그늘에서 말려서 가루 내어 환으로 빚어 복용한다.

금은화는 생명력이 아주 강하여 척박한 땅에서도 잘 자란다. 산이나 들, 논둑이나 밭둑, 골짜기 같은 곳에도 잘 자라며 황폐하고 메마른 땅이라 해도 웬만해서는 죽지 않는다. 병충해도 거의 없거니와 추위와 가뭄도 잘 견딘다. 금은화의 이 끈질긴 생명력이 바로 약효로 이어지는 것이 아닐까? 종기로 사경을 헤매고 있을 때에 저승길을 돌이켜 이승으로 다시 되돌아오게 할 수 있는 약이 바로 금은화가 아닌가 한다. 회독금은화산(回毒金銀花散)이란 이름처럼 회독(回毒)의 효능이 있는 꽃이다.

신종플루와 금은화

금은화의 효능이 얼마 전 크게 주목받은 적이 있다. 몇 년 전 신종플루가 세계적으로 유행했을 적에 타미플루를 대신하여 신종플루를 예방하고 치료할 수 있는 약재로 금은화가 주목을 받았다. 금은화가 지닌 항균 작용과 항바이러스 작용이 인정을 받은 것이라 할 수 있다.

사실은 금은화가 가진 효능을 항바이러스 작용에 국한할 수 있을까 싶다. 자연은 인류에게 많은 선물을 주었다. 금은화도 그런 고귀한 선물 중 하나다. 이러한 선물을 발견하느냐 못하느냐, 제대로 쓰느냐 못 쓰느냐는 인간의 몫일 것이다.

조선시대 프로바이오틱스

21세기 새로운 약의 형태

최근에 프로바이오틱스(probiotics)라는 말이 새로 생겼다. 유산균제라고도 한다. 장내 미생물 균형을 개선하거나 면역계를 활성화시켜 인간에게 유익한 영향을 미치는, 살아 있는 미생물 식품을 뜻한다. 다시 말해 인간에게 유익한 미생물을 먹을 수 있는 형태로 가공한 것을 프로바이오틱스라고 한다.

최근 프로바이오틱스 식품과 약품이 많이 연구 개발되고 있다. 아기들의 장을 청소하여 장 기능을 개선하는 약제로 유산균을 가공한 프로바이오틱스를 투여하기도 한다. 또 현대인들이 자주 앓는 아토피 피부염 같은 피부질환의 치료제로서, 화학적으로 가공된 약품인 스테로이드제나 항히스타민제의 한계를 벗어나기 위해 프로바이오틱스를 연구하는 시도들도 찾아볼 수 있다.

한약에 미생물을 입히다

그런데 조선시대에도 프로바이오틱스가 있었다. 조선시대에도 미생물을 먹어서 병을 치료했다는 말이다.

보통 한약은 물에 끓여서 약재 성분을 추출하여 한약액으로 만들거나, 말려서 가루 내거나, 가루 낸 것을 둥글게 빚어 환약으로 만든다. 그런데 한약에 미생물을 첨가해 이 미생물로 한약이 발효되도록 해서 만드는 발효 한약이 있다.

한약을 발효하는 방법은 이러하다.

우선 발효의 대상이 되는 한약을 준비하고, 여기에 발효균의 먹이가 될 당분을 제공할 지에밥을 준비한다. 발효를 일으킬 균으로는 누룩곰팡이균을 사용한다. 한약과 지에밥, 누룩을 항아리에 담고 물을 부은 뒤 따뜻한 방 안에 며칠 두면 발효 한약이 완성된다.

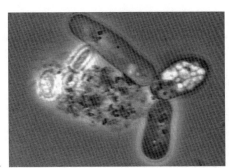

미생물 현미경 사진 저자 촬영.

항아리에서 발효 중인 한약
대한발효한약학회 어봉우 제공.

발효 한약은 어떤 질병 치료에 썼을까?

나력, 곧 경부 결핵성 림프절염은 앞에서도 여러 번 이야기했지만 결핵균의 감염으로 목의 림프선에 생긴 화농성 염증이다. 초기에는 구슬처럼 동그랗게 붓다가 시간이 지나면서 점차 고름이 생겨 터지게 된다. 나력을 치료하기 위해 현삼(玄蔘)이란 약재를 발효하여 치료제로 사용했다.

현삼 발효 방법은 이러하다. 먼저 현삼 한 근을 진하게 달인다. 그리고 찹쌀이나 멥쌀 한 되를 현삼 달인 약액으로 쪄서 지에밥을 만들고, 여기에 누룩 가루 한 되를 섞어 항아리에 담고, 물을 부은 뒤 익기를 기다린다. 발효가 다 되었을 때 발효액을 취해 복용하면 나력의 핵이 없어진다. 이 현삼 발효액에는 현삼 추출 성분과 누룩곰팡이균이 함께 섞여 있다.

대풍창이라고 불리던 나병에도 발효 한약을 사용했다. 대풍창은 나균에 감염되어 생기는데, 피부 발진, 감각 소실, 과다 감각, 손발의 말단 부위가 떨어져 나가는 등의 증상이 나타나는 감염성 피부질환이다.

대풍창 치료를 위해 고삼(苦參)·노봉방·위피(蝟皮 | 고슴도치의 가죽)를 가늘게 자르고, 여기에 누룩과 지에밥을 함께 섞어서 항아리에 담고 물을 부은 뒤, 따뜻한 방에 4일간 둔다. 이렇게 해서 약재가 누룩 곰팡이에 발효되어 발효액이 생기면, 그 액을 따라 하루 석 잔씩 복용한다.

한약에 세월을 입히다

발효는 며칠 동안이 아니라 오랜 시간에 걸쳐 천천히 진행되는 경우도 있다. 대풍창 치료를 위해 가자(茄子 | 가지)를 발효시키는 경우, 황색 늙은 가자 큰 것을 새 항아리에 가득 채워 넣고 땅 속에 묻어둔다. 1년이 지나면 항아리에 발효액이 차오른다. 발효액에 고삼 가루를 넣고 반죽해 환약을 만든다. 식사 후와 잠자리에 들 때 술과 함께 30알씩 복용한다.

가자를 발효할 때에는 1년이라는 긴 시간이 소요된다. 발효에 쓰인 미생물은 가자 자체에 묻어 있던 자연적인 균이다. 1년에 걸쳐 만들어진 가자 자연 발효액 속에는 약재의 성분과 함께 여러 가지 미생물이 포함되어 있는 것이다. 이들 여러 가지 미생물이 대풍창 치료에 함께 참여한 것이다.

또한 독창을 치료하기 위해 상심(桑椹)이라는 약재를 100일 동안 발효시키기도 했다. 독창(禿瘡)이란 머리에 무좀 균이 번식해서 생긴 두부 백선을 말한다. 무좀 균이 두피에 침범해 탈모와 각질이 생기는 것이다. 뽕나무 열매, 바로 오디를 약재로서 일컬을 때 상심이라고 한다. 상심 한 되를 사기 항아리에 넣고 잘 밀봉하여 북녘 처마 아래에 묻어둔다. 100일이 지나면 발효액이 차오른다. 환부를 깨끗이 씻은 뒤 이 발효액을 바르면 독창으로 빠진 머리카락이 곧 다시 난다고 한다. 100일 동안 발효를 거친 상심 발효액에는 상심 성분과 함께 상심이 원래 가지고 있던 여러 미생물이 함께 포함되어 있고, 그 모든 것이 독창을 함께 치료하는 것이다.

감염 질환에 쓰이다

발효 한약은 나력, 나병, 두부 백선 외에 옴 감염이나 물사마귀 등에도 쓰였다. 모두 세균이나 진균, 바이러스에 의한 감염성 피부질환이다. 감염과 상관없이 발생하는 피부질환보다 감염에 의해 발생하는 피부질환에 발효 한약이 주로 쓰였다.

발효를 위해 첨가된 미생물이 감염균을 퇴치하는 데에 작용하여 한약의 치료 능력을 배가해준 것이다. 곧 유익한 미생물이 질병을 일으킨 유해한 미생물을 퇴치하는 데 일조했다는 뜻이다. 이는 곧 발효 한약이 천연 항생제 역할을 했다는 뜻이기도 하다.

그렇다면 우리 선조들의 지혜가 참 대단하지 않은가? 지금이야 현미경이나 여러 추출 도구나 세균 배양 도구를 이용해 원하는 세균을 배양하고 가공해내지만, 그런 도구가 없었던 시대에 이미 세균을 질병 치료에 이용했던 것이다. 미생물이 미생물을 퇴치한다는 개념이

있었든 없었든 간에, 우리 선조들은 21세기 사람들이 프로바이오틱
스로 질병을 치료하고자 하는 것처럼 항아리 안에서 만들어진 프로바
이오틱스로 질병을 치료했다.

가장 더러운 것이 가장 더러운 것을 치료한다

프로바이오틱스의 원료

프로바이오틱스란 살아 있는 미생물을 추출하여 섭취할 수 있는 형태로 가공한 것이다. 그런데 프로바이오틱스를 만들어내려면 어디서 미생물을 추출해야 할까?

프로바이오틱스의 원료가 되는 것으로 우선 사람의 대변이 있다. 건강한 사람의 장내에는 유익한 미생물이 들어 있다. 사람이 대변을 보면 음식 찌꺼기와 함께 장내에 서식하던 미생물도 함께 실려 나온다. 그래서 건강한 사람이나 갓난아이의 대변에서 미생물을 추출하여 먹을 수 있는 형태로 가공한다.

프로바이오틱스의 원료가 될 수 있는 또 다른 것으로, 김치나 동치미 같은 발효 식품이 있다. 발효 식품에 들어 있는 유산균을 비롯한 여러 미생물을 추출하여 가공한다. 대변에서 추출한 미생물과 종류는 다르겠지만 발효 식품도 프로바이오틱스를 만들 수 있는 좋은 재료가 된다.

또 한 가지 조선시대 프로바이오틱스

앞서 발효 한약이 조선시대에 사용된 프로바이오틱스라고 했는데, 대변에서 미생물을 추출하여 치료에 사용하는 방법 역시 조선시대에도 활용되었다.

과거에는 대변에서 미생물을 추출하거나 배양하는 기계가 없었다. 하지만 그 시대에 가장 맞는 방법으로 대변에서 미생물을 추출해냈다.

먼저 건강한 사람이나, 건강한 가축의 신선한 분변을 받는다. 배변한 지 오래된 것이 아닌, 갓 나온 신선한 분변을 채취해야 한다. 그리고 이를 물에 희석한다. 찌꺼기는 걸러내고 맑은 액만 치료에 이용했다.

이 맑은 액 속에는 무엇이 남아 있을까? 연구에 따르면 정상 대변의 70퍼센트는 수분이고 30퍼센트는 고형 성분이다. 고형 성분은 소화되지 않은 음식 찌꺼기, 장벽에서 떨어져 나온 세포, 소화액의 일부, 그리고 장내 세균으로 이루어지며, 이 중 장내 세균이 고형 성분의 약 50퍼센트를 차지한다. 만약 대변을 건조하면 건조된 대변 1그램당 1010개나 되는 균체가 있다니, 대변은 실은 똥 덩어리가 아니라 미생물 덩어리인 셈이다.

대변을 물에 희석한 다음 걸러낸 맑은 액체 속에는, 비록 눈에 보이지 않지만 무수한 장내 미생물이 담겨 있는 것이다. 바로 이 장내 미생물을 약용했다.

가장 더럽고 원시적으로 보이지만

대변을 약으로 썼다? 어찌 보면 매우 더럽고 원시적인 치료법으로 보일 수도 있다. 하지만 21세기에 기계를 이용하여 대변에서 미생물을 추출하는 것이나 조선시대에 물에 희석하여 미생물을 추출하는 것이나, 그 도구만 다를 뿐 결국 본질은 똑같다. 분변 여과액에서 냄새까지 완전히 제거하지는 못했겠지만, 그리고 지금처럼 예쁜 포장지에 담지도 못했겠지만, 장내 미생물을 치료에 사용한 점은 지금이나 조선시대나 다를 바가 없다.

분변 여과액의 용도

분변 여과액을 이용하는 방법은 이러하다.

앞에서 정창이라는, 뿌리가 깊이 내리는 난치성 종기가 있다고 했다. 종기를 치료할 때에는 그 뿌리까지 완전히 제거해야 한다. 그런데 정창이란 종기는 피부 표면으로 보이는 면적은 좁은데 그 뿌리가 깊숙이 박혀 있어 치료하기가 여간 어렵지 않다. 만약 치료 시기를 놓치면 전신으로 퍼질 수도 있다. 마치 감염증이 전신으로 퍼지는 패혈증처럼 정창의 독이 온몸에 퍼질 수도 있다. 바로 이럴 때에 분변 여과 액을 사용했다.

세종 때 국산 한약 처방을 집대성해서 편찬한 《향약집성방(鄕藥集成方)》에 이런 내용이 있다.

"정창의 뿌리가 복부까지 퍼지려고 할 때에는 어미돼지의 분변을 물과 섞어 즙을 짜낸 후 1~2홉을 복용하면 낫는다."

정창의 독기가 장부가 위치한 복부까지 퍼지는 위급한 상황에는 분변의 즙을 복용하라는 것이다. 위급 상황에 사용되는 항생제이자 소염제였던 셈이다.

이 치료법에 대한 기록은 조선 초기부터 중기를 거쳐 말기의 한의학 문헌에까지 보인다. 위급한 상황의 응급 소염 항생제로서 분변 여과액이 실제로 효과가 있었기 때문에 시대를 거쳐 계속 전승되었다고 볼 수 있다.

분변 여과액은 피부 질병을 치료하는 데도 쓰였다. 세균 감염으로 발생하며 피부가 진한 붉은색으로 변하는 단독(丹毒), 진균 감염으로 발생하며 탈모를 일으키는 독창 같은 감염성 피부질환에 분변의 여과 액이 사용되었다. 그리고 과창(瘑瘡)이라 불리는 한포상(汗疱狀 | 물집 모양) 습진이나 동상, 두드러기, 습진 등에도 갓난아이, 말, 돼지, 개, 양, 닭의 분변을 희석한 여과액을 복용하거나 환부에 발라서 약용했던 기록을 여러 문헌에서 찾아볼 수 있다.

조선시대 프로폴리스

천연 항생제인 프로폴리스의 유행

간혹 외국 여행을 다녀온 사람들의 가방 안에서 프로폴리스(propolis)가 발견되곤 한다. 혹은 외국을 다녀오지 않더라도 인터넷이나 매장을 통해서 프로폴리스를 구매하는 사람들을 요즘 적잖게 볼 수 있다. 프로폴리스는 천연 항생제로 알려지기 시작하면서 언제부터인가 유행을 타기 시작했다.

프로폴리스란 꿀벌이 자신의 침이나 효소와 같은 분비물과 식물에서 채집한 꽃가루나 수지를 혼합하여 만든 물질을 말한다. 꿀벌은 프로폴리스를 벌집의 벽과 틈새에 바른다. 이는 빗물이나 바람을 막아주고, 세균이나 바이러스, 곰팡이의 침입도 막아 벌집 내부를 무균 상태로 만들어준다.

우리가 구입하는 프로폴리스는 이 꿀벌의 프로폴리스에 물이나 주정을 가해 추출한 성분을 식용으로 가공한 것이다. 피부에 상처가 나거나 감기, 비염, 아토피, 중이염 등에 걸렸을 때 프로폴리스를 항생제나 소염제로 사용한다. 면역력 강화나 항암 목적으로 사용하기도 한다.

벌집에서 채취하는 황랍

프로폴리스와 아주 유사한 약재가 조선시대에도 있었다. 바로 꿀벌의 집이다.

꿀을 다 짜내고 남은 벌집에서 채취한 기름 덩어리를 황랍(黃蠟)이라고 한다. 먼저 꿀을 다 짜낸 벌집을 가마솥에 넣고 물을 부어 충분히 끓인 뒤, 건더기는 그물로 건져낸다. 남은 액체를 그릇에 담고 식히면 위로 황색 기름이 뜨는데, 이것이 바로 황랍이다. 불순물을 제거하고 순수한 황랍만을 얻기 위해 물을 부어 끓였다가 식히는 과정을 몇 차례 반복한다.

황랍의 용도는 매우 다양하다. 불공을 드릴 때 필요한 초를 만드는 원료가 되기도 하고, 금속활자로 책을 인쇄할 때에 활자판을 굳히는 재료로 사용되기도 했다. 중요한 책을 오래 보존하기 위해 방수와 방부의 목적으로 종이에 황랍 처리를 하기도 했다. 《조선왕조실록》의 종이가 지리산의 황랍으로 방부 처리가 되었다고 밝힌 연구도 있다. 또한 흉년에 곡식이 없을 때 밥 대신 황랍을 먹기도 했다. 그리고 무엇보다 종기 치료를 위해 항생제로서 약용되었다.

벌집이 만들어주는 천연 항생제

종기에 사용되는 납반환(蠟礬丸)이라는 처방이 있다. 황랍과 백반 두 가지 약재를 쓰는 처방으로, 옹저·등창·나력·악창·장옹 같은 여러 가지 종기에 내복약으로 사용되었다.

황랍을 이용하여 환부에 붙이는 일종의 파스를 만들 수도 있다. 닥나무로 만든 종이를 네모나게 잘라둔다. 참기름에 천초(川椒 | 초피나무 열매의 껍질)를 넣고 약한 불에 끓인 다음, 천초는 꺼내 버리고 여기에 황랍과 백반, 경분(輕粉 | 염화제일수은)을 넣어서 녹인다. 여기에 잘라둔 종이를 담가 약액이 푹 배어들도록 한다. 종이가 누렇게 되면 꺼내 종기가 난 부위에 붙이면 환부가 잘 낫는다. 이렇게 황랍이 배어든 종이를 납반지(蠟礬紙)라고 했다.

말벌의 집 노봉방

꿀벌의 집뿐 아니라 말벌의 집도 좋은 천연 항생제가 된다. 간혹 시골에서 산을 오르다가 나무나 바위에 매달려 있는 말벌집을 발견했는데 이를 어떻게 해야 하느냐는 질문을 받을 때가 있다. 이 말벌집의 약재명이 바로 노봉방(露蜂房)이다. 사람들이 간혹 살충제를 뿌리고 따버

노봉방 한국콘텐츠진흥원&(주)시스윌 제공.

리기도 하는데, 실은 약용할 수 있는 귀한 약재다.

벌집은 꿀로 가득 차 있지만 말벌집에는 꿀이 없고 말벌과 애벌레만 있다. 말벌은 꿀벌에 비해 크기도 하고 벌침의 독성도 훨씬 강한데, 주식도 꿀벌과 달리 꿀이 아니라 곤충이다. 따라서 말벌집에는 꿀을 저장할 필요가 없는 것이다.

노봉방은 주로 가을에서 겨울 사이에 채취해서 살짝 찐다. 그리고 작은 덩이로 썰어서 햇볕에 말리거나 약간 누르스름하게 볶는다. 이렇게 하면 노봉방을 약용할 수 있는 채비를 마친 셈이다.

돼지머리로 감사 표시를 하다

종기 중에서 연절(軟癤)이라는, 비교적 크기가 작은 종기가 있다. 어떤 사람이 연절이란 종기를 앓았는데 의사가 노봉방을 이용해 치료해주었다. 참기름에 파두(巴豆 ㅣ 대극과의 상록 활엽 관목인 파두의 씨)를 21개 넣고 끓여 파두의 약재 성분을 우려낸 다음, 파두는 버리고 참기름만

떠다가 노봉방 가루 낸 것을 개어서 종기 부위에 붙였더니, 바로 종기가 나았다. 환자가 의사에게 감사의 뜻으로 선물을 가져왔다. 선물은 바로 돼지머리였다. 이러한 일화가 있어서 참기름으로 파두를 추출한 것에 노봉방 가루를 갠 이 처방의 이름을 돼지머리가루, 곧 저두산(猪頭散)이라 한다.

노봉방의 여러 용도

노봉방의 주요한 효능은 항생과 소염 작용이다. 벌집을 온갖 세균과 바이러스와 곰팡이로부터 안전하게 지켜내는 효능이 그대로 약효로 이어지는 것이다.

노봉방은 뿌리가 깊이 내리는 정창, 화농성 골수염인 부골저(附骨疽), 화농성 유선염인 유옹(乳癰), 결핵성 림프절염인 나력, 그리고 단독이나 매독에도 치료제로 사용되었다. 이들 질병은 세균성 질환이다. 그리고 무좀균의 침입에 의한 두부 백선에도 쓰였다. 온갖 감염성 질환에 노봉방이 항생과 소염을 위해 사용되었던 것이다.

만약 화농성 골수염이 생겨, 뼈가 곪아서 계속 고름이 나오고 오랜 기간 아물지 않는 상태라면 삼생산(三生散)이라는 처방을 쓸 수 있다. 이 처방은 노봉방, 사퇴(蛇退 | 뱀의 허물), 그리고 난발(亂髮 | 사람의 머리털을 태운 재)을 가루 내어 한 번에 12그램씩 따뜻한 술과 함께 복용하는 것이다. 삼생산이란 이름은 죽어가는 사람을 살려주는(生) 세 가지(三) 가루약(散)이란 뜻이다.

종기 부위가 오래도록 아물지 않고 계속해서 고름과 진물이 흘러나올 때, 이를 누창(漏瘡)이라고 한다. 이때는 봉방산(蜂房散)이란 처방을 쓸 수 있다. 봉방산은 노봉방, 천산갑, 용골(龍骨 | 큰 포유류의 뼈가 화석화한 것), 사향을 가루 내서 기름에 개어, 고름이 줄줄 새어나오는 환부에 바르는 것이다.

노봉방을 달인 액이 소독약으로도 쓰였다. 종기가 터진 후에 잘못하여 환부로 여러 가지 독이나 더러운 물이 침입하여 감염되었을 때, 세독탕(洗毒湯)을 만들어 쓴다. 노봉방, 고삼, 방풍(防風 | 산형과의 여러해살이풀. 뿌리를 약재로 쓴다), 감초를 잘 달여서 따뜻한 상태로 환부를 씻어주면 독(毒)을 씻어주는[洗] 약이 되는 것이다.

벌이 집을 지키듯 인간을 각종 감염에서 지키다

황랍과 노봉방은 참으로 고맙고 귀한 약재가 아닐 수 없다. 벌이 자신들의 집을 온갖 세균과 바이러스와 곰팡이의 침입으로부터 막아낸 그 힘을 인간이 질병 치료에 그대로 빌려오는 것이다. 한의학에서 쓰는 항생제나 소염제는 실은 자연계에서 일어나는 항생과 소염의 원리를 그대로 차용한 것이다.

생물의 독을 항생제로 이용하다

독으로 살균한다

한의학에서 쓰는 약재는 모두 다 자연에서 얻는다. 기(氣)를 보강해야 한다면 기(氣)가 충만한 것을, 혈(血)을 보강해야 한다면 혈(血)이 충만한 것을, 그리고 살충을 바란다면 살충의 기운이 충만한 것을 약으로 가져다 쓴다. 자연에 존재하는 것에서 약재를 구한다는 말이다. 그래서 세균을 죽이는 항생제를 구할 때에도 자연계에서 세균을 죽이는 작용을 하는 것을 약재로 가져온다.

생물체 중에 독성분을 함유한 것이 있다. 독성분이 세균과 만나게 되면 세균이 더 번식하지 못하고 사멸한다. 이것을 다량으로 사용해서는 안 된다. 세균을 죽이려다 사람을 죽이면 안 되기 때문이다. 생물체 중에서 어떤 것이 세균을 죽이는 항생제 역할을 할 수 있을까?

두꺼비의 분비샘에는 독이 있다

두꺼비의 눈썹 사이 미간 부위에는 분비샘이 있다. 이 분비샘을 손으로 비틀면 흰색 즙이 나온다. 이 적은 분비액을 받아서 말리면 섬수(蟾酥)라는 약재가 된다. 두꺼비 한 마리의 미간에서 채취할 수 있는 섬수의 양은 녹두 한두 알 정도 크기다.

두꺼비의 미간 부위를 비틀어 얻을 수 있는 양이 워낙 극소량이라 조금 다른 방법으로 분비액을 채취하기도 한다. 두꺼비의 입에 마늘과 산초 같은 매운 것을 집어넣고 입을 끈으로 묶어두면 온몸에서 흰 즙이 분비된다. 이 즙을 참대 빗으로 긁어내면 이 또한 섬수가 된다.

섬수에는 독성분이 있다. 약용할 때에는 여러 가지 감염증과 염증질환에 극소량을 항생과 소염의 용도로 쓴다. 특히 크고 작은 종기와 잘 낫지 않는 악성 종기에 먹는 약이나 바르는 약으로 사용한다.

오랜 기간 잘 낫지 않고 병세가 맹렬한 종기를 악창(惡瘡)이라고 하는데, 환자가 악창에 걸린 상태라면 섬수 한 알을 환자의 혓바닥에 올려놓는다. 잠시 시간이 지나면 입안에 쓴 물이 가득 고이고, 이때 섬수를 삼키면 된다. 이 약의 이름이 독섬환(獨蟾丸)이다. 입안에 넣고 먹을 수도 있지만 종기 끝 부분을 침으로 찌르고 섬수 한 알을 종기 깊숙이 삽입할 수도 있다. 환부 아래 깊은 곳에 있던 고름이 다 나올 때까지 되풀이 넣어준다.

정창이나 온갖 악창, 혹은 이름 모를 종기가 생겨났을 때 주사(朱砂 | 수정과 결정 구조가 같은 광물질로 주황색이나 적갈색을 띤다), 웅황, 사향과 섬수를 반죽하여 쌀알만 하게 빚는다. 이것을 섬수환(蟾酥丸)이라

한다. 한 번에 섬수환 세 알을 술과 함께 복용한다.

두꺼비를 기와에 담아 불에 구워라

두꺼비를 통째로 불에 굽는 방법도 있다. 먼저 동그랗게 생긴 수키와 두 장을 서로 마주 보게 한 다음 줄로 단단하게 묶는다. 두꺼비의 내장을 꺼내어 버리고, 기와 두 장 사이의 빈 공간에 두꺼비를 넣은 다음 진흙을 발라 틈새를 메운다. 그리고 불을 피워 두꺼비가 든 기와를 굽는다. 두꺼비가 익으면 꺼내어 진흙을 잘 털어내고 말리는데, 이를 두꺼비 섬(蟾), 재 회(灰) 자를 써서 섬회(蟾灰)라고 부른다. 가루 내어 복용하는데, 독기가 퍼지는 것을 막는 작용을 한다.

수키와 목아박물관 제공.

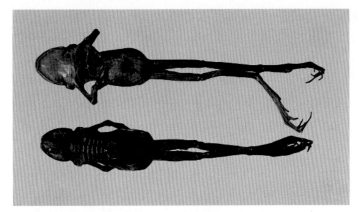

섬서 말린 두꺼비. 출처-식품의약품안전평가원 생약종합정보시스템.

살에 닿으면 물집이 생기는 곤충

몇 년 전 인기리에 방영되었던 TV 사극에서, 여주인공이 탈출을 위해 전염병에 걸린 것처럼 위장하는 장면이 나왔다. 몸에 물집이 생기면 마치 역병에 걸린 것처럼 보일 수 있다. 그래서 극 중 여주인공이 어떤 약재를 피부에 대었더니 약재가 닿은 부위마다 물집이 생겼다. 이때 나온 약재가 바로 반묘(斑猫)라는 것으로, 토박이말로는 가뢰라는 곤충이다.

반묘에는 독이 있다. 피부를 스치는 자극만으로도 물집이 생길 정도로 강렬해, 약용할 때도 극소량을 사용해야 하며 많은 양을 사용하면 중독 반응을 일으킬 수 있다.

이러한 반묘의 약성이 항생제로 이용되었다. 특히 결핵균으로 목의 림프선에 종기가 생기는 나력에 주로 사용했다. 나력이 생겼는데 몇 년이 지나도록 낫지 않으면 필첩원(必捷圓)이라는 처방을 쓰는데, 처방의 이름은 이 약을 먹으면 반드시 병을 이긴다는 뜻이다. 반묘와 박하 잎을 잘게 빻아서 계란 흰자와 잘 섞어 동그란 환약으로 빚는다. 첫날에는 낮에 두 알, 밤에 세 알, 둘째 날에는 각각 네 알과 다섯 알을 공복에 복용한다. 복용 후에는 배꼽 아래에서 통증을 느끼고 소변에 마치 밀가루 같거나 핏덩어리 같거나 문드러진 살덩어리 같은 것이 나온다. 이것이 나와야 효과를 본 것으로 여기는데, 이것이 바로 나력의 뿌리가 나온 것이라고 보았다.

반묘의 독성이 강하다 보니 다른 식으로 약을 조제하기도 했다. 오골계가 낳은 계란에 구멍을 뚫고 반묘 한 마리를 밀어 넣은 다음 종이로 구멍을 막고 계란을 쪄서 익혔다. 그리고 반묘는 꺼내어 버리고 그 계란을 하루 한 개씩 4~5일을 먹으면 나력에 효험을 보았다.

다른 형태의 종기에도 반묘가 사용되었다. 반묘 한 마리를 잘 비비고 으깨어 뿌리가 깊이 박힌 종기 깊숙이 삽입해두면 종기의 뿌리가 빠졌다. 종기가 밑에서는 다 곪아서 화농이 되었는데 피부 겉이 터지지 않아 고름이 빠져나오지 못할 때도 반묘를 바르면 살이 물컹해지면서 고름이 터져 나왔다. 여러 악창에 벌레가 생겼을 때, 곧 감염이 되었을 때에도 반묘를 항생제로 사용했다.

썩어가는 종기, 얼어버린 종기 소염법

따뜻한 피가 가지 못하면 검게 썩는다

여름철 뿌리에서 수분이 잘 올라오는 시기에 식물의 잎은 무성하고 파릇파릇하며 촉촉하다. 하지만 겨울철이 되어 뿌리에서 수분이 올라오지 못하면, 잎은 시들고 퍼석퍼석해지며 생명력을 잃고서 가지에서 떨어져버린다.

사람의 몸도 마찬가지다. 모든 세포 하나하나에 따뜻한 피가 가야 한다. 피가 오지 못하는 곳은 썩는다. 혈액에는 영양분도 있고 수리공도 있어서 세포를 건강하게 해주기도 하고 병든 곳을 고쳐주기도 한다. 같은 종기라도 붉은색 종기가 있고 검은색 종기가 있다. 붉은색은 양증(陽證)이고 검은색은 음증(陰證)이다. 붉은색은 빛의 색깔이고 검은색은 어둠의 색깔이다. 붉은색은 생명의 색이고 검은색은 죽음의 색이다. 그래서 의서에서는 종기의 색깔이 붉었다가 검게 변하면 흉증으로 보았고, 반대로 검었던 종기가 점차 붉은색으로 바뀌면 길한 것으로 보았다.

보통 종기는 붉은색을 띤 경우가 많지만 환자의 상태가 좋지 않거나 악성 종기인 경우는 검은색을 띠거나 점차 검은색으로 변해가기도 한다. 이렇게 검게 썩어가는 종기는 어떻게 치료해야 할까? 어떻게 해야 썩어가는 부위에 다시 혈액이 돌게 만들고, 죽어가는 부위가 생명의 기운을 되찾을 수 있을까?

충수에 생긴 종기가 검게 썩어가다

사람의 소화기는 입에서 시작해 위(胃)와 소장을 거쳐 대장까지 이어진다. 이 소화 기관 중에서 대장이 시작되는 부위에 작은 돌기처럼 붙어 있는 충수란 것이 있다. 이곳에 염증이 생기는 것을 충수염이라 하는데, 흔히 말하는 맹장염이 바로 이것이다. 초기의 염증 상태를 거쳐 화농 상태가 되면 충수 내부에 고름이 가득 차게 된다. 적절한 조치가 이루어지지 않는다면 충수가 터져 복막염으로 진행될 수도 있다.

그런데 문제는 화농 과정을 밟아가지 않고 괴사되어버리는 경우도 있다는 것이다. 이를 괴저성 충수염이라 한다. 충수가 검게 썩어간다는 뜻이다.

종기는 피부에만 생기는 것이 아니라고 했다. 오장육부에 생기는 종기를 내옹(內癰)이라고 한다. 그리고 충수에 종기가 생긴 것을 한의

바꽃과 부자 미나리아재빗과 식물인 바꽃의 곁뿌리를 부자라고 한다. 출처-사이버한의약체험관.

학에서는 장옹(腸癰)이라고 부른다. 화농 상태인 장옹이라면 일반적인 치료법을 따라가면 되지만, 만약 괴저 상태라면 일반적인 치료법으로는 치료할 수가 없다.

이렇게 종기가 검게 괴사되어 가는 것은 환부에 혈액이 공급되지 못하여 썩어가는 것이다. 이럴 때에는 보통 종기에는 잘 쓰지 않는 부자(附子)라는 약재가 필요하다. 썩어가는 부위에 기혈을 끌고 올 수 있는 특단의 약재인 셈이다. 이러한 목적의 대표적인 처방이 의이인부자패장산(薏苡仁附子敗醬散)이다.

의이인(율무쌀), 패장(敗醬 ┃ 마타리과의 여러해살이풀인 마타리), 부자로 구성된 이 처방은 장옹인데 열도 나지 않고 복부가 싸늘한 상태가 계속될 때 투여한다. 이 처방은 썩어가는 장옹 부위에 기혈을 끌고 오는 작용을 한다. 장옹 부위에 다시 혈액이 공급되고, 썩어만 가고 있던 피고름이 대소변으로 나오면 환자를 살릴 수 있게 된다.

부자의 성질은 매우 뜨겁고, 독성도 있다. 조선시대에 죄인에게 내리던 사약의 원료이기도 하다. 몇 년 전 방영된 어느 사극에서 고령인 양반이 노환으로 몸이 냉골이 되자, 길에서 떠도는 어린 여자아이들을 데려다가 잠자리 시중을 들게 했다. 그때 여자아이들의 몸에서 열이 나게끔 계속해서 부자탕을 먹였고, 이 부자탕의 열기를 이겨내지 못하고 아이들이 모두 죽어나가는 내용이 그려졌다. 그래서 부자를 약용할 때에는 반드시 독을 없애는 수치(修治) 과정을 거친 뒤에 써야만 한다. 수치 과정을 거친 뒤에 쓰는 부자는 어둠을 빛으로, 음지를 양지로, 죽음을 생명으로 이끌 수 있는 아주 훌륭한 약이 된다.

뼈에 생긴 종기가 검게 썩어가다

뼈에도 종기가 생길 수 있다. 뼈에 생긴 종기를 부골저(附骨疽)라고 하는데, 지금의 골수염에 해당된다. 골수염이 검게 썩어간다면 일반적인 부골저 치료법을 써서는 안 된다. 썩어가는 부위에 기혈을 돌이킬 수 있는, 양기(陽氣)가 강한 약재가 필요하다. 그래서 이런 경우 부자를 이용한 뜸을 뜨는데, 이것이 바로 부자병구법(附子餅灸法)이다.

부자병구법은 부자를 곱게 가루 내어 술과 반죽해서 떡처럼 만들어서는 환부에 올리고, 그 위에 쑥으로 뜸을 뜨는 것이다. 부자떡이 마르면 다시 새것으로 바꾸어 계속 뜸을 뜬다. 여기에 더하여 총백(파뿌리)으로 뜨거운 찜질을 하면, 찬 기운을 몰아내고 기혈이 환부에 도달하는 데 도움이 된다.

종기가 얼어버려 염증이 그치질 않는다

염증이 후기로 접어들면 손상된 조직이 재생되어야 한다. 그래야 염증이 제대로 온전히 마쳐질 수 있다. 그런데 조직이 재생되지 못하고 환부가 열린 채 진물과 고름만 흘러나오는 경우를 누창(漏瘡)이라고 한다. 누창은 실은 종기 부위가 얼어버린 것이라 볼 수 있다. 종기 부위에 온기가 도달하지 못하므로 기혈의 순환이 안 되는 것이다. 온기가 도달하고 기혈이 순환해야 조직이 재생되는데 종기 부위가 꽁꽁 얼어버렸으니 염증이 낫지를 않는 것이다.

이런 경우 온경환(溫經丸)이란 처방을 쓸 수 있다. 온경환은 이름 그대로 경락(經絡)을 따뜻하게 하는 처방이다. 앞서 말한 부자 외에, 사지 말단의 경락에 온기를 제공하는 계지(桂枝 | 육계나무 어린 가지를 말린 것)나 건강(乾薑 | 생강의 말린 뿌리줄기) 같은 약재가 함께 어우러져 투여된다. 역시 부자, 계지를 쓰는 내색산(內塞散)이라는 처방도 있다.

동상으로 살이 얼어버렸다

환부가 얼어버려 생기는 염증의 대표적인 경우가 바로 동상이다. 계속되는 한랭 자극으로 기혈이 도달하지 못하므로 한랭에 노출된 부위가 검게 썩어가는 것이 동상이다.

동상을 치료하려면 반대로 환부에 따뜻한 기혈이 도달하게끔 해야 한다. 그러기 위해 사용되는 처방 하나가 생부산(生附散)이다. 동상으로 인해 환부가 짓무르고 통증이 느껴질 때 부자를 가루 내어 밀가루와 물에 개서 환부에 붙이는 처방이다.

　종기도 염증의 일종이라고 했고 염증이란 불탈 염(炎) 자를 쓰듯이 마치 불이 활활 타는 듯한 형상을 뜻하는 것이라고 했다. 하지만 이렇게 불타는 것과는 정반대 상태인 염증도 있다는 것을 알 수 있다. 불은 물로 끄고 얼음은 불로 녹이듯이 염증의 상태에 따라, 그리고 종기의 상태에 따라 소염하는 방법도 당연히 다른 것이다.

만성 종기, 허약자의 종기 소염법

질질 끄는 종기, 극도 허약자의 종기

간혹 종기의 환부에 염증이 생겼는데 빨리 낫지 않고 시일을 오래 끄
는 경우가 있다. 배출된 피고름의 양이 너무 많았거나, 오랜 병으로
체력이 크게 떨어져 회복이 더딘 경우도 있다.

이렇게 만성화된 종기나 허약자의 종기를 소염할 때는 방법을 달리
해야 한다. 급성 종기나 건장한 사람의 종기에는 강한 치료법을 적용
할 수 있지만, 이를 똑같이 만성 종기나 허약자의 종기에 적용했다가
는 낭패를 보기 쉽다. 치료의 전략을 다르게 세워야 한다.

적을 공격할 것인가, 나를 보완할 것인가? 화살을 날릴 것인가, 성
벽의 빈틈을 메울 것인가? 곰팡이를 긁어낼 것인가, 방을 따뜻하게
할 것인가? 만성 종기, 허약자의 종기, 피고름을 많이 흘린 경우의 종

기에는 후자의 방법으로 가야 한다. 이런 목적으로 응용하는 약재들 중 대표적인 것으로 황기(黃芪)가 있다.

황기에 얽힌 일화

당나라 선종(宣宗) 황제(재위 846~859년)가 즉위한 첫해는 백성들의 생활이 평안하고 살기 좋은 시절이었다. 그런데 태후가 병에 걸리더니 오래도록 낫지 않고 점점 몸이 약해져, 기가 극도로 허해지더니 탈진 증상을 보이기에 이르렀다. 맥은 가라앉고 땀은 비 오듯이 흐르고, 이를 꽉 문 채 인사불성으로 위급한 상태였다. 선종 황제는 초조하고 불안했다. 선종이 깊이 고민하던 중 갑자기 한 가지 생각을 떠올렸다.

"맞아! 있다, 있어!"

전에 본 책에서 황기의 뛰어난 효능을 읽은 것이 생각났던 것이다.

"한번 시험해보자! 황기는 기를 보하는 작용이 탁월하니 효과가 있을 것이야!"

선종은 즉시 어의에게 명을 내려 황기탕을 달여 오도록 했다. 어의가 황기탕을 달여 왔으나 태후가 입을 꽉 다물고 있어서 도저히 먹일 방법이 없었다.

어의는 고심 끝에 황기탕을 오랜 시간 달여, 황기의 향과 기로 치료하기로 했다. 달인 황기탕을 태후의 침상 밑에 두어 황기의 향과 기운이 코와 피부를 통해 들어가게 한 것이다. 이렇게 쉬지 않고 하루 종일 황기의 약 기운을 방 안에 가득 채우자 태후의 병세는 점차 호전되

황기 콩과 식물인 단너삼(황기)의 뿌리를 말린 것이 황기라는 약재다. 출처-사이버한의약체험관.

었다. 꽉 다물었던 입이 벌어지고, 비 오듯 쏟아지던 땀도 멈추고, 긴 장했던 입 주위 근육이 풀려 말을 하기 시작했다. 태후는 차차 건강을 회복하고, 이후 잔병 없이 오래오래 살았다 한다.

　이 일화가 말해주는 것은 황기가 마치 벼랑 끝에 서 있는 듯한 탈진 상황에서 기를 보하는 작용을 한다는 것이다. 그래서 만성 종기나 허약자에게 사용하면 오랜 병을 끝낼 수 있다. 마치 성벽의 빈틈을 메워 적의 공격을 막아내 전쟁을 끝내듯이, 황기는 오래도록 낫지 않는 종기의 치료를 마무리하는 소염제가 될 수 있다.

환부가 아물지를 않는다

"종기가 터진 후에 기가 허하여 음식을 잘 먹지 못하고, 혹은 토하고 혹은 설사하면서 터진 곳이 오래도록 아물지 않는 것을 치료한다."

이는 탁리화중탕(托裏和中湯)이라는 처방에 대한 설명이다.

"종기가 터진 뒤에 원기가 허약해져서 오래도록 아물지 않는 것을 치료하는 데에 썩은 살을 없애고 새살이 돋아나게 하는 좋은 약이다."

이는 탁리소독음(托裏消毒飮)이라는 처방에 대한 설명이다.

"종기가 터져서 고름이 많이 나온 다음 허약해진 것을 치료한다."

이는 탁리황기탕(托裏黃芪湯)에 대한 설명이다.

"종기가 났을 때 고름과 진물이 많이 나오고 가슴이 답답하며 잠이 잘 오지 않는 것을 치료하는 데에 탁리(托裏)하여 기혈을 보한다."

이는 성유탕(聖愈湯)에 대한 설명이다.

이들 처방의 공통점은 황기가 들어간다는 것이다. 그리고 당귀, 숙지황, 맥문동 등이 들어간다. 이들 기나 혈을 보강하는 약재로서 환부가 아물지 않고 회복이 더딘 종기를 치료해서 염증 치료, 곧 소염의 마침표를 찍는 것이다.

또 한 가지 공통점이 있다. 바로 처방의 이름에 '탁리(托裏)'라는 말이 들어간다는 것이다.

탁리(托裏)가 무엇이길래

종기를 치료하는 여러 처방에는 유독 '탁리'라는 표현이 많이 쓰였다. 밀어낼 탁(托) 자와 속 리(裏) 자를 쓰므로, '속에서 겉으로 밀어낸다'는 뜻이 된다. 탁 자를 '의탁할 탁'으로 본다면 '안으로부터 의탁한다'는 뜻이 되기도 한다.

속에서 겉으로 밀어낸다는 것은 고름을 안에서 밖으로 밀어낸다는 뜻이기도 하고, 새살을 속에서 만들어 겉으로 밀어 올린다는 뜻이 되기도 한다. 그리고 안으로부터 의탁한다는 것은 약을 먹어서 오장육부 속에서부터 새살을 만들어 겉으로 돋아나도록 의지한다는 뜻이 된다.

곧 탁리란 몸속에서부터 겉까지 약력이 미치는 것을 의미한다고 볼 수 있다. 오래된 종기, 허약한 자의 종기, 피고름을 많이 쏟아낸 자의 종기는 이렇게 몸속에서부터 올라오는 작용이 중요하다는 의미일 것이다.

병이란 무엇인가?

병은 도대체 왜 생기는 것일까?

왕실의 기록을 가만히 들여다보면 그 사람의 인생이 곧 그 사람의 질병이라는 생각이 든다. 그 사람이 어떻게 살고 있는지에 따라 그 사람이 어떤 병을 앓게 될지 달라진다는 말이다.

별다른 인생의 굴곡 없이 살아왔다면 별다른 질병 없이 평탄하게 살거나 혹은 있더라도 소소한 질병에 그친 경우가 많다. 하지만 인생의 질곡이 깊고 풍파가 많다면, 그래서 긴 세월을 고통스럽게 몸부림치며 살아왔다면 그 병든 정신이 육체까지 병들게 한 경우가 많다. 인현 왕후가 그렇게 고통스럽게 인생을 마감해야 했던 것은 그 정신이 고통스러웠기 때문이다. 마음의 고통이 육체의 고통까지 불러온 것이다. 그래서 그 사람의 인생이 곧 그 사람의 질병이 되는 것이다.

또한 그 사람의 섭생이 어떠한가 역시 질병을 결정한다. 매일 어떤 음식을 어떻게 먹고, 어떻게 잠을 자고, 어떻게 움직이느냐에 따라 질병이 달라진다. 하루 종일 고달프게 몸을 움직이지만 초근목피로 끼니를 이어야 하는 민중의 질병과, 하루 종일 거의 움직이지 않으면서 기름진 음식을 풍족하게 먹는 임금의 질병이 같을 수는 없다. 왕실에서 잘 생기는 질병은 왕실 특유의 생활방식이 반영된 결과다. 그래서 그 사람의 생활방식이 곧 그 사람의 질병이 되는 것이다.

또 한 가지 중요한 것은 그 사람의 성격이다. 똑같이 폭풍 같은 시련을 겪더라도 금방 떨치고 일어나는 사람이 있는 반면, 공포와 좌절의 수렁에서 빠져나오지 못하는 사람도 있다. 분노가 많은 사람이 있고, 슬픔이 많은 사람이 있고, 걱정이 많은 사람이 있고, 공포가 많은 사람이 있고, 긍정과 기쁨이 많은 사람이 있다. 이러한 개개인 특유의 성격과 성품에 따라 똑같은 상황에 처하더라도 대처하는 결과가 달라진다. 그래서 그 사람의 성격이 곧 그 사람의 질병이 되는 것이다.

왕들의 종기는 왜 이리도 안 나았나?

한 나라에서 최고 실력을 갖춘 의사들만 모아놓은 곳이 내의원이다. 지금으로 말하자면 대통령 주치의들인 셈이다. 이렇게 쟁쟁한 의사들이 모인 내의원이 임금의 질병을 치료하는데, 때로는 병이 낫지 않고 몇 달 혹은 몇 년을 끌기도 했다. 최고의 의료진이 보필하는데 왜 그렇게 치료에 오랜 시일이 걸렸을까? 최고의 의료진이 침과 뜸을 놓고 약을 투여하는데 임금의 종기는 왜 그렇게 오랜 시일을 끌곤 했을까?

가장 중요한 이유는 임금들의 생활방식이 바뀌지 않고 그대로였기 때문이다. 임금의 병은 임금이라는 자리의 특수성 때문에 생기는 경우가 많다. 하루에 다섯 끼를 먹고, 몸을 움직이는 시간보다 가만히 앉아 있는 시간이 훨씬 더 많고, 아침에 눈을 떠서 밤에 잠들 때까지 하루 종일 격무에 시달려야 하고, 육체적인 노동보다는 정신적인 노동의 강도가 훨씬 심하고, 항상 스트레스를 받기 쉬운 임금의 생활은 아무리 건강한 체질을 타고난 사람이라고 할지라도 병에 걸리지 않고 버티기 어렵다. 그렇기 때문에 임금이라는 자리 때문에 생긴 병은 그 임금 자리를 박차고 나오지 않는 한 잘 낫지 않는다. 계속 왕좌에 앉아서 똑같은 생활을 반복하는 한, 섭생이 바뀌지 않는데 치료의 빠른 효과를 기대하기는 어렵다.

지금 현대인들이 많이 먹고, 운동 안 하고, 스트레스 받는 생활을 계속하면서 온갖 만성병에 시달리는데도 여전히 그 생활 습관을 뜯어고치지 못해 병에서 헤어 나오지 못하는 것과 비슷하다.

그리고 종기라는 병이 단지 피부에만 있는 것이 아니기 때문이기도 하다. 나무의 잎이 썩어간다면 실은 그 뿌리도 함께 썩고 있는 것이다. 물론 벌레가 파먹어서 잎에만 손상이 생겼다면, 그 잎만 솎아내면 된다. 하지만 눈에 보이지 않는 뿌리가 썩어가고 있다면 썩어가는 잎을 당장 한두 개 뜯어낸다 해서 그 뿌리까지 살아나는 것은 아니다. 사람의 뿌리에 해당하는 오장육부에 이미 문제가 있다면 수많은 증상이 나타날 수 있다. 그런 경우 종기는 그 증상들 중 그저 하나일 뿐이다.

'혈기가 잘 돌지 못하고 살갗에 엉키면 종기가 생긴다'고 했다. 혈기가 잘 돌지 못하는 이유가 오장육부에 있는 것이라면 그 종기의 뿌리는 종기가 생긴 근처가 아니라 훨씬 더 깊은 장부에 있다. 그래서 뿌리가 얕은 종기는 비교적 빨리 낫지만 뿌리가 깊은 종기는 치료에 시일이 걸렸다. 단기간에 치료가 잘 되었다면 그 뿌리가 얕고 장부도 비교적 건강한 경우지만, 장기간 치료되지 못하고 또 재발도 잘 했다면 이는 그 뿌리가 매우 깊고 장부도 건강하지 않았기 때문이다.

또한 어의들의 진료 방식에서도 한 가지 원인을 찾아볼 수 있다. 임금의 질병을 고치는 것과 이름 없는 백성의 질병을 고치는 것은 하늘과 땅 차이였다. 설령 치료가 잘못되어 백성 한 사람이 죽는다 할지라도 그것 때문에 의원이 죽지는 않는다. 하지만 임금의 질병을 고치는 과정에 만약 실수가 있거나, 병이 악화되거나, 최악의 경우 임금이 사망이라도 하게 된다면 이는 곧 치료에 참여한 의관들의 죽음으로까지 이어진다.

그래서 의관들은 설령 치료에 필요하다 할지라도 유독한 약재를 실험하거나 과감한 절개를 감행할 수 없었다. 백광현처럼 대비의 뒷목 종기를 4치 길이로 절개할 만한 실력과 담력을 갖춘 의관도 있었지만, 이렇게 자신의 목숨을 담보로 과감한 치료를 감행할 의관이 매번 있지는 않았다. 공격적인 치료법보다 무난한 치료법을 선호할 수밖에 없었던 왕실만의 특수성이 있었다.

21세기에는 왜 종기가 잘 안 생기나?

한때는 집집마다 비명이 울리던 시절이 있었다. 옆집에서 누군가 지붕이 떠나가도록 비명을 질러대면 저 집에서 종기 환자의 고름을 짜내고 있구나 짐작하곤 했다. 그런데 해방 직후까지만 해도 횡행하던 종기가 시간이 흐를수록 점점 보기 드물어졌다. 가정마다 약통에 항상 구비해야 하던 고약은 이제 우리의 약통에서 사라진 지가 오래다.

임금을 죽게 만들고 백성들을 질고에 빠뜨리고 의사들을 고뇌에 빠지게 하고 조선의 역사를 뒤흔들었던, 조선에서 첫손 꼽히는 공포의 대상이었던 종기! 대보름날 꼭 부럼을 깨물어야 한 해 동안 부스럼이 생기지 않는다 했을 정도로 두려움의 대상이었던 그 종기!

이 땅의 백성들을 종기가 괴롭힌 세월이 500년, 아니 천년이 넘었는데, 놀랍게도 이 종기가 사라지는 데는 단지 50년이라는 시간밖에 걸리지 않았다.

대체 왜 21세기에는 종기가 잘 생기지 않는 것일까?

첫째 이유는 상하수도 시설의 완비로 우리의 주거 환경이 매우 깨끗해진 데서 찾을 수 있다. 수도꼭지만 틀면 상수도에서 깨끗한 물이 나오고, 레버만 내리면 대소변이 하수도로 내려가는 주거 환경은 병균 감염 빈도를 낮춰주었다.

둘째 이유는 우리가 알지 못하는 사이에도 먹고 있는 항생제와 소염제에서 찾을 수 있다. 해방 후 물밀듯이 들어온 서양 의학의 항생제와 소염제는 실로 가공할 위력을 보여주었다. 하지만 그 가공할 위력 때문에 오남용된 경우도 많았다. 한국에서 항생제나 소염제의 오남용

빈도가 높다는 것은 익히 알려진 사실이다. 또한 가축의 사료에도 들어가는 항생제나 소염제가 먹이 사슬에 의해 인간에게도 전달된다. 그래서 고기를 먹으면 나도 모르게 간접적으로 항생제와 소염제를 먹게 되는 것이다. 항생제나 소염제는 피부로 터지는 종기의 빈도를 줄여준다. 종기가 생기면 붓고 아프고 고름이 잡히고 터지고 그 다음 아무는 것이 종기의 일생이다. 그런데 종기가 생겨서 미처 붓기도 전에, 미처 고름이 생기기도 전에 항생제와 소염제가 들어가면 종기는 일생을 끝까지 마치지 못하고 바로 중단되어버린다. 어쩌면 우리의 먹을거리가 항생제와 소염제에 지배당하고 있는 것은 아닌지 모르겠다.

셋째 이유는 종기의 종류가 바뀌었다는 것이다. 종기는 지금도 여전히 생기고 있으나 그 종류가 바뀌었다. 겉으로 터지는, 그래서 눈에 보이는 종기는 외옹(外癰)이라고 한다. 반대로 오장육부에 생겨서 눈에 보이지 않는 종기는 내옹(內癰)이라고 한다. 또한 붉은색을 띠면서 고름이 금방 잡히고 병의 진행이 빠른 종기는 양적인 종기이고, 어두운 색깔을 띠면서 고름이 잡히지도 않고 진행이 매우 느린 종기는 음적인 종기다. 불과 50년 전만 해도 외옹과 양적인 종기가 흔했다.

지금은 주거 환경의 개선으로 외옹의 빈도가 확연히 줄어들었지만, 인체 내부의 불균형에서 생기는 내옹은 여전히 발생하고 있다. 그리고 만성화된 종기, 곧 음적인 종기 역시 여전히 발생하고 있다. 내옹 중에서 음적인 종기의 대표적인 예가 바로 암이다. 암은 죽지 않는 세포 덩어리가 점점 커져가는 것이 아닌가? 크기가 줄지도 않고, 고름으로 변하지도 않고, 점점 커져만 가면서 살아 있는 세포를 위협하는 덩어리가 바로 암세포다. 이 암세포는 가장 극단적인 음적 종기이면서 가장 악성인 종기다.

또한 고름의 형태도 바뀌었다. 종기가 생긴 곳의 꼭대기 부분에서 노란색으로 끈적하게 나오던 고름은 이제 넓은 환부에서 만연히 퍼져 나오는 진물로 바뀌었다. 이것이 바로 아토피성 피부염이다.

21세기는 암의 시대, 아토피의 시대다. 종기의 성질이 완전히 바뀌어버린 셈이다. 종기 이야기는 과거의 이야기가 아니다. 종기는 단지 그 가면만 바꾸어 썼을 뿐, 여전히 우리 곁에서 으르렁거리고 있다.

도서

《귀록집(歸鹿集)》, 조현명

《동의보감(東醫寶鑑)》, 허준, 남산당

《부방편람(附方便覽)》, 황도연

《승정원일기(承政院日記)》

《완암집(浣巖集)》, 정내교

《위생신서(衛生神書)》, 미상

《의휘(宜彙)》, 금리산인

《이계집(耳溪集)》, 홍양호

《이향견문록(里鄕見聞錄)》, 유재건

《조선왕조실록(朝鮮王朝實錄)》

《주촌신방(舟村新方)》, 신만

《죽창한화(竹窓閑話)》, 이덕형

《중약대사전(中藥大辭典)》, 정담

《지사공유사 부경험방(知事公遺事 附經驗方)》, 미상

《치종비방(治腫祕方)》, 임언국, 한국한의학연구원

《치종지남(治腫指南)》, 임언국, 한국한의학연구원

《한고관외사(寒皐觀外史)》, 김려

《한의학에 미친 조선의 지식인들》, 김남일, 들녘, 2011

《호산외사(壺山外史)》, 조희룡

《호음잡고(湖陰雜稿)》, 정사룡

《희조질사(熙朝軼事)》, 이경민

논문

〈승정원일기의 의안을 통해 살펴본 효종의 질병과 사인〉, 강도현, 경희대학교 석사학위논문, 2010

〈승정원일기의 임상의학 기록 연구〉, 홍세영, 경희대학교 박사학위논문, 2009

〈외치법의 현대적 응용을 위한 고대 외과서 고찰〉, 방성혜, 경희대학교 석사학위논문, 2008

〈인현왕후의 발병에서 사망까지 승정원일기의 기록 연구〉, 방성혜, 한국한의학연구원논문집, 2012

〈임언국의 치종의학 연구〉, 서지연, 경희대학교 석사학위논문, 2008

〈조선 현종의 치병기록에 대한 의사학적 연구〉, 이상원, 경희대학교 박사학위논문, 2011

〈피부질환에 사용된 발효한약에 관한 문헌고찰〉, 방성혜, 한국한의학연구원논문집, 2011

〈한국 한의서에 수록된 피부과 치료법 연구〉, 방성혜, 경희대학교 박사학위논문, 2011

인터넷 사이트

조선왕조실록, 국사편찬위원회 http://sillok.history.go.kr/

승정원일기, 국사편찬위원회 http://sjw.history.go.kr/

한의고전명저총서, 한국한의학연구원 http://jisik.kiom.re.kr/

한국고전종합DB, 한국고전번역원 http://db.itkc.or.kr/

한국역대인물 종합정보시스템, 한국학중앙연구원 http://people.aks.ac.kr/

한국역사정보통합시스템, 국사편찬위원회 http://koreanhistory.or.kr/

대한의학회 http://www.kams.or.kr/